Prince Harry

DUNCAN LARCOMBE

Prince Harry

Traduit de l'anglais (Royaume-Uni) par
HÉLÈNE ARNAUD

HarperCollins

Titre original:
PRINCE HARRY: THE INSIDE STORY

Ce livre est publié avec l'aimable autorisation de HarperCollins Publishers, Limited, UK.

© 2017, 2018, Duncan Larcombe.
© 2018, HarperCollins France pour la traduction française.

HARPERCOLLINS FRANCE
83-85, boulevard Vincent-Auriol, 75646 PARIS CEDEX 13
Tél.: 01 42 16 63 63

www.harpercollins.fr

ISBN 979-1-0339-0241-6

À deux correspondants royaux de légende, Harry Arnold du Sun *et James Whitaker du* Mirror, *qui ont été à la fois mes mentors et mes amis*

SOMMAIRE

CHAPITRE I

L'UNIFORME NAZI

— Bonjour, service de presse de Clarence House, en quoi puis-je vous aider ?

C'était le genre de coup de téléphone que j'avais toujours rêvé de passer. L'exclusivité mondiale que je détenais allait entraîner une déferlante médiatique dans les télévisions, radios et journaux du monde entier.

— Duncan Larcombe, du *Sun*, répondis-je. Nous avons une photo du Prince Harry en uniforme nazi à une fête costumée. Je préfère vous prévenir, parce qu'elle paraîtra dans l'édition de demain.

Lourd silence à l'autre bout du fil. Suivi de la réponse attendue :

— Nous vous rappellerons.

Au *Sun*, nous étions tous stupéfaits de constater que la photo en question n'était pas truquée. Harry, ce prince si populaire âgé de vingt ans seulement, avait commis l'un des pires impairs de l'histoire de la famille royale, lors d'une soirée de janvier 2005 à West Littleton, dans le Wiltshire. Et, pour empirer les choses, le scandale éclatait au moment du soixantième anniversaire de la libération d'Auschwitz. Pendant que rescapés, journalistes et dirigeants du monde entier s'apprêtaient à se rendre en Pologne pour commémorer

le million de victimes disparues dans les funestes baraquements, le petit dernier de la famille royale se déguisait en
nazi pour amuser la galerie...

Après le coup de téléphone que je venais de passer à ses
conseillers en communication, le prince comprit qu'il allait
devoir affronter une tempête médiatique d'ampleur mondiale.

Et les questions embarrassantes que soulevait l'incident.

Par exemple, sachant que la famille royale avait du sang
allemand, on pouvait se demander si ce choix de costume
pour le moins maladroit cachait un soutien secret de la
Couronne au régime hitlérien. À moins qu'il fût le signe
du dérapage d'un jeune homme brisé par le décès tragique
de sa mère. Mais surtout : comment est-ce qu'un prince,
épaulé par une armée de conseillers médiatiques, avait-il pu
commettre une telle erreur de jugement ? Quelle que soit
la réponse, Harry n'oubliera sans doute jamais le moment
où son conseiller l'a appelé pour lui annoncer la mauvaise
nouvelle, en ce 12 janvier 2005. Depuis cette époque, le
jeune prince a appris à prendre du recul par rapport aux
histoires publiées à son sujet. Son sens de l'humour reste
d'ailleurs l'un de ses plus grands atouts. Cependant, jamais
on ne l'a entendu plaisanter au sujet de cette soirée où un
svastika était plaqué autour de son bras gauche — pas
même en privé.

Au sein de la famille royale, cette photo a fait l'effet d'une
bombe. Le Prince Charles n'a pas su contenir sa colère
envers son cadet, et la reine elle-même s'est inquiétée du
comportement de son petit-fils. Aujourd'hui, plus de dix
ans après ce regrettable incident, on sait que ces craintes
étaient infondées. Même si le scandale de l'uniforme nazi
n'aura pas été le dernier à mobiliser les « hommes en gris »
du palais, le jeune prince est peu à peu devenu le membre
de la famille royale le plus populaire, après la reine. L'image
de n'importe quelle personnalité publique aurait souffert
des incidents qui ont émaillé ses dernières années, mais

Harry semble doté d'un pouvoir mystérieux. Plus il fait de faux pas, plus les gens l'aiment. De tous les Windsor, c'est avec lui que les hommes préféreraient partager une bière, et c'est lui que les femmes aimeraient le plus avoir pour fils — voire plus.

Au bureau du *Sun*, à Wapping, est de Londres, cette matinée du 12 janvier 2005 avait commencé comme toutes les autres. La salle de rédaction était aussi survoltée que d'habitude : les téléphones sonnaient sans cesse, les journalistes répondaient aux reporters de terrain et aux lecteurs, tout en essayant de se préparer pour la réunion du matin.

Tous les jours, à 11 h 30, le rédacteur en chef et les responsables de l'équipe devaient affronter la redoutable « réunion de rédaction » avec la directrice. Cela a toujours été — et reste — le pire moment de la journée aux yeux de tous. Lors de cette réunion, chacun devait présenter une liste d'articles prêts pour l'édition du lendemain. À la moindre erreur, la directrice sautait au plafond. Si jamais les publications étaient jugées peu percutantes, le rédacteur en chef se faisait crier dessus et, dans le pire des cas, voyait ses feuilles déchirées devant tout le monde. À son tour, il reportait sa colère sur les reporters, qui se faisaient crier dessus, ou pire…

Ce matin-là, l'équipe présentait comme à l'accoutumée un ensemble de scoops, potins du showbiz, faits divers, analyses politiques et sociales, compilés par les quarante meilleurs reporters du journal. Il y avait aussi un bon nombre d'histoires insolites destinées à faire rire les lecteurs — une des marques de fabrique du *Sun*. La réunion de rédaction se passa plutôt bien, sans cris, mais sans réel enthousiasme non plus pour les gros titres du lendemain. Un match nul pour le rédacteur en chef, qui pouvait clore à bon compte son cauchemar quotidien.

Pendant que la réunion battait son plein, l'un des plus

jeunes membres de la rédaction était posté au standard. Il reçut un appel d'un journaliste de la Thames Valley, depuis longtemps affilié à la rédaction : Jamie Pyatt. Celui-ci avait été rédacteur en chef avant de rejoindre l'équipe des reporters de terrain du *Sun*, et la rédaction écoutait toujours très attentivement ce qu'il avait à dire.

Pyatt me raconta ce jour :

« J'ai reçu un appel d'un de mes contacts, un jeune homme très proche des deux princes. Il m'a demandé si le *Sun* était intéressé par une photo du Prince William déguisé en gorille dans une fête costumée.

« Bien évidemment, une photo du futur roi d'Angleterre dans un costume sortant de l'ordinaire vaut toujours le déplacement. »

Pyatt s'est donc arrangé pour voir son contact une heure plus tard, avant d'appeler la rédaction. Il n'y a rien d'inhabituel à ce qu'un reporter se précipite à la rencontre d'une source, même si les journalistes savent bien que, la plupart du temps, la grande nouvelle annoncée n'est que du vent. Mais, cette fois, ils ont tout de même envoyé un photographe le rejoindre, en croisant les doigts pour que l'image en question soit d'assez bonne qualité. Un journaliste aussi chevronné que Pyatt saurait immédiatement flairer un canular, le cas échéant.

Quand on s'intéresse à la famille royale, il faut toujours rester sur ses gardes. Publier une photo truquée de l'un de ses membres peut coûter sa carrière à un rédacteur en chef. C'est un sujet si sensible qu'à la moindre erreur, c'est l'article lui-même qui devient un scoop. Le *Sun* a d'ailleurs essuyé un revers mémorable en publiant, il y a de cela de nombreuses années, une série de photos représentant la Princesse Diana au club de gym. Celle que la rédaction avait prise pour la Princesse de Galles n'était en fait qu'un sosie, pris en photo pour jouer un mauvais tour au journal.

Une heure après son coup de téléphone, Pyatt retrouvait son contact au Burger King d'une aire d'autoroute.

« C'était un jeune homme prêt à tout pour payer ses frais d'université, m'a-t-il expliqué. Il avait une dizaine de photos montrant un type habillé en gorille à une soirée. Il prétendait qu'il s'agissait du Prince William, mais aucune image ne montrait son visage.

« J'étais plutôt déçu. Tout comme le jeune, quand je lui ai dit qu'on ne pouvait pas publier ces images sans réelles preuves. Il y a une grande différence entre une image d'un inconnu en costume de gorille et une image prouvant que l'inconnu en question est le futur roi d'Angleterre. »

Alors que Pyatt s'apprêtait à repartir pour son bureau de Windsor, son contact le retint.

— Et une image du Prince Harry à cette même fête, ça vous intéresse ?

— Ça dépend. En quoi était-il habillé ? répondit Pyatt.

Le jeune homme prononça alors les mots qui allaient en quelques heures être repris par la planète entière :

— Harry porte un uniforme nazi.

Il tendit à Pyatt une nouvelle photo. On y voyait le troisième héritier dans l'ordre de succession au trône britannique debout, un verre à la main, entouré d'autres invités. Médusé, Pyatt put constater que le jeune prince portait un uniforme complet du Deutsche Afrikakorps. Sur son bras gauche, au premier plan, apparaissait un brassard orné du terrible svastika nazi.

Il y a des moments décisifs, dans la carrière d'un reporter, où il faut à tout prix garder son sang-froid pour ne pas effrayer un contact. On ne veut surtout pas que celui-ci change d'avis en réalisant le potentiel explosif d'un scoop. Comme un vendeur de voiture qui se voit proposer un véhicule de collection à bas prix par un amateur, il est absolument nécessaire de garder la maîtrise de ses émotions.

« Je n'en croyais pas mes yeux, se souvient Pyatt. Le jeune

homme n'avait manifestement aucune idée de la portée de cette photo. J'ai vite compris que je devais rester impassible si je ne voulais pas qu'il se rétracte. De toute évidence, il faisait partie des amis de William et prenait un gros risque en approchant le *Sun*. Si je me montrais trop empressé, il risquait de prendre peur et de ne plus vouloir me vendre la photo.

« Je n'arrivais pas à croire ce que je voyais. L'image était si nette que le svastika au bras de Harry sautait immédiatement aux yeux. J'ai eu un mal fou à ne pas arracher la photo des mains de mon contact. Dès que je l'ai vue, j'ai su que je ne pouvais pas quitter ce Burger King sans elle. »

Pyatt sut garder son calme et prétendit devoir appeler la rédaction pour savoir si le journal était intéressé. L'enjeu était de laisser au photographe le temps de dupliquer la photo pour l'envoyer au plus vite au bureau.

« J'ai appelé pour expliquer ce que j'avais sous les yeux. Les journalistes s'attendaient à une image de William en costume de gorille — ça aurait fait une page vendeuse. Mais ce que nous avions à présent entre les mains était une exclusivité mondiale ! C'était à la fois excitant et terrifiant : et si c'était un nouveau canular ? Dans ce genre de situation, on a toujours tendance à devenir paranoïaque. Je ne voyais pas comment cette image aurait pu être truquée, mais on ne peut jamais être sûr à cent pour cent… »

La rédaction demanda à Pyatt de rapporter les négatifs. À l'époque, les téléphones et appareils photo numériques ne produisaient pas encore d'images d'assez bonne qualité pour être publiées dans un journal. Heureusement, le jeune homme avait pris ses photos avec un bon vieil appareil argentique. La pellicule avait déjà été développée, mais même une image tirée à partir d'un négatif aurait pu être modifiée ; par exemple, en plaçant avec soin la tête de Harry sur le corps de quelqu'un d'autre. Si le *Sun* publiait un faux de cette importance, la directrice risquait de perdre son travail.

Le contact, convaincu que le journal était plus intéressé par les photos de William, donna sans difficulté les négatifs à Pyatt, et le photographe les examina consciencieusement. Ils semblaient authentiques. Néanmoins, le doute subsistait.

« La rédaction pensait que ce scoop était trop beau pour être vrai, explique Pyatt. Au téléphone, on n'arrêtait pas de me demander si je tenais vraiment la photo dans ma main et si j'étais sûr qu'il n'y avait pas de piège. » Une nouvelle de cette ampleur devait être immédiatement confiée à la directrice. Tenir une exclusivité mondiale exigeait de prendre toutes les précautions possibles, nous le savions. La directrice partageait le scepticisme de l'équipe et nous demanda de nous assurer à cent pour cent de l'authenticité de l'image. Et le seul moyen d'y parvenir était d'appeler les conseillers en communication du Prince Harry, afin qu'ils confirment la nouvelle.

Il est toujours risqué, pour un journal, de prévenir le palais avant la publication d'un papier : les conseillers peuvent tenter d'étouffer l'histoire ou, pire, impliquer leurs avocats pour empêcher que la nouvelle soit rendue publique. Cependant, le risque de se tromper sur ce genre de scoop aurait fait courir un risque bien plus grand encore. Je fus donc chargé d'appeler Clarence House.

En 2005, les apparitions de Harry et de William dans les médias étaient encore gérées par le service de communication du Prince de Galles : une équipe de conseillers grassement payés qui s'occupait de toutes les affaires liées à Clarence House. Ils étaient réputés, dans le monde des médias, pour leur efficacité et leur loyauté à toute épreuve. Un an plus tôt, le *Sun* avait publié une image du Prince William en train de skier avec sa nouvelle petite amie issue de la classe moyenne, fille d'une ancienne hôtesse de l'air. Personne n'avait encore diffusé de photo de Kate Middleton et, en publiant l'image, le *Sun* rompait l'accord mis en place après la mort de la Princesse Diana en 1997. En vertu de cet accord, la presse acceptait de se tenir à distance des jeunes princes tant qu'ils n'avaient pas fini leurs études. En échange, Clarence House s'engageait à diffuser de temps en temps des photos officielles et des nouvelles des jeunes garçons. Le contrat fut pris au pied de la lettre et tous les journaux nationaux, y compris le *Sun*, défendirent à leurs reporters et photographes de s'approcher de l'université de St. Andrews, en Écosse, où étudiait le Prince William.

Bien entendu, aucun média ne trouvait son compte dans cet arrangement, mais la famille royale bénéficiait du soutien du peuple britannique, profondément patriote. De façon générale, il était difficile de l'approcher, étant donné qu'aucun de ses membres n'était élu. Interdire de surcroît à la presse de publier librement sur William et Harry était donc un signal fort. En 2005, le service de communication de Clarence House savait que la trêve arrivait à sa fin. William avait presque achevé ses études à St. Andrews, et Harry avait décidé de prendre une année sabbatique. Très vite, il allait être considéré comme une cible légitime par la presse, et c'était aux conseillers de Clarence House de repousser l'inévitable aussi longtemps que possible. Dans ce contexte, on imagine bien que le coup de téléphone qu'ils reçurent de la part du *Sun*, le journal le plus vendu dans le pays, avait des implications qui dépassaient le simple contenu de la une du lendemain. Les membres du service de communication de Clarence House étaient censés protéger la famille royale, mais ils ne pouvaient pas mentir aux journalistes pour couvrir leurs employeurs si ces derniers commettaient des erreurs.

Après avoir été prévenu de mon appel, le directeur de communication du Prince de Galles, Paddy Harverson, prit certainement la mesure exacte de la situation. Ancien chef du service de presse du Manchester United, Harverson savait comment désamorcer les situations délicates pour protéger ses clients. Seulement, dans certaines circonstances, même le plus aguerri des experts doit s'avouer vaincu. Dès qu'il apprit l'existence de la photo, Harverson prit contact avec Harry pour savoir si l'histoire était vraie.

À 16 heures, mon téléphone sonna. C'était Harverson. Il me confirma que Harry et son frère s'étaient rendus à une soirée costumée dans le petit village de West Littleton, Wiltshire, quelques jours auparavant. De toute évidence, Clarence House avait compris l'enjeu : si l'équipe du prince tentait d'étouffer l'affaire, elle jouait sa réputation.

La seule chose qu'on nous demanda fut donc de ne pas être « trop durs » avec le jeune prince, de ne pas grossir le trait, et d'inclure dans notre article sa déclaration. Harverson me dicta au téléphone un long discours qui se terminait par : « Je suis sincèrement désolé si j'ai offensé qui que ce soit. C'était un choix de costume déplorable et je m'en excuse. »

Je prévins tout de suite le bureau que l'histoire était authentique. La photo n'était pas un canular et Harry avait immédiatement fait ses excuses.

Cette confirmation était tout ce dont nous avions besoin. Tout le bureau se mit au travail, et nos meilleurs collaborateurs se penchèrent sur la création de l'encart « Harry » de l'édition du lendemain. À Fleet Street, on dit souvent que rien n'arrive facilement... Eh bien, pour une fois, le proverbe avait tort ! Peu de temps après, la directrice reçut à son tour un appel de Harverson, qui voulait savoir comment nous comptions publier la photo, et qui lui demanda une fois de plus de se montrer clément avec le prince. Comme promis, nous n'avons pas exagéré l'événement. Les lecteurs du *Sun* sont en général pro-royauté et notre journal en tient compte. La dernière chose que nous souhaitions, c'était de poignarder dans le dos un jeune prince que beaucoup voyaient encore comme le garçon dévasté à l'enterrement de sa mère. Harry était très apprécié, malgré sa réputation grandissante de fêtard.

Nous sommes donc restés modérés. Mais tout le monde ne suivit pas notre exemple.

Lorsque la première édition parut, la nouvelle avait déjà fait le tour des salles de rédaction. Le correspondant royal légendaire du *Daily Mirror*, James Whitaker, fut rapidement invité à parler du faux pas du prince sur ITV, pour *News at Ten*. Avec son célèbre accent aristocratique, Whitaker déclara que ce scandale était un désastre pour Harry. Cette photo en uniforme nazi risquait de le suivre jusqu'à la fin de sa vie.

Assis dans mon salon, je regardais la nouvelle se répandre comme une traînée de poudre. Je me souviens m'être demandé si le Prince Harry se doutait que cette histoire avait failli ne jamais voir le jour. Si le contact lui avait montré une photo plus explicite de William dans son costume de gorille, Pyatt ne serait sans doute pas allé plus loin… Il aurait pu quitter le Burger King avec une photo insolite du futur roi, sans même savoir ce que Harry avait décidé de porter lors de cette même fête.

Mais le hasard en avait décidé autrement, et Harry allait devoir affronter une véritable tempête médiatique. Le lendemain, la photo avait déjà fait le tour du monde, et circulé dans toutes les salles de presse. Des équipes de télévision venues du Royaume-Uni, d'Australie, des États-Unis, d'Allemagne, de France et même du Japon campaient devant Clarence House, au cœur de Londres, pour couvrir l'événement. Cependant, Harry ne se montra pas. Son service de presse lui conseilla de se faire discret le temps que les conseillers étouffent ce scandale planétaire.

Les critiques les plus virulentes vinrent d'Israël. Silvan Shalom, alors ministre des Affaires étrangères, déclara : « Ceux qui tentent de faire passer cette erreur pour du mauvais goût doivent prendre conscience que cela peut encourager certains à minimiser cette période de l'Histoire, à contester ce que nous enseignons à nos enfants, dans le monde libre. »

Le leader conservateur de l'époque, Michael Howard,

lui-même d'origine juive roumaine, s'en prit violemment à Harry et exigea de sa part des excuses publiques. « Il est nécessaire de l'entendre de sa bouche, dit-il. De l'entendre dire clairement à quel point il regrette son geste. »

On commença même à murmurer qu'il devrait renoncer à sa carrière militaire. Depuis son passage à la Cadet Force, Harry rêvait d'entrer dans l'armée. Un descendant de la famille royale comme lui n'avait pas beaucoup d'options en matière de carrière. Il était hors de question pour un potentiel héritier du trône de rejoindre le secteur privé. Avec son nom prestigieux, on aurait pu l'accuser de mettre son employeur en situation de favoritisme. Le prince ne pouvait pas non plus entrer dans les services publics ; il aurait trop attiré l'attention. S'il avait travaillé dans un hôpital ou une école, comment assurer sa sécurité ? Au final, la carrière militaire restait l'une des seules envisageables pour lui.

Lorsque l'affaire éclata, Harry avait déjà été accepté par la célèbre Académie militaire royale de Sandhurst. Trois mois plus tard, il devait entamer un cursus de quarante-quatre semaines d'entraînement intensif, afin de devenir officier. C'était son rêve le plus cher, et il avait travaillé très dur pour passer la sélection drastique de l'académie. Hélas, le scandale risquait de mettre un terme à toutes ses aspirations. Pour Doug Henderson, ancien ministre des Armées et membre du Parti travailliste, cette erreur de jugement montrait que Harry n'était pas mûr pour intégrer l'armée. « Je ne pense pas que ce jeune homme y ait sa place », avait-il déclaré.

Harry était attaqué de tous les côtés. Une source proche de la royauté se souvient encore de la pression subie par le prince :

« Ce costume nazi était une erreur stupide, rien de plus. Mais, lorsque la photo compromettante a été publiée, Harry est devenu l'ennemi public numéro un. Ses conseillers ont gardé leur réserve, convaincus que le scandale s'éteindrait de lui-même. Ils lui ont suggéré de ne pas faire de déclaration publique qui risquerait d'alimenter l'histoire. Pour eux, Harry s'était déjà excusé, et on ne pouvait rien attendre de plus de sa part. Certains ont suggéré un voyage à Auschwitz, mais la proposition fut vite abandonnée de peur que ce geste paraisse cynique ou opportuniste. Harry était désespéré. Il voulait arranger la situation mais avait les mains liées. »

Bridé par les conseillers de son père, affrontant les critiques du monde entier, Harry se tourna alors vers la seule personne capable de le soutenir.

Depuis neuf mois, il était en couple avec une jolie étudiante du nom de Chelsy Davy. Née au Zimbabwe, fille d'un riche homme d'affaires, Chelsy était une bouffée d'air frais pour le jeune prince. Ils s'étaient rencontrés en avril de l'année précédente, lors d'un séjour au Cap, en Afrique du Sud. Ils étaient vite devenus très proches, à tel point que le prince avait rejoint Chelsy et sa famille sur l'île de Bazaruto, sur la côte du Mozambique, pour les vacances de Noël.

Ce coup de foudre était différent de tout ce que Harry avait connu auparavant. À vingt ans, Chelsy étudiait le droit à l'université du Cap. Elle était intelligente, sportive et très belle, avec ses longs cheveux blonds et ses yeux bleus. Le prince et elle partageaient le même amour de l'Afrique et du plein air. Et surtout ce n'était pas son nom illustre, ni son titre de prince, qui avait séduit Chelsy. Elle n'était absolument pas intéressée par les privilèges dont jouissait la famille royale. Pas plus que par la gloire ou la célébrité. C'est donc naturellement auprès d'elle que Harry chercha du soutien pour affronter la situation.

La même source raconte :

« Harry était amoureux de Chelsy. Il n'avait encore jamais rencontré quelqu'un comme elle. Quand il s'est retrouvé au cœur de cette tempête médiatique, il l'a appelée pour recevoir un peu de réconfort. Elle a accepté de venir le rejoindre aussitôt, et c'est sans doute ce qui a sauvé le jeune homme.

Il était au fond du gouffre. Seule Chelsy pouvait lui faire oublier pendant un temps ce qui se passait autour de lui. »

Ce fut la première fois — mais pas la dernière — que Harry chercha du réconfort auprès de son premier véritable amour. Le calme et la pondération de Chelsy lui donnèrent la force et le recul dont il avait besoin. Durant les mois et les années qui suivirent, elle lui témoigna à de multiples reprises une attention et une aide salutaires. Cette fois-ci, elle lui permit tout simplement de surmonter cette période de crise.

Avec le recul, on se rend compte que toute cette histoire est née de la maladresse d'un jeune homme qui n'avait pas anticipé la portée de son geste. Le scandale international qui en découla fut démesuré.

Depuis la mort de sa mère, le prince avait pu grandir dans un relatif anonymat, loin des caméras. Le scandale de l'uniforme nazi eut pour conséquence majeure de pousser le service de presse de Clarence House dans ses retranchements : désormais, on ne pouvait plus prétendre tenir le jeune homme à l'écart des médias. C'est sans doute ce que Harry regretta le plus dans cette triste histoire. Il n'avait certainement jamais pensé en arriver là, quand il avait accompagné son frère dans une boutique de costumes pour se préparer à la fête. Mais ce scandale, qui ne serait pas le dernier, n'allait pas lui causer de tort indéfiniment. James Whitaker s'était lourdement trompé en déclarant qu'il le suivrait jusqu'à la fin de sa vie. Néanmoins, c'est à ce moment que le prince a pris conscience des dangers qui l'entouraient, à présent que les médias se sentaient libres d'examiner ses moindres faits et gestes.

CHAPITRE 2

ANNÉE SABBATIQUE

Chacun se souvient où il se trouvait le jour de la mort de la Princesse Diana. La tragédie a fait les gros titres dans le monde entier. Au Royaume-Uni, elle a éludé toutes les actualités, et la plupart des journaux se sont parés de marges noires sur leur une en signe de deuil.

Le 31 août 1997, au petit matin, Diana et son compagnon Dodi al-Fayed quittaient le Ritz, à Paris, conduits par le chauffeur Henri Paul. C'est là que le désastre s'est produit. Leur Mercedes s'est écrasée à pleine vitesse contre l'un des piliers du tunnel du pont de l'Alma alors qu'ils essayaient de fuir des paparazzis. Quelques heures plus tard, on annonça la mort de la Princesse du Peuple. La femme la plus photographiée au monde avait été tuée parce que les gardes de son amant tentaient de distancer des photographes avides.

Quelles que soient les causes de cet accident tragique, l'événement changea les rapports entre les médias britanniques et la famille royale. Après la mort de Diana, les choses n'ont plus jamais été les mêmes. L'opinion populaire accusa immédiatement la presse, qui garda mauvaise réputation pendant de longues années.

De fait, ce terrible événement arriva trois jours à peine après le début de mon premier emploi de journaliste. À l'époque, j'étais incapable de deviner que l'accident de Paris aurait un impact si fort sur ma carrière.

J'avais toujours apprécié les membres de la famille royale, même si je trouvais cette institution un peu dépassée et antidémocratique. Diplômé en journalisme politique, j'avais déjà écrit plusieurs essais sur le sujet, réfléchissant à ce que le Royaume-Uni gagnerait à devenir une république. Pour moi, la royauté était une sorte de musée vivant rappelant l'époque de l'Empire, destiné à entretenir l'admiration des foules. Pour les individus concernés, vivre dans une cage dorée devait être un véritable enfer. Aucun palais, aucun privilège et aucune fortune ne pouvait compenser cette malédiction : être condamné tout au long de sa vie à la lumière des projecteurs, juste à cause d'un hasard de naissance… J'aurais préféré naître dans la famille Addams plutôt que chez les Windsor — et cela reste encore valable aujourd'hui.

Si je voulais devenir journaliste, ce n'était évidemment pas dans l'espoir de couvrir les actualités de la famille royale, ni d'entretenir le gigantesque *soap opera* qu'avait été le mariage de Diana et du Prince de Galles. Non, je voulais rencontrer des gens, écrire et partir sur le terrain.

J'étais à l'époque apprenti reporter du *Tonbridge Courier*, dans le Kent. Au moment de la tragédie, on me chargea de recueillir des témoignages. Mon chef m'envoya à la gare pour demander aux passants leur ressenti sur ce qui s'annonçait comme l'événement le plus bouleversant de la décennie. Le deuil national prenait une ampleur sans précédent. À Kensington, devant les portes du palais londonien qui fut l'ancienne demeure de Diana, des milliers de personnes se succédaient pour déposer des fleurs et des messages de compassion.

Je me rendis donc à la gare de Tonbridge pour repérer quelques-uns de ces pèlerins, avec l'intention de les interviewer pour l'édition de la semaine suivante. À l'exception d'un papier concernant la venue de danseurs traditionnels de morris dans un pub de Tonbridge, c'était mon premier reportage. Pour l'occasion, j'avais poli mes chaussures et je portais un costume neuf, et une cravate offerte par ma mère.

J'étais sincèrement enthousiaste à l'idée de devenir reporter. Je sortais à peine de l'université et je faisais mes premiers pas dans la carrière de mes rêves. Le journal local allait me former et, bien que le salaire fût misérable, il me dispensait de suivre une formation complémentaire.

Ce court trajet entre mon petit bureau de Tonbridge High Street et la gare fut une sorte de voyage initiatique pour moi. C'était la première fois que j'allais à la rencontre du public et, avec un peu de chance, j'arriverais à collecter quelques déclarations qui pimenteraient mon article.

Je n'eus aucune difficulté à trouver des passants en deuil. Au premier coup d'œil, j'en repérais des dizaines en partance pour Londres ou de retour du palais. Je sortis mon bloc-notes tout neuf et m'approchai de deux femmes d'âge mûr, qui rentraient visiblement de Kensington.

— Bonjour ! lançai-je. Je suis navré de vous déranger. Je suis reporter pour le *Tonbridge Courier* et je cherche des personnes qui sont allées rendre hommage à la Princesse Diana…

La réponse que je reçus restera pour toujours gravée dans ma mémoire :

— Fichez le camp, et laissez-nous tranquilles ! aboya l'une des femmes.

— C'est vous qui avez tué Diana, vous n'êtes que des vautours ! renchérit l'autre.

Comme première interview, il est clair que j'aurais pu mieux tomber.

J'étais tellement choqué par leur réaction que je n'essayai même pas de me défendre, ni de leur expliquer que c'était ma première semaine de travail. Après une heure de tentatives infructueuses, je décidai d'abandonner. Tout le monde était en colère, et ma présence leur donnait l'occasion d'exprimer leur douleur. En clair, je servais d'exutoire. Sur le chemin du retour, toujours incrédule, je me préparais aux remontrances inévitables qui m'attendaient.

Les gens haïssaient-ils la presse à ce point? Ils devaient pourtant faire la différence entre un petit reporter local qui essaie de faire son travail et les grands journaux nationaux qui avaient passé des années à harceler la Princesse de Galles.

À compter de la mort de Diana, le journalisme n'a plus jamais été perçu de la même façon, en Grande-Bretagne. Le public, qui pendant des années s'était arraché chaque nouveau cliché de Diana, qui guettait chaque scoop avec impatience, se retournait soudain contre les journalistes qui ne cherchaient qu'à satisfaire leurs demandes. À leurs yeux, nous étions devenus des ennemis, des « vautours ».

Dès lors, le fameux accord entre la presse et Clarence House fut en place pour empêcher la presse de pourchasser les membres de la royauté. Harry, qui n'avait que quatorze ans à l'époque, et William, seize ans, furent traités avec prudence par les médias, et tout journaliste qui aurait violé l'accord risquait de se voir publiquement réprouvé.

Diana avait été la poule aux œufs d'or des journaux britanniques. Sa popularité était telle qu'une simple photo d'elle dans une nouvelle robe pouvait faire les unes; et c'était le succès garanti. Les journalistes pouvaient remercier les dieux des tabloïds de leur avoir envoyé un tel cadeau! Mais, après sa mort, le palais craignait plus que tout de laisser l'histoire se répéter avec les princes. Ainsi, dans ce néant médiatique sans précédent, William et Harry purent grandir dans une certaine tranquillité, et se concentrer sur leurs études à Eton College, dans le Berkshire, l'une des écoles privées les plus prestigieuses et coûteuses du monde.

Malheureusement, les princes, en particulier Harry, avaient très mal vécu la mort de leur mère. Harry n'était pas un garçon studieux, et d'une certaine manière la perte de sa mère l'autorisa à exprimer sa désinvolture vis-à-vis des études. Il devint le rebelle, le clown de la classe, et il aimait ça. Au lieu de se lier d'amitié avec les bons élèves assis au premier rang, ceux qui travaillaient dur et rendaient leurs devoirs, Harry s'asseyait toujours au fond, finissait rarement ses devoirs, et mieux vaut ne pas évoquer ses résultats…

L'un de ses camarades d'Eton se souvient :

« Harry était un rebelle. Certes, ses gardes le suivaient partout et tout le monde savait qui il était. Mais autrement, personne n'aurait pu deviner qu'il faisait partie de la famille royale, encore moins qu'il était le troisième héritier du trône. Il traînait constamment avec les mauvais élèves, ceux qui préféraient s'attirer des ennuis plutôt que travailler.

« Harry se comportait comme s'il était à Eton pour s'amuser. Il faisait toujours l'idiot et avait un don pour aller pousser les bêtises un peu plus loin que les autres. Malgré ça, il était très populaire. Même les professeurs tombaient sous le charme. Il savait tester les limites sans jamais fâcher réellement qui que ce soit — pas assez pour encourir de vrais problèmes, en tout cas. Ses amis lui ressemblaient beaucoup, mais Harry était clairement le meneur. »

Les frasques du jeune prince à Eton restèrent cependant méconnues du grand public. Mais, en janvier 2002, les médias eurent pour la première fois l'opportunité de parler des dérapages du jeune prince. *News of the World* révéla que Harry, alors âgé de seize ans, avait goûté au cannabis.

Le journal racontait que le jeune prince avait profité d'être seul au domaine Highgrove, dans le Gloucestershire, pendant l'été 2001. Lui et ses amis mineurs étaient apparemment allés prendre un verre à Rattlebone Inn, à 5 kilomètres de la propriété du Prince de Galles. Il aurait ensuite invité ses compagnons chez lui pour faire la fête jusqu'au matin. Lors de cette soirée devenue célèbre, Harry aurait fumé un joint devant ses amis.

Le Prince Charles aurait été prévenu par un membre du personnel de Highgrove, suite à la découverte de la drogue dans les affaires du prince. Le secret fut néanmoins gardé pendant près de six mois avant la publication de la une du *News of the World*.

Lorsque l'incident fut rendu public, la famille royale ne tenta pas de nier. Un porte-parole officiel déclara :

« Ceci est un problème grave. Il a néanmoins été résolu par la famille et l'affaire est close. »

La presse apprit également que le Prince Charles avait eu une conversation avec son fils avant d'emmener Harry visiter en secret un centre de désintoxication dans le sud de Londres.

La réaction que cet article provoqua fut éclairante… Le prince avouait avoir consommé une drogue illégale et, pour la première fois depuis les accords post-Diana, un journal s'était autorisé à publier ce scoop. Si les « hommes en gris » du palais furent révoltés de voir cette affaire rendue publique, ils ne purent refuser au peuple le droit d'être informé. La déclaration confirmant les faits fit le tour du monde et, aujourd'hui encore, les gens se souviennent vaguement que le Prince Harry a eu des problèmes de drogue.

Néanmoins, rares étaient ceux qui condamnèrent le prince pour ce dérapage. Il sut s'attirer le soutien du peuple et, au lieu de réclamer une punition, les Britanniques se retournèrent de nouveau contre la presse. Le chef libéral démocrate de l'époque, Charles Kennedy, se fendit même d'une déclaration télévisée pour répéter que le cannabis ne devait plus être considéré comme une drogue, que l'on devait en légaliser la consommation.

Cette réaction surprenante prouve bien que le public a toujours été acquis à Harry. Même cinq ans après la mort de Diana, la Grande-Bretagne soutenait encore ses enfants face à la presse.

Le Prince Harry quitta Eton en 2003, après son Advanced Level pour lequel il obtint un B en art et un D en géographie. Bien qu'inscrit dans l'une des écoles les plus prestigieuses du monde, il atteignait à peine les résultats suffisants pour se présenter à l'école d'officiers. Personne n'osa critiquer sa médiocre performance scolaire, pas même quand on apprit que l'un de ses professeurs d'art l'avait aidé à passer ses examens.

Harry l'a toujours admis lui-même : il n'a jamais eu la fibre académique. Il souffrait d'une forme légère de dyslexie et se montra bien plus efficace face aux défis du CCF d'Eton (Combined Cadet Force, mouvement de jeunesse soutenu par le ministère de la Défense) où il atteignit la première place lors de son dernier trimestre. De manière générale, on considérait que ses résultats peu satisfaisants étaient excusés par la perte de sa mère et la pression qu'il subissait.

Alors qu'il avait été accepté à Sandhurst, Harry commit une erreur : au lieu d'intégrer immédiatement l'armée britannique, il décida de prendre une année sabbatique.

Si Harry était entré à Sandhurst en 2003, dès la fin de ses examens, la restriction imposée à la presse ne serait pas tombée, car l'Académie militaire relève bel et bien du parcours scolaire. Les jeunes cadets qui aspirent à devenir officiers y passent des examens, apprennent les bases de l'infanterie et beaucoup d'autres choses. Difficile de prétendre qu'il ne s'agit pas d'un « lieu d'études ». Le prince y aurait vécu en paix.

Cependant, comme beaucoup d'adolescents à la sortie du lycée, Harry décida de s'accorder dix-huit mois pour voyager, faire la fête et profiter de la vie en toute insouciance. Mais il n'était pas un adolescent ordinaire, et cette décision le livra à l'attention publique dont ses conseillers voulaient à tout prix le protéger.

Une source, au palais, nous explique :

« Lorsque Harry a quitté Eton, on espéra qu'il se concentrerait sur Sandhurst. Tout le monde avait bien vu que sa seule passion à l'école était sa formation de cadet — et il y avait excellé. À cette époque, Harry était encore vulnérable... Il souffrait toujours de la mort de sa mère et on voyait bien qu'il y avait beaucoup de colère en lui. Entrer dans l'armée l'aurait sans doute aidé à se débarrasser de ses démons.

« Hélas, il tenait absolument à faire une pause. Il voulait être libre de voyager, de se détendre et de voir le monde. Personne, à cette époque, n'a pu le convaincre de renoncer à ce projet, et ses conseillers reçurent l'ordre de rédiger une déclaration confirmant son année sabbatique. »

Libre de toute obligation, Harry passa alors du temps dans un ranch australien, et fut aperçu lors de la finale de la Coupe du monde en novembre 2003. Il voyagea ensuite en Afrique du Sud, et eut la noble initiative de créer une organisation caritative en mémoire de sa mère. Mais, le reste du temps, le prince vécut dans son appartement londonien, au palais St. James, entouré de ses amis proches.

En octobre 2004, peu de temps après son retour d'Afrique du Sud, Harry passa une soirée de détente au club Pangaea, dans le West End. Ce club de luxe était un petit paradis : à deux pas de son appartement, il offrait au prince un cocon protégé où il pouvait s'amuser en toute insouciance, sachant que les vigiles et ses gardes du corps étaient là pour veiller sur lui.

Mais cette protection présentait une faille : entre la porte du club et la voiture de ses gardes du corps, le prince était exposé. Un soir, à 3 heures du matin, Harry sortit du Pangaea pour rentrer chez lui et se retrouva nez à nez avec ce qu'il haïssait le plus. Une horde de paparazzis.

Je souhaite ouvrir ici une parenthèse : on se trompe souvent sur le compte des photographes de presse. On emploie en général — à tort — le terme *paparazzi* pour décrire tout groupe de personnes armées d'appareils photo. En fait, ce terme ne concerne qu'une petite frange de photographes free-lance qui vendent au meilleur acheteur des images de célébrités ou de personnalités politiques, tant que ça leur rapporte de l'argent.

Un photographe de presse, en revanche, est un journaliste accrédité qui a été formé à son métier, et qui est chargé de prendre des photos pour le journal qui l'emploie. S'il se comporte mal, s'il harcèle ou agresse sa cible, il risque gros vis-à-vis de son employeur. C'est pourquoi il s'assure d'avoir toujours l'autorisation des personnes qu'il photographie, de crainte de porter atteinte à la réputation de son journal en violant les règles de la *Society of Editors*.

Mais à l'heure de la photo numérique, avec un public de plus en plus obsédé par le culte de la célébrité, n'importe qui peut tenter sa chance. Dans le West End de Londres, ces chasseurs de primes des temps modernes campent devant les portes des boîtes de nuit dans l'espoir d'apercevoir des gens célèbres. Depuis le succès de Twitter, leurs sources sont illimitées. Un seul tweet suffit à attirer la foule des paparazzis à un endroit sur une simple rumeur...

Cette nuit-là, les photographes savaient que Harry faisait la fête à Piccadilly et qu'il sortirait du club, à un moment ou à un autre.

Je tiens à préciser qu'il n'y a rien d'illégal, pour un papa-razzi, à attendre patiemment devant une boîte de nuit que sa cible sorte. Quand les célébrités décident de se montrer dans l'espace public, ils sont « responsables » aux yeux de la loi. Bien évidemment, un jeune prince qui émerge d'un club au petit matin n'allait pas voir les choses sous cet angle. De fait, quand les flashs se mirent à crépiter devant lui, Harry entra dans une colère noire.

Les témoignages diffèrent sur ce qui est véritablement arrivé ce soir-là. Certains disent que Harry est délibérément ressorti de la voiture de son garde du corps pour frapper l'un des photographes. Dans la confusion qui a suivi, le photographe en question s'est retrouvé avec la lèvre fendue. De son côté, Clarence House a déclaré que Harry avait été frappé au visage en premier par un appareil photo et qu'il avait simplement réagi en repoussant l'appareil.

Quoi qu'il en soit, les conséquences de ce déplorable incident restent inchangées. Le lendemain matin, l'*Evening*

Standard affichait des photos montrant le prince donner un coup de poing au photographe, avant d'être emmené de force par ses gardes du corps et poussé à l'abri, dans sa voiture. Dans l'interview qui accompagnait ces images, le photographe Chris Uncle déclarait :

« Le Prince Harry était dans la voiture, tandis que nous prenions des photos.

« Soudain, il a bondi de la banquette et s'est jeté sur moi alors que je le photographiais. Il m'a frappé en poussant délibérément l'appareil photo contre mon visage. »

Un autre photographe témoigna :

« Il était déjà presque installé à l'arrière de la voiture quand il a réagi brutalement. Il s'est précipité sur mon collègue, lui a arraché son appareil et l'a poussé contre le mur. »

Le service de presse de Clarence House se retrouva acculé et dut rédiger à la hâte une déclaration pour défendre le prince. L'incident fit néanmoins les gros titres dans le monde entier et le Prince Harry fut au cœur d'une nouvelle obsession populaire : on se demanda s'il était en dépression.

Depuis son départ d'Eton, Harry s'était tenu relativement éloigné des caméras. Les seules photos publiées montraient un jeune homme qui profitait pleinement de son année sabbatique. On l'avait certes vu créer la fondation Sentebale pour venir en aide aux orphelins oubliés du sida, dans le Lesotho, mais c'était peut-être le seul événement flatteur le concernant.

L'incident de la boîte de nuit fut donc perçu comme d'autant plus grave, et les conseillers royaux ne purent pas grand-chose pour défendre le prince. Le public jugea qu'il aurait dû se concentrer sur sa carrière militaire plutôt que perdre son temps à voyager et faire la fête. Des mois plus tard, j'eus l'occasion de discuter de l'événement avec une personne qui était sur place, le soir de l'incident.

« Au fond, ce n'était qu'une tempête dans un verre d'eau, me dit-il. Harry s'est senti menacé par ces photographes agglutinés autour de lui. Ils étaient très près de lui, et leurs flashs fusaient comme un stroboscope. Quand le prince s'est enfin installé dans la voiture, il était hors de lui. Il a piqué sa crise, c'est tout. Il était crispé, n'arrêtait pas de jurer et de crier. Lorsqu'il s'est calmé, il s'est montré très inquiet et n'arrêtait pas de demander ce que l'on pouvait faire pour rattraper le coup. »

À l'époque, la rancœur de Harry pour les paparazzis le consumait. Nul ne peut imaginer ce que le jeune prince a ressenti sur le moment. Dans un mélange de colère et d'ébriété, il a été confronté à ce qu'il détestait le plus au monde. C'était tout simplement trop pour lui.

Lorsque l'histoire eut fait le tour du monde, les journalistes et le public arrivèrent à la conclusion qu'il fallait garder le jeune prince à l'œil. Les accords post-Diana commençaient à s'effriter : certains estimaient que cette année sabbatique mettait fin à son parcours scolaire à proprement parler, tandis que d'autres la considéraient comme une période d'apprentissage de la vie.

Le travail accompli par Harry au Lesotho lui valu cependant de nombreux compliments. Il apparaissait comme un jeune homme mûr, bien décidé à poursuivre l'œuvre caritative de sa mère. Le prince invita même quelques reporters à l'inauguration de la fondation et attira l'attention des médias sur le calvaire des orphelins.

Le Lesotho est un petit royaume enclavé dans l'Afrique du Sud, un pays ravagé par le sida. L'épidémie s'y est répandue si largement que l'espérance de vie des adultes ne dépasse pas trente ans. Quand Harry a visité ce pays pour la première fois, il a été témoin des horreurs que subissent les jeunes du Lesotho. À cause du sida, une génération entière avait disparu. La plupart des gens encore vivants étaient soit mineurs, soit seniors. Ce qui choqua particulièrement Harry, ce fut de voir ces enfants totalement oubliés du monde. C'est à ce moment-là qu'il fit le vœu de changer les choses.

Durant son voyage, Harry apparut dans un documentaire

d'ITV destiné à mettre en lumière la terrible réalité de ce pays. Pour son image publique, ce fut une très bonne chose. Comme sa mère avant lui, le prince se servait de son statut et de sa célébrité pour aider ceux dont nos sociétés ignorent le calvaire. Depuis, Harry n'a jamais failli à sa promesse faite aux enfants du Lesotho. Le nom de sa fondation, Sentebale, signifie d'ailleurs « Ne m'oublie pas », et c'est bien ce qu'il accomplit.

Cependant, en 2004, sa décision de convier des journalistes pendant son voyage réveilla la curiosité du public. On commença à réclamer plus d'articles à son sujet, et un débat majeur naquit. Les plus cyniques avançaient que si la presse était invitée à montrer les bonnes actions de Harry, ses frasques pouvaient être elles aussi rendues publiques. Tout le monde appréciait le prince, mais les médias britanniques commençaient à se lasser des exigences des conseillers royaux.

À cette époque, déjà, Harry suscitait une certaine fascination. Il ne ressemblait pas aux autres membres de la royauté. Son contact facile, surtout avec les enfants, fut encensé par toutes les unes quand on publia une photo de lui faisant sauter un petit orphelin sur ses genoux. De toute évidence, il avait le don de ravir toutes les personnes qu'il rencontrait.

Suite aux reportages du Lesotho, des milliers de promesses de dons affluèrent. L'association devint active et Harry tenait la barre. Il était devenu une étoile montante. Néanmoins, tout le monde guettait l'autre facette de sa personnalité : celle du jeune fêtard aux yeux pétillants, qui aimait passionnément la vie. Un prince capable de faire rire son peuple, cela intrigue !

Ses faux pas avec le cannabis, puis avec les paparazzis, éveillèrent une soif d'informations inextinguible. Harry dut sentir que les choses étaient sur le point de changer pour lui. Très vite, la presse apprit une nouvelle de taille, que Harry avait gardée secrète depuis le mois d'avril. Loin des caméras et des journalistes, le prince était tombé amoureux…

CHAPITRE 3

CORRESPONDANT ROYAL

— Que dirais-tu d'être correspondant royal ? me demanda au téléphone mon rédacteur en chef, Chris Pharo, de son ton abrupt habituel.

J'étais alors en train de promener tranquillement mon chien, et je fus totalement pris au dépourvu. Jamais je n'avais pensé couvrir les actualités royales pour le *Sun*, et sa proposition me déstabilisa.

Du vivant de Diana, ce genre de mission pouvait faire entrer un journaliste dans la légende. J'avais entendu de nombreuses histoires sur les correspondants qui avaient suivi cette femme tout autour du globe. À l'époque, c'était une niche très confortable : chaque scoop sur la Princesse de Galles se vendait à prix d'or et les journaux mettaient les moyens pour ne rien rater.

On raconte même que, lors de la lune de miel de Diana et Charles, en 1981, le *Sun* avait envoyé une équipe à bord d'un jet privé pour arpenter chaque recoin de la Méditerranée à la recherche du yacht royal. L'avion seul avait coûté 50 000 livres. Bien que la facture ait été partagée entre différents journaux, le coût restait exorbitant.

Mon collègue, le célèbre correspondant royal Charlie Rae, me racontait souvent ses voyages en première classe et ses séjours dans les meilleurs hôtels de la planète. Puisque les membres de la famille royale voyageaient en général dans des endroits paradisiaques, le journaliste assez chanceux pour les suivre passait beaucoup de temps sur des pistes de ski, en safari et dans des stations huppées dont j'aurais à peine osé rêver.

Lorsque j'obtins mon premier travail au *Sun,* en 2001, j'étais très intimidé par ce journal. Tout s'y passait à cent à l'heure et la pression quotidienne était à peine supportable. Aucun reporter ne peut oublier sa première arrivée dans la salle de rédaction du *Sun.*

À cette époque, le journal occupait encore le septième étage des imprimeries du vaste site de News International surnommé la « Forteresse de Wapping ». Au plus fort de sa guerre contre les syndicats d'imprimeurs, au milieu des années 1980, Rupert Murdoch avait contré les actions des grévistes en installant tous ses bureaux britanniques dans un terrain de plus de trois hectares, dans un quartier délaissé, à l'extrémité de la City.

Le site avait été très bien choisi, et ressemblait en tout point à une vraie forteresse. De hauts murs de pierre et d'immenses barrières protégeaient les bâtiments, véritables havres de paix, loin des manifestants et des grévistes qui menaçaient l'industrie journalistique. Le site était en grande partie occupé par les imprimeries de pointe, qui nécessitaient bien moins de personnel. En 2001, le *News of the World,* le *Times,* le *Sunday Times* et le *Sun* se partageaient encore les presses pour envoyer chaque édition dans tout le Royaume-Uni.

Au dernier étage, juste au-dessus des imprimeries, se situait la salle de rédaction du *Sun.* Quand les presses se mettaient en route, le soir, le plancher vibrait, et les pigistes de la nuit devaient contourner une armée de chariots élévateurs et de camions pour atteindre le bâtiment. C'était donc dans cette salle poussiéreuse et sombre que le journal britannique le plus important était imprimé chaque jour — à l'exception de la veille de Noël — grâce à une armée de journalistes, de pigistes et de stagiaires.

Dès qu'on sortait de l'ascenseur d'acier pour remonter le couloir menant à la salle de rédaction, on savait immédiatement où l'on se trouvait. Les murs étaient recouverts des plus grandes unes du *Sun*, encadrées comme des trophées de chasse dans un palais colonial. Au-dessus de la porte graisseuse à force d'être ouverte, un panneau rouge et blanc annonçait : « Redressez la tête, vous entrez sur les terres du *Sun*. »

En réalité, travailler au *Sun* voulait bien souvent dire garder la tête basse, faire ce que l'on vous demandait et traiter au mieux chaque sujet confié. Après plus d'un an de missions ponctuelles, on me proposa un emploi à temps plein au journal. Je m'empressai de quitter mon précédent travail dans une agence de presse pour saisir cette opportunité.

En novembre 2004, quand mon patron m'a parlé pour la première fois du poste de correspondant royal, j'avais déjà couvert toutes sortes de sujets. J'avais couvert les actualités de l'émission *Big Brother*, à l'époque où les gens étaient encore des millions à la regarder. J'avais rejoint l'équipe qui suivait les meurtres de Holly Wells et Jessica Chapman, fillettes de dix ans, à Soham. Puis je m'étais occupé du procès de leur assassin, Ian Huntley. Quand certains joueurs de football de Leicester avaient été accusés de viol sur trois jeunes filles dans un hôtel espagnol, j'avais passé un mois à glaner des renseignements.

Je m'étais fait insulter par Posh Spice sur les pistes de ski de Verbier, alors que je m'étais rasé la tête en bandes pour tenter — en vain — de ressembler à David Beckham avec des tresses. Suivant les ordres du bureau, j'avais même poussé un Dalek sur le plateau de *Doctor Who* pour réclamer le retour des célèbres mutants Kaled que le public appréciait depuis longtemps.

Il n'y a jamais de journée ennuyeuse au *Sun*, et j'adorais cela. Mais quant à m'occuper des actualités royales... À l'époque, un correspondant royal n'avait pas grand-chose à faire, à part relayer les nouvelles de William et Harry délivrées au compte-gouttes par le palais. Ou écrire un commentaire sur une image du Prince Charles grimaçant lors d'une visite d'usine de yaourt, quelque part dans l'ouest du pays. Certes, ce travail était prestigieux et pouvait m'amener à voyager dans des endroits fabuleux, mais cela ne m'avait jamais attiré.

Cependant, mon rédacteur en chef me proposait cette mission pour une raison bien précise. Nous étions en novembre 2004. Le Prince Harry avait visité le monde entier pendant son « année » sabbatique, la plus longue de l'histoire — il n'entrerait à Sandhurst qu'en mai 2005. On venait de découvrir qu'il avait entamé une relation avec une jeune étudiante du Zimbabwe, loin des caméras et du public. Quelques jours avant ce coup de téléphone, le *Mail on Sunday* avait révélé que Harry et Chelsy Davy avaient passé deux semaines de vacances en Argentine, dans un club de polo isolé près de Buenos Aires.

C'était la première fois que le monde entendait le nom de Chelsy Davy, alors âgée de dix-neuf ans, et le journal précisait clairement que le prince et elle étaient ensemble. L'article prétendait qu'ils avaient passé presque toutes leurs vacances en amoureux. Citant une source du club El Remano, où ils s'étaient installés, le *Mail on Sunday* écrivit :

« Harry et Chelsy avaient tout du jeune couple : ils s'embrassaient, se tenaient la main, visiblement très épris l'un de l'autre. Ils avaient l'air éperdument amoureux, et Harry a reconnu que Chelsy était son premier véritable amour. Ils se comportaient comme tous les jeunes de leur âge. Nous avons organisé un petit barbecue et ils sont restés assis côte à côte, à rire et à plaisanter. Chelsy paraissait très à l'aise avec lui. »

D'après le journal, Harry avait même emmené Chelsy chasser sur un domaine privé de la province d'Entre Ríos. Une autre source était citée :

« Quand ils sont partis chasser — essentiellement du tir aux pigeons —, quelqu'un a emporté un appareil photo. Harry avait l'air nerveux à l'idée qu'on les prenne en photo ensemble.

« Il est visiblement très attaché à elle. [...] Quand quelqu'un leur a demandé depuis combien de temps ils étaient ensemble, Chelsy a rougi et répondu : "Huit mois."

« Harry était très protecteur avec elle et passait souvent le bras autour de ses épaules. On voyait que sa présence l'apaisait. Lors du barbecue, il n'a bu qu'une bière et un demi-verre de vin.

« Chelsy était gentille, et très fière de Harry, car il savait bien chasser. Ils sont arrivés dans un jet privé et sont repartis ensemble. Il paraissait évident qu'ils étaient en couple. »

Dans cet article exclusif, le *Mail on Sunday* citait même Chelsy. À l'époque, elle vivait avec son frère Shaun dans l'une des maisons de leurs parents, au cœur du quartier huppé de Newlands, au Cap. Quand les journalistes sont allés frapper à la porte, la jeune femme, qui n'était pas sur ses gardes, avait laissé échapper que le prince et elle se connaissaient depuis qu'il était à l'école.

C'était le scoop que tout Fleet Street attendait avec ferveur. Moins d'un mois après l'altercation entre Harry et les photographes, on révélait qu'il s'était éclipsé en secret, avec ses gardes du corps, pour passer des vacances romantiques avec Chelsy. Le palais avait tu toute l'histoire et leur relation était demeurée secrète pendant plusieurs mois.

Mais, parce qu'il fait partie de la famille royale, la vie amoureuse de Harry est considérée comme « publique ». Tout au long de l'histoire, les journaux et les reporters ont établi l'idée que le peuple a le droit d'être informé de la vie privée de la famille royale. Puisque ses membres bénéficient de nombreux privilèges, les gens qui paient des impôts pour financer ce train de vie s'estiment en droit d'en savoir plus sur les fréquentations des Windsor. De plus, puisque Harry menait la belle vie depuis le début de son année sabbatique, ses conseillers pouvaient difficilement s'abriter derrière les accords post-Diana au prétexte qu'il n'avait pas fini ses études.

— Je veux que tu ailles au Cap et que tu couvres l'histoire de la nouvelle petite amie de Harry, poursuivit mon rédacteur en chef, lors de ce fameux appel.

Jamais encore on ne m'avait envoyé hors d'Europe et cette mission en Afrique du Sud était, à mes yeux, la meilleure proposition qu'on m'ait jamais faite.

Ce voyage avait de lourds enjeux: mon patron était furieux que le *Mail on Sunday* nous ait devancés sur ce scoop, et je le comprenais. Cependant, on ne savait pas encore grand-chose sur cette belle blonde qui avait su charmer Harry. La plupart des rédactions de Fleet Street allaient sans doute envoyer des équipes pour dénicher des informations, créant une véritable course au scoop. Et j'étais bien décidé à jouer mon rôle.

Le vol jusqu'au Cap fut cauchemardesque. Douze heures, coincé dans un 747 bondé de la British Airways… Nous étions en novembre, le début de l'été en Afrique du Sud; ce qui voulait dire que tous les sièges avaient été réservés très en avance. Le photographe et moi écopâmes des deux dernières places disponibles, au milieu d'une rangée centrale en classe économique. Bien évidemment, la nuit sans sommeil qui nous attendait fut interminable.

Lorsque nous sommes arrivés au Cap, je commençai déjà à regretter d'avoir accepté la mission. Je savais ce qui m'attendait dès que j'aurais rallumé mon téléphone. En effet, dès qu'il se connecta sur un signal local, il se mit à sonner compulsivement.

J'écoutai le message:

« Appelle le bureau. C'est urgent ! »

J'attendais alors pour le contrôle des passeports, et en profitai pour appeler la salle de rédaction.

— Alors, tu as quelque chose ? grésilla immédiatement la voix de mon collègue.

La seule chose que j'avais, c'était une impression de gueule de bois après ma nuit passée dans l'avion et la quasi-certitude d'avoir développé une thrombose dans la jambe, encore fourmillante d'avoir été coincée dans la même position pendant douze heures.

Si c'était cela, le boulot de correspondant royal, ça n'avait rien à voir avec le mode de vie glamour et luxueux que mes collègues m'avaient décrit !

Le photographe et moi ne rêvions que d'une bonne douche et d'une longue sieste, mais nous nous mîmes immédiatement en route pour la maison de Chelsy, à Newlands.

La jeune femme et son frère vivaient dans une belle propriété qui donnait sur une rue calme. Comme dans tous les quartiers chics de cette ville, la demeure était entourée de hauts murs surplombés de fil barbelé et percés d'un unique portail électrique. Juste en face s'étendait la cour de récréation d'une école où les riches familles du Cap envoyaient leurs enfants. La rue bordée d'arbres était un havre de paix, aux antipodes des taudis délabrés que nous avions vus défiler depuis notre sortie de l'aéroport.

Le Cap est une ville tout en contrastes. Les pauvres y sont extrêmement pauvres, contraints de mendier à chaque coin de rue ou de s'entasser dans des minibus rouillés dans l'espoir de trouver du travail pour la journée. Et les riches y sont extrêmement riches, menant une vie de rêve dans de vastes demeures entretenues par des domestiques qui leur coûtent moins de 10 livres par jour.

La maison de Chelsy appartenait à son père, Charles, un riche homme d'affaires du Zimbabwe qui avait acheté la propriété pour investir et offrir à ses enfants un foyer confortable tant qu'ils n'avaient pas terminé leurs études dans la prestigieuse université du Cap.

Dès notre arrivée, nous avons découvert sans surprise une dizaine d'autres voitures de journalistes venus pour apercevoir Chelsy. La course au scoop était bel et bien lancée. Les quelques journaux qui n'avaient pas envoyé de reporters avaient engagé des free-lances sur place, et tout ce petit monde s'était précipité jusqu'à la porte de la somptueuse maison des Davy.

Un article sur une célébrité britannique pouvait prendre des proportions démesurées. J'avais appris à arpenter les stations de ski et les villes balnéaires européennes à la recherche d'un candidat de *Big Brother* ou d'un footballeur de ligue 1, repéré par des sources plus ou moins fiables. Et dès qu'il s'agissait de la famille royale, c'était encore pire. Un scoop sur Jade Goody pouvait peut-être figurer dans les pages du *Sun*, du *Daily Star* ou du *Mail on Sunday*, alors un scoop sur le Prince Harry serait aussitôt relayé par toutes les unes britanniques, européennes, américaines et australiennes.

Cette année-là, nous avions l'opportunité de dévoiler des infos inédites sur la première « vraie » petite amie du prince. C'était une chance considérable. Pour un photographe free-lance, une simple photo de Chelsy pouvait valoir des dizaines de milliers de livres, car tous les journaux et magazines du monde voulaient se mettre à niveau après l'exclusivité du *Mail on Sunday*.

Évidemment, Chelsy faisait profil bas. Si elle avait été prise par surprise, quand le premier journaliste était venu lui parler, quelques jours plus tôt, elle avait reçu depuis des instructions claires et refusait de parler à des reporters — ou même de se montrer.

Frapper à sa porte aurait été une perte de temps, cette opportunité nous avait échappé. Nous avons donc cherché à évaluer la compétition, à découvrir qui étaient les autres reporters envoyés sur place. Un réflexe de journaliste :

chercher à connaître le concurrent. Surtout quand on a traversé la moitié du globe pour un scoop. De plus, quand les rédactions commencent à exiger des résultats, un lien étrange se crée entre les reporters envoyés sur le terrain. On finit quelques fois par mieux connaître les journalistes des journaux rivaux que ses propres collègues.

Cette semaine-là, au Cap, nous avons reconnu des gens du *Mirror*, du *Mail*, du *Mail on Sunday*, du *News of the World* et du *Daily Express*. Comme nous, ils avaient tous été chargés de trouver Chelsy. Puisque la jeune femme ne se montrait pas, il ne nous restait plus qu'à trouver des proches ou des amis disposés à parler — voire à nous vendre des photos. Le temps était compté, et les rédactions, à Londres, étaient désespérées.

Au bout d'un moment, une nouvelle nous parvint. Chelsy s'était envolée pour Durban, à deux heures d'avion à l'est du Cap. Son père y avait une autre propriété sur la côte, à Umhlanga Rocks, une station très populaire auprès de la jeunesse dorée sud-africaine, réputée pour ses soirées en bord de mer. Mieux encore : notre source nous apprit que Chelsy attendait un visiteur de marque pour le week-end. Le Prince Harry.

Les dernières tentatives du palais pour garder cette romance secrète tomberaient à l'eau si les tourtereaux étaient aperçus ensemble à Umhlanga Rocks. D'autant que Harry faisait manifestement tout son possible pour voir Chelsy dès qu'il avait un moment de libre. Son année sabbatique se transformait en année romantique…

Je compris très vite que la jeune femme était une étudiante très populaire à l'université. Elle aimait faire la fête et sortir avec un petit cercle d'amis proches. Bien avant sa rencontre avec Harry, elle était le genre de personne sociable à aimer évoluer en public. La jeunesse du Cap jouissait d'une vie nocturne palpitante, avec ses boîtes de nuit, ses bars et ses restaurants. Sur ce point, la cité tenait la dragée haute à toutes les autres villes du monde. Et, pour les étudiants aisés, c'est un véritable terrain de jeux où ils pouvaient s'amuser, étaler leur corps musclé et leur peau bronzée. On nous proposa même une photo de Chelsy portant une petite robe noire, une flûte de champagne à la main, en train de danser sur une table. Le cliché avait été pris dans l'un des clubs les plus fermés du Cap, qu'elle fréquentait régulièrement.

Jack, le directeur de la Rhodes House, nous décrivit plus tard une soirée que Harry et Chelsy avaient passée dans son club, lors d'une visite secrète du prince :

« Chelsy et ses amis venaient souvent ici. En avril 2004, le Prince Harry a passé une soirée au club. Il était au beau milieu de son année sabbatique et s'était arrêté au Cap à l'occasion d'un séjour en Afrique du Sud. Il est arrivé avec ses gardes du corps et deux amis. Peu après, on l'a vu se pencher à une fenêtre pour crier quelque chose à un groupe de filles, dehors.

« Nous n'avons compris que plus tard que Chelsy était l'une d'elles. Elle est montée et a rejoint Harry dans le carré VIP. À cette époque, personne ne soupçonnait quoi que ce soit, mais avec du recul, il est évident qu'ils se connaissaient déjà bien.

« Ils prenaient soin de ne pas trop attirer l'attention. De toute manière, il n'est pas rare de croiser des célébrités au Cap. Beaucoup de films et de publicités sont réalisés ici et, pendant l'été, on croise des sportifs et des top-modèles en permanence. C'est un endroit tranquille où les gens ne se soucient pas des visages connus. Je peux comprendre que le Prince Harry ait aimé venir : ici, il pouvait se détendre comme il n'aurait jamais pu le faire à Londres. Les gens d'ici ne se soucient pas de ces choses-là, c'est tout. »

Nous avons réservé deux billets sur le premier vol pour Durban, le lendemain, un dimanche. Je décidai de me coucher tôt, car j'allais devoir me lever à 5 heures du matin et je savais que la journée serait longue. Je m'étais déjà endormi quand mon téléphone sonna. C'était le rédacteur en chef de nuit.

— Harry et Chelsy ont été vus ensemble à Durban, me dit-il. Ils vont faire la une du *Mail on Sunday*, demain. Les photos ne sont pas très bonnes, mais on les reconnaît bien. Ils ont l'air d'être sur une terrasse ensemble.

La rédaction du *Mail on Sunday* avait profité de son avance sur l'affaire Chelsy pour envoyer des photographes free-lance locaux à Durban avant les autres, ce qui suffit à faire monter la pression. Je devais à tout prix tenter d'égaler ces photos pour l'édition suivante du *Sun*, le lundi. Autrement, je pouvais dire adieu à mon poste de correspondant royal!

Nous sommes arrivés à Umhlanga Rocks le lendemain, à 11 heures du matin, bien décidés à nous tailler une part du gâteau. La station balnéaire était remplie de jolies blondes qui ressemblaient à Chelsy, à tel point que j'avais l'impression de devenir fou. Chelsy a en effet une beauté typique de l'Afrique du Sud. Avec ses longs cheveux blonds, son corps athlétique et sa peau bronzée, elle se fondait dans la foule d'Umhlanga Rocks comme un caméléon. La mission allait être plus difficile que nous le pensions...

Chelsy et Harry avaient loué un appartement dans un luxueux immeuble face à l'océan Indien. Le bâtiment, très moderne, avait sa propre sécurité et chacun des vingt appartements possédait de grandes terrasses ensoleillées à l'arrière, dignes des ponts des plus grands yachts. Le terrain était entouré de clôtures électriques et il était presque impossible de voir ce qui se passait à l'intérieur.

Impossible, à part depuis l'immense immeuble de locations saisonnières qui se dressait juste à côté. De toute évidence, le photographe free-lance qui avait aperçu le jeune couple était alors posté sur le toit de ce bâtiment. Mon photographe et moi sommes rapidement montés jeter un coup d'œil, avant de nous raviser. Prendre une photo d'une propriété privée depuis une autre propriété privée était strictement interdit par la Press Complaints Commission. De plus, le toit de l'immeuble était accessible par une porte qui avait manifestement été forcée. Dans de telles circonstances, aucune photo prise depuis ce poste d'observation n'aurait pu être utilisée par le *Sun*.

Nous avons donc attendu dans le centre-ville, espérant apercevoir Harry et Chelsy dans un restaurant, à midi. Après avoir arpenté toutes les rues de la ville en voiture, nous aperçûmes finalement un groupe de jeunes installé à la terrasse d'un café du nom de Zack's. Ils étaient assis dans la cour, sur des bancs de bois et mangeaient à l'ombre de grands parasols.

Dos à nous se trouvait un garçon roux en T-shirt gris, avec des lunettes de soleil. Je n'avais encore jamais vu le prince en personne, mais je le reconnus immédiatement. À côté de lui, les cheveux blonds de Chelsy voletaient sous la brise. Elle portait un T-shirt moulant turquoise passé sur un haut de bikini noir. Le couple semblait parfaitement détendu.

Le frère de Chelsy, Shaun, et sa copine étaient assis en face tandis que des gardes du corps de Harry étaient discrètement installés un peu plus loin, à une autre table. Leur politique habituelle était de ne pas attirer l'attention sur leur employeur. Ils étaient habillés comme n'importe quel touriste, en short et chemise légère. Ils se contentaient de boire du café sans rien dire pendant que les jeunes gens profitaient de leur repas.

Malgré la foule qui circulait autour d'eux, personne ne semblait conscient de la présence de Harry. Ce lieu devait être un véritable paradis, pour lui qui avait grandi dans des palais, toujours salué par des centaines de personnes, observé et suivi depuis sa naissance. Là, à Umhlanga Rocks, il était anonyme. Personne ne le dévisageait. Et il était avec Chelsy.

Leurs huit mois de romance les avaient conduits ici, sur ce bord de mer où la jeune femme venait souvent pendant son enfance. Harry semblait aussi très à l'aise avec Shaun, vingt et un ans, frère et meilleur ami de Chelsy. Pour avoir la moindre chance avec la jeune femme, l'approbation de son frère était essentielle.

L'un des grands paradoxes de la famille royale est de rencontrer sans cesse des centaines de personnes, mais pouvoir rarement se faire des amis... Harry pouvait compter sur quelques camarades de classe, des cousins du même âge que lui et certains enfants des riches amis de son père. Bien sûr, il avait aussi ses compagnons de polo et ses copains de soirée, mais il n'avait jamais été très proche d'eux.

Se faire des amis était presque une mission impossible. Il ne pouvait pas se permettre d'aller simplement au pub ou d'aller faire une partie de football avec d'autres jeunes. Et, à cette époque, il ne pouvait pas non plus nouer des liens au travail, puisqu'il n'avait jamais réellement travaillé dans sa vie.

Je ne fus donc pas étonné qu'il paraisse aussi épanoui en compagnie de Chelsy et Shaun : ils étaient une bouffée d'air frais pour lui. À vingt ans, il rencontrait enfin des gens qui ne se souciaient pas de son statut royal. Chelsy était une jeune Sud-Africaine intelligente. Elle avait certes suivi des études dans une école privée d'Angleterre, mais elle n'avait jamais perdu sa vivacité et son naturel, et ne semblait pas intéressée par les privilèges d'une vie de château. Non, elle aimait Harry pour lui.

De son côté, Shaun avait l'air tout aussi spontané. Il taquinait gentiment le prince et, parfois, sa sœur et lui s'amusaient de ses remarques un peu décalées.

C'était une expérience incroyable pour Harry. Il avait enfin trouvé un cercle d'amis de confiance auprès de qui il se sentait normal. Avec eux, il pouvait être lui-même, faire l'idiot, rire, développer son autodérision et son exceptionnel sens de l'humour. Pendant ce déjeuner, sur cette terrasse, Harry rayonnait.

Au bout d'un moment, un serveur apporta deux cocktails commandés discrètement par le prince. Les grands verres étaient remplis d'un mélange qui ressemblait à du jus d'orange et de la grenadine.

— Chelsy, que dirais-tu d'un *sex on the beach* ? lança-t-il.

Le cocktail au nom sulfureux fit éclater de rire le petit groupe. Oui, Harry était au paradis et il ne cherchait pas à cacher son bonheur. Le couple s'embrassa et se tint la main en trinquant.

Après le déjeuner, les quatre amis se rendirent dans une boutique de surf, avant de se séparer. Chaque couple rentra dans son appartement. C'est à ce moment que fut prise l'une des plus célèbres photos de Chelsy. Elle marchait tranquillement, magnifique dans son débardeur et son paréo rose, tenue qui laissait deviner sa peau bronzée et son corps musclé. À présent, le monde entier allait découvrir celle qui avait su charmer l'un des célibataires les plus prisés de la planète.

Harry avait certes été accepté par le frère très protecteur de Chelsy, mais il allait devoir relever un défi bien plus grand dès le lendemain. Il avait été invité à rejoindre la famille Davy au Mozambique, pour quelques jours de vacances, avant Noël. Les quatre jeunes gens devaient partir sur la petite île de Bazaruto pour rejoindre Beverly et Charles Davy, que Harry rencontrerait pour la première fois.

Il avait failli les rencontrer quelques mois plus tôt, mais la situation ne l'avait pas permis. Charles Davy était un riche homme d'affaires installé près de Bulawayo, au Zimbabwe. Le gouvernement autoritaire de Robert Mugabe avait chassé de nombreux fermiers blancs durant les années précédentes. Des histoires atroces avaient été rendues publiques concernant des familles entières, installées sur leurs terres depuis des générations, bannies de leurs propres maisons par des groupes violents.

Quelques mois avant les vacances à Durban, Harry avait demandé à son père la permission d'aller au Zimbabwe pour visiter le ranch Davy, mais on lui avait répondu que c'était hors de question. Même protégé par ses gardes du corps, l'arrivée d'un membre de la famille royale au Zimbabwe, hors de tout cadre protocolaire, aurait provoqué un scandale politique.

Et le conseil était sage. L'année suivante, le Prince Charles serra par accident la main de Mugabe à l'enterrement de Jean-Paul II et se trouva au cœur d'une tempête diplomatique.

Par contre, retrouver la famille Davy lors des traditionnelles vacances annuelles au Mozambique était une solution idéale pour Harry et Chelsy. L'île et sa station balnéaire avaient tout d'un paradis tropical. Ses plages de sable blanc, ses palmiers et ses chalets de bois en faisaient l'un des sanctuaires les plus isolés de la planète. Là, Harry allait pouvoir apprendre à connaître la famille de sa petite amie tout en savourant le poisson frais et les langoustines préparés chaque jour par le personnel de l'hôtel.

La petite station possédait sa propre piste d'atterrissage pour les hôtes fortunés, et l'île était si préservée qu'elle n'avait presque pas de routes ; seulement des kilomètres de plages sablonneuses et de lagons restés vierges. Parmi les rares personnes qui avaient la chance de connaître Bazaruto figurait le président du Zimbabwe lui-même. Heureusement pour Harry, il ne risquait pas de le croiser lors de ce séjour.

Au fil des jours, de plus en plus de journaux envoyaient des équipes à Umhlanga Rocks. La rédaction nous ordonna de nous rendre au Mozambique pour surfer sur la « vague Chelsy ». Bazaruto se trouve à une vingtaine de kilomètres des côtes et l'avion, chargé de journalistes de tout horizon, atterrit à l'aéroport le plus proche, une simple cabane près d'une piste, dans le petit village de pêcheurs de Vilanculos.

Le journal nous avait réservé une chambre sur l'île, mais en jetant un œil au site Internet de la station balnéaire, nous avons tout de suite compris que nous ne pouvions pas y séjourner. L'hôtel ne disposait que d'une douzaine de chalets sur la plage et d'un bar commun, ainsi que d'un unique restaurant flanqué d'une piscine extérieure. La dernière chose que Harry voulait était certainement de se retrouver face à une horde de journalistes buvant un cocktail dans le seul bar de l'île. Nous nous sommes donc installés dans un petit hôtel de la côte, à plusieurs kilomètres de l'île, sans oser être plus proches.

Le lendemain, les journalistes britanniques présents décidèrent de louer un bateau pour aller voir Bazaruto de loin et s'imprégner de l'ambiance en attendant de trouver des informations. Je fus envoyé sur l'île par le groupe et partis sur un petit bateau de pêche dirigé par deux hommes qui sacrifièrent une journée de travail pour se changer en taxi nautique.

Quand j'y repense, je n'aurais sans doute pas accepté de m'embarquer dans cette aventure si j'avais su quels dangers m'attendaient en chemin… La station se trouvait à l'extrémité de l'île, ce qui m'obligea à rester trois heures et demie dans cette petite barque, au milieu d'une eau infestée de requins. En cas d'accident, l'hôpital le plus proche était à six heures de voiture et les plages du Mozambique n'avaient ni gardes-côtes ni services d'urgences.

Après avoir été ballotté dans le bateau pendant une éternité, j'arrivai enfin dans la petite baie isolée où résidait la famille Davy. C'était sans aucun doute l'un des endroits les plus beaux et les plus reculés que j'avais jamais vus. L'eau était cristalline, le sable, immaculé, et les palmiers qui dansaient sous le vent donnaient au décor des airs de paradis terrestre.

Trempé jusqu'aux os et soulagé d'être enfin à l'abri des vagues agitées de l'océan Indien, j'observais la plage et vis un homme s'avancer sur la plage pour m'accueillir. Alors que la barque approchait du rivage, je le reconnus : c'était le chef des gardes du corps du prince, un officier de police loyal et professionnel qui veillait sur Harry depuis son enfance. Nous nous étions brièvement rencontrés à Umhlanga Rocks, quand mon photographe avait pris des clichés du jeune couple chez Zack's.

L'officier, qui souhaite rester anonyme, croisa les bras et attendit que je descende de la barque. Je n'apercevais qu'un ou deux chalets dans la baie, et ses traces de pas étaient les seules visibles sur le sable.

Après avoir avisé mes vêtements mouillés, le policier sourit. Sans doute voyait-il mon soulagement d'être arrivé à bon port et se doutait-il des dangers de la traversée.

Je m'excusai immédiatement d'être venu sur l'île. De toute évidence, cet endroit si isolé ne se prêtait pas à une filature discrète.

L'officier parut satisfait quand je lui promis de ne plus revenir sur l'île, expliquant que j'avais simplement été envoyé par d'autres reporters pour jeter un rapide coup d'œil afin d'étoffer nos articles.

À ma grande surprise, il me demanda une faveur :

— Est-ce que vous connaissez une journaliste du *News of the World* nommée Sarah Arnold ?

Évidemment ! Elle était bien connue dans le milieu et très appréciée par sa rédaction. Quelques mois plus tôt, je l'avais croisée en Suisse, alors que je couvrais une histoire sur Victoria Beckham.

— Pourquoi cette question ? demandai-je.

— Parce qu'elle est ici, sur cette île, avec un photographe. Ils prétendent être en lune de miel. Nous savons qui elle est, car nous avons vu son passeport. Harry est très contrarié et, si elle ne part pas, il sera contraint de rentrer en Angleterre…

L'officier me demanda alors d'aller parler à ma consœur pour lui demander de rentrer sur la côte avec moi.

Même si les salles de rédaction du *News of the World* et du *Sun* sont voisines, partageant le même immeuble, nous restions de grands rivaux. Cependant, Sarah Arnold comprendrait sans doute qu'il ne serait pas bon pour nous tous que Harry et Chelsy quittent l'île plus tôt que prévu.

Plus important encore, le garde du corps me proposa de s'arranger avec le directeur de l'hôtel pour que je prenne place dans le premier avion à destination de Vilanculos, ce qui m'éviterait d'avoir à faire le voyage du retour en bateau.

J'acceptai donc d'aller parler à Sarah. Je la trouvai assise sur la terrasse de la piscine de l'hôtel. Son photographe était avec elle. Je remarquai bien vite qu'ils n'avaient ni bloc-notes ni appareil photo. Il n'y avait pas grand monde aux alentours, mais je suggérai néanmoins à Sarah d'aller discuter sur la place, loin des oreilles indiscrètes.

Je fus abasourdi de voir qu'ils refusaient de tomber le masque, même devant moi. Ils insistèrent sur le fait qu'ils étaient en lune de miel et exigèrent que je les laisse tranquilles. Ils me menacèrent même d'appeler la sécurité si je n'obéissais pas.

— Vous avez bu, tous les deux ? m'écriai-je. Harry et ses gardes savent que vous travaillez pour le *News of the World*. Si vous ne partez pas, Harry rentrera en Angleterre.

En dépit de tous mes efforts, ils restèrent campés sur leurs positions. Je dus battre en retraite et retourner auprès de l'officier qui avait suivi notre échange de loin. En m'approchant, je remarquai qu'il n'était plus seul : le Prince Harry était venu s'assurer de ma réussite.

— Eh bien, dis-je, embarrassé, vous aviez raison au sujet de leur identité, mais il y a un petit problème.

Harry et son garde me dévisagèrent d'un air inquiet.

— Ils maintiennent fermement leur alibi, expliquai je. Ils m'ont soutenu qu'ils étaient bien de jeunes mariés et ils ont même dit qu'ils appelleraient la sécurité si je ne les laissais pas en paix.

Harry et l'officier éclatèrent de rire. Quand il eut recouvré son calme, le policier me tendit la main :

— Merci d'avoir essayé.

Je les saluai et souhaitai à Harry de bonnes vacances, en leur promettant de nouveau de ne plus venir sur l'île.

Quelques jours plus tard, le bureau, impatienté, me rappela. Je revis alors les « jeunes mariés » à l'aéroport, prêts à embarquer pour l'Afrique du Sud. La rencontre fut un peu gênante — ce n'est rien de le dire ! — et j'appris plus tard qu'ils s'étaient fait chasser de l'île peu de temps après mon intervention.

Ma première entrevue avec le prince avait eu quelque chose de surréaliste, mais j'en tirais une importante leçon. Harry n'aimait pas la presse, mais si on était prêt à faire des compromis et à montrer un peu de bonne volonté, il était capable de s'amuser de notre métier...

CHAPITRE 4

KLOSTERS

— J'y serai sans faute, un verre de brandy à la main, en train de fumer un bon gros cigare avec mon père, lança un Harry légèrement éméché.

Nous étions la nuit du 31 mars 2005 et je me trouvais dans une boîte de nuit suisse, en compagnie du Prince William et de son petit frère si peu conformiste. Quelques heures plus tard, nous devions monter jusqu'à la luxueuse station de ski de Klosters pour la séance photo officielle avec le Prince Charles. C'était la première fois que je parlais avec Harry depuis que nous avions publié le scoop de l'uniforme nazi.

Je dois avouer que je craignais un peu sa réaction. Mon nom était apparu dans l'article et j'avais été plusieurs fois invité à la télévision pour parler de l'affaire. L'histoire était parue en janvier 2005 et, depuis, le jeune prince avait subi les foudres du monde entier. De façon prévisible, Harry avait été critiqué pour son manque de jugement et l'impact international de son comportement irréfléchi. Les gens commençaient déjà à se demander s'il n'était pas devenu incontrôlable.

S'il y a bien une chose qui m'a toujours surpris au sujet de William et Harry, c'est l'intérêt qu'ils portent à tout ce qui est publié sur eux. Ils ont conscience que le hasard de leur naissance les place sous le feu des projecteurs — et ce avant même leur venue au monde.

La plupart des célébrités et des hommes politiques gèrent les publicités négatives en les ignorant. De manière générale, ils évitent de lire les commentaires négatifs pour préserver leur santé mentale ou, du moins, protéger leur ego surdimensionné. Tout comme les acteurs qui refusent de lire les critiques acerbes, ces gens ont souvent tendance à sélectionner les articles les plus flatteurs. Sans doute un moyen de mieux supporter l'attention constante des médias.

On aurait donc pu croire que les jeunes princes refusent d'approcher le moindre tabloïd de peur d'y lire des mensonges ou des critiques à leur encontre. En tout cas, on leur aurait pardonné de laisser leur armée de conseillers médias « gérer » leur image à leur place, afin de profiter tout simplement de leur vie.

Or rien n'est moins vrai. Les deux jeunes hommes m'ont régulièrement prouvé qu'ils lisaient tout ce que l'on écrivait sur eux ; du moins dans la presse britannique.

Juste après le scandale de l'uniforme nazi, le service de presse de Clarence House m'avait mis en garde.

— Vous vous rendez compte qu'ils [William et Harry] lisent tout ce que les gens écrivent sur eux, me prévint l'un des plus anciens conseillers du Prince Charles.

J'appris à cette occasion que les jeunes hommes restaient toujours en contact avec le service de presse pour demander des copies des articles et exiger des rectifications quand les papiers leur semblaient inexacts ou injustes. D'ailleurs, Clarence House était réputée pour ses nombreuses saisies de la Press Complaints Commission via un cabinet d'avocats agressifs dont la seule mission était d'obtenir les excuses ou rectifications exigées par la famille royale.

On pourrait trouver cela égoïste ou vaniteux, mais ce serait une erreur. Les jeunes princes ont une responsabilité. Ils doivent protéger leur réputation des fausses déclarations que d'autres peuvent faire. À leurs yeux, tout ceci fait partie de leur « contrat d'engagement » avec les médias. Si les critiques sont méritées, si les histoires, même peu flatteuses, sont avérées, alors ils sont assez matures pour les affronter la tête haute. Et ils le font souvent... Mais il y a une limite à ne pas franchir.

Lors de l'explosion du scandale du costume, Harry a dû passer des semaines très difficiles. Il savait qu'il avait commis une erreur et qu'il lui faudrait beaucoup de temps pour réparer les dommages causés. Cependant, il avait aussi conscience que l'histoire n'était pas un mensonge. Il n'avait donc pas d'autre choix que faire face à la tempête de critiques, parfois injustes, sans fléchir. Il s'est fait discret pendant six semaines et, quand il partit rejoindre son frère pour les vacances du Prince Charles à Klosters, l'orage s'était déjà apaisé.

Ce séjour au ski était l'un des rendez-vous annuels de la famille, un moment pendant lequel les jeunes hommes pouvaient s'adonner à l'un de leurs sports favoris avec leur père, retrouver leurs amis et se défouler sur les pistes. Mais, au fil des ans, une convention avait été mise en place pour assurer à la famille une certaine tranquillité pendant le séjour : un groupe de correspondants royaux triés sur le volet était invité pour une séance photo officielle du Prince Charles et de ses fils.

Cette idée était née à l'époque où les princes étaient encore très jeunes, quand Charles et Diana tentaient désespérément de leur offrir des vacances normales. En échange de photos officielles et des quelques questions auxquelles la famille répondait, les médias acceptaient de laisser le Prince de Galles et ses enfants tranquilles pendant le reste de leur séjour. Ce n'était pas idéal pour la famille royale, qui aurait préféré pouvoir passer des vacances sans aucun contact avec les médias. Et ce n'était pas parfait non plus pour les journalistes, car la plupart étaient gênés de se prêter au jeu de la mise en scène.

Mais, en ce mois de mars 2005, la séance photo annuelle avait pris une importance nouvelle, car c'était l'une des premières occasions pour Harry de poser devant les photographes après le scandale. Deux autres raisons majeures rendaient cet événement unique, et attiraient l'attention de tous les journalistes britanniques.

Le Prince Charles allait épouser Camilla Parker Bowles quelques semaines plus tard. L'entremetteuse de son mariage avec Diana avait enfin réussi à se faire une place dans la famille royale. Elle n'allait pas rejoindre la famille à Klosters, car ces vacances étaient les dernières que William et Harry passeraient avec leur père, sans la femme que Diana surnommait le « Rottweiler ».

L'autre raison qui poussa les médias à dépenser une petite fortune pour envoyer leurs reporters dans cette station, sans doute l'une des plus chères du monde, tenait au Prince William. Charles et William avaient accepté de laisser Kate Middleton les rejoindre sur les pistes, cette année-là. Le jeune couple était sur le point d'être diplômé de l'université de St. Andrews, et leur histoire d'amour était le secret le moins bien gardé de Fleet Street. Alors que la presse avait accepté de ne pas approcher les jeunes gens à l'université, la présence de Kate à Klosters était une opportunité à ne pas rater. Heureusement pour Harry, son scandale fut relativement éclipsé.

Comme lors de chaque séance photo, l'équipe de Clarence House avait soigneusement organisé chaque détail de l'événement. Les médias furent conviés dans la salle de réunion de l'hôtel, louée pour l'occasion, afin d'assister à un briefing pointu. Tous les correspondants étaient rassemblés pour discuter des détails du lendemain. Le lieu du shooting avait déjà été choisi mais était tenu secret pour des raisons de sécurité. Seule une poignée de journalistes chevronnés, avec leurs photographes, caméramans et producteurs, seraient mis au courant des détails de la matinée à venir.

On décida que William, Harry et leur père se rendraient à pied jusqu'à un endroit précis où ils s'assiéraient sur un muret de bois, près d'une ferme traditionnelle. Le décor de fond avait été méticuleusement choisi pour montrer les sommets enneigés et la station de Klosters sous son plus beau jour. Pour s'assurer du bon déroulement de la séance, l'équipe de Clarence House avait décidé de contenir les journalistes derrière une corde. La création de ce « carré presse », à quelques pas de la famille royale, avait pour but de discipliner la quarantaine de journalistes invités et d'éviter la cohue ordinaire.

On nous informa que les princes ne répondraient qu'à un nombre limité de questions, et on décida à l'avance qui serait l'heureux porte-parole de la presse. Cela avait toujours été la convention, lors des interviews royales : on ne crie pas ses questions à tort et à travers. Les médias britanniques sont habitués à cette règle de bienséance et l'équipe responsable de l'organisation savait très bien qu'aucun d'entre nous ne commettrait l'erreur de ne pas respecter les règles.

Après la réunion, tous les journalistes se retrouvèrent pour manger, parler de la séance du lendemain et spéculer sur les informations qu'on pourrait en tirer. Klosters est une toute petite station de ski comparée à toutes celles qui émaillent les Alpes : on n'y trouve qu'une poignée de restaurants, de bars et une seule boîte de nuit. Nous avions tous prévu de partager un bon repas avant de rentrer dans nos hôtels respectifs pour nous coucher tôt.

Alors que la plupart de mes collègues s'en tinrent à ce projet, je décidai de passer par un hôtel où résidaient généralement les amis des princes. Le bar, au rez-de-chaussée, était rempli de monde. Depuis que le Prince Charles avait fait de Klosters sa station de ski de prédilection, nombreuses étaient les riches familles britanniques qui faisaient annuellement le même pèlerinage.

L'ambiance du bar était particulièrement festive et l'on voyait partout des serveurs débordés courir avec des seaux à champagne dans les mains. C'est ainsi que l'on vit, quand on en a les moyens… La progéniture des plus riches familles du Royaume-Uni se gargarisait de Bollinger et de cocktails à 90 livres qu'ils faisaient inscrire sur la note de papa sans le moindre scrupule. De toute évidence, les journalistes n'étaient pas les seuls à être venus pour voir les princes skier. Klosters était devenu l'endroit où se montrer.

Le seul regret de tous ces jeunes était d'avoir très peu de chances d'apercevoir William et Harry dans ce bar d'hôtel. Les princes avaient en effet passé toute leur vie entourés de ce genre de personnes : des fêtards comptant sur leurs portefeuilles plutôt que sur leur bon sens. Très vite, certains comprirent que nous étions journalistes et firent la queue devant notre petite table pour nous raconter qu'ils avaient fréquenté Eton, eux aussi, et connaissaient très bien les jeunes princes. Voilà le quotidien de William et Harry. Tous ceux qu'ils rencontraient à l'école, pendant un match de polo, un bal de charité ou en boîte de nuit, prétendaient être leurs amis.

Après deux heures, je décidai enfin d'aller me coucher. Je pris la direction de mon hôtel, dans les rues vides, songeant que je devais me lever tôt le lendemain. Le hasard me fit passer devant la seule boîte de nuit de Klosters, et ma curiosité fut plus forte. Je décidai d'entrer à la Casa Antica pour un dernier verre, me persuadant que je cherchais simplement un aperçu de la vie nocturne de la station. J'avais entendu plusieurs jeunes, au bar, annoncer qu'ils allaient à la Casa et j'étais curieux de voir ce que ce club avait de si spécial.

Vue de l'extérieur, la boîte de nuit était minuscule et ressemblait à n'importe quel chalet alpin traditionnel. Je passai la porte et traversai l'étroite entrée pour atteindre le foyer. Là, je reconnus immédiatement les hommes assis devant moi, dans leurs chinos et polos classiques agrémentés de vestes en polaire. Les officiers chargés de la protection des princes. S'ils étaient là, cela voulait dire que les princes étaient dans les parages ; ce qui était étonnant, puisque la séance photo était prévue pour le lendemain matin et qu'il était déjà plus de minuit.

— Oups, désolé, dis-je aux gardes qui me virent entrer. Ne vous en faites pas, je ne reste pas, si les princes sont ici ; il est tard, de toute manière.

Les policiers rirent et admirent qu'ils étaient fatigués, eux aussi.

La vie d'un garde du corps royal représente un rêve pour de nombreux officiers de police. On peut voyager dans le monde entier pour protéger son « employeur » et, même s'il y a beaucoup d'heures supplémentaires sans hausse de salaire, on reçoit une pension annuelle de 15 000 livres rien que pour s'habiller. Les gardes du corps royaux sont des policiers, mais ils n'ont jamais à faire d'arrestations et, comme le plus gros de leur carrière se passe hors de leur juridiction, ils se contentent de travailler avec les autorités locales qui les aident quand ils en ont besoin.

Mieux encore, en plus d'avoir la chance de veiller sur la famille royale, ils peuvent décrocher un travail très lucratif dans la sécurité privée après avoir pris une retraite précoce à taux plein. Quel prince arabe ou chef d'entreprise hésiterait à employer un homme qui a passé sa vie à protéger la famille la plus célèbre du monde ?

Durant ma carrière de correspondant royal, je les ai toujours trouvés professionnels et compétents. Ils n'aiment en général pas discuter avec la presse et, quand ils sont contraints de le faire, ils savent rester aussi discrets que possible.

Il y a hélas de mauvais côtés à ce travail prestigieux, qui demande une attention accrue sept jours sur sept, vingt-quatre heures sur vingt-quatre. Quand Harry et ses amis sortent en boîte, par exemple, ses gardes du corps sont obligés de l'attendre, sans jamais savoir à quelle heure ils auront la chance d'aller se coucher. Lors de ces longues soirées, ils doivent parfois regretter de ne pas être restés dans la police métropolitaine classique, avec ses horaires bien réglés et ses heures supplémentaires généreusement rémunérées. Je ne les ai jamais entendus se plaindre, bien sûr, mais en les voyant assis ce soir-là, sans boire une goutte d'alcool, dans le foyer d'une énième boîte de nuit, les paupières lourdes, j'en fus presque amusé.

— Vous n'êtes pas obligé de partir à cause de nous, dit l'un des plus anciens gardes. Je vais vérifier si les princes voient un problème à ce que vous restiez.

C'était une offre généreuse, car les gardes du corps royaux sont chargés de la sécurité, pas de la presse.

Quelques minutes plus tard, l'officier revint et me dit que je pouvais entrer. Pas question de laisser passer cette chance ! Comment rater une opportunité de voir William et son frère faire la fête avec leurs amis ? J'entrai donc dans le club et commandai un verre au bar. J'avais encore la vingtaine, à cette époque, mais j'étais tout de même plus âgé que la plupart des jeunes qui sirotaient leur vodka-Red Bull ou buvaient leurs bières à la bouteille.

La salle était très sombre et très bruyante. Le bar était installé en plein milieu, avec une piste de danse derrière et des tables devant. C'était si bondé qu'on pouvait à peine bouger.

Assis sur des tabourets, à l'autre bout du long bar, deux jeunes hommes me dévisageaient et je les reconnus immédiatement : William et Harry. Je leur fis signe pour m'assurer de nouveau que ma présence ne les gênait pas. Ils se mirent à rire, imitant mes gestes maladroits.

Je restai respectueusement à distance, attendant mon verre. Ils acceptaient de me laisser passer un bout de soirée dans la salle, et je n'avais pas l'intention de les déranger.

De plus, si Harry m'en voulait encore pour l'article sur l'uniforme nazi, je venais lui fournir une occasion en or de laisser s'exprimer sa colère.

Au bout de quelques minutes, j'eus besoin d'aller aux toilettes, ce qui impliquait de passer juste à côté de Harry, délaissé par son frère. J'ai toujours mis un point d'honneur à respecter l'espace personnel des jeunes princes, mais pas au point de me faire pipi dessus dans le coin d'une boîte de nuit bondée ! Je me levai donc et me faufilai jusqu'à la volée de marches qui menait aux toilettes, à quelques pas du tabouret où était installé Harry.

Alors que j'arrivais à sa hauteur, il me sourit et me dit bonsoir. J'étais pressé d'aller me soulager, mais je pris bien sûr le temps de lui répondre :

— Il est tard, vous serez d'attaque pour la séance photo, demain ?

Harry sourit de plus belle et répondit :

— J'y serai sans faute, un verre de brandy à la main, en train de fumer un bon gros cigare avec mon père.

Je ris et acquiesçai, conscient que ce commentaire était plutôt risqué, de la part d'un jeune prince qui avait tendance à boire un peu trop, aux yeux du public. Sans ajouter un mot, je montai aux sanitaires.

À peine arrivé devant l'urinoir, je vis éclater un flash. Surpris, je me tournai vers l'entrée et vis Harry éclater de rire, un petit appareil photo jetable à la main. Il m'avait suivi dans l'escalier et avait visiblement décidé de prendre sa revanche.

— Laissez-moi tranquille, sale paparazzi ! m'écriai-je, ce qui le fit rire encore plus fort.

Les autres personnes présentes dans les toilettes nous entendirent et gloussèrent.

J'allais apprendre plus tard que ces instants si simples, si drôles, étaient une marque de fabrique du jeune prince. Il avait le sens de l'humour spontané d'un bon vivant.

Comment aurait-il pu résister à la chance de me faire une farce comme celle-ci ? Oui, Harry aimait plaisanter pour mettre à l'aise tous ceux qui l'entouraient. Ce soir-là, je compris que le prince sur lequel nous avions tous écrit était bien plus amusant que ce que tout le monde pensait à l'époque.

Si Harry a une chance de dire ou de faire quelque chose de drôle, il la saisit. Sa spontanéité et sa capacité à faire l'idiot, même à ses dépens, sont aujourd'hui les raisons majeures de son extrême popularité, unique dans l'histoire de la famille royale.

Je redescendis, amusé par ce qui venait de se passer. Et dire que je m'attendais à affronter sa colère pour le scandale du costume ! Il était évident que Harry n'avait absolument pas envie d'en parler. Il voulait juste passer une bonne soirée avant de reprendre son rôle de prince et de subir l'ennui d'une interminable séance photo.

Au lieu de retrouver mon siège, je pris mon verre et sortis dans le foyer où attendaient toujours les gardes du corps, patients et épuisés.

Je m'assis à côté de l'un d'entre eux et nous avons parlé de rugby — de tout, en fait, sauf de notre travail. Au bout de quelques minutes, un jeune fêtard sortit d'une pièce adjacente, uniquement vêtu d'un boxer de soie. Le garçon avait l'air de connaître les officiers. Cherchant un endroit où s'asseoir pour discuter avec eux, il bondit sur mes genoux. L'un des policiers ne put s'empêcher une petite blague aux dépens du jeune homme :

— Guy, je vous présente le nouveau correspondant royal du *Sun*, Duncan Larcombe...

C'était Guy Pelly, le meilleur ami de William et Harry. Celui qu'on avait le plus blâmé lorsque le monde avait appris que Harry avait fumé un joint à Highgrove. Depuis, ses frasques faisaient souvent les gros titres. Fils d'un vendeur de voitures devenu millionnaire, Pelly était devenu très proche des jeunes princes pendant leurs études à Eton.

Entendant mon nom, Pelly s'écarta brusquement de moi et se précipita dans la salle d'où il était sorti, sous les rires des officiers de police. Il faut dire que le regard terrifié du garçon, quand il avait compris sur qui il s'était installé en sous-vêtements, était hilarant.

Aujourd'hui encore, je ne sais toujours pas si c'est cet incident avec Guy Pelly qui a poussé William à violer le protocole royal... Mais rien ne m'avait préparé à ce qui allait se passer.

Quelques minutes plus tard, alors que je discutais toujours avec les gardes du corps, William lui-même entra dans le foyer. C'était la première fois que je rencontrais le futur roi d'Angleterre et je fus étonné de le voir me parler.

— Alors, quels seront les gros titres de demain ? me demanda-t-il.

Je lui expliquai que la plupart des journaux avaient prévu de publier des photos de lui et de sa petite amie sur les pistes. Les clichés avaient été pris dans la journée et le jeune couple paraissait si amoureux que l'histoire serait étalée sur toutes les unes.

William parut étrangement surpris et me demanda si c'était vraiment un scoop essentiel. Ne percevait-il pas à quel point sa première relation sérieuse intriguait le public ?

Kate, qu'il avait rencontrée à l'université et avec laquelle il sortait en secret depuis dix-huit mois, était le sujet d'article idéal. Elle était sublime et venait d'une famille riche, sans pour autant faire partie de l'aristocratie. Leur relation était un conte de fées moderne : un jeune et séduisant prince qui tombait amoureux d'une « femme du peuple ». Kate avait d'ailleurs déjà été briefée par les équipes royales. Dès qu'un photographe s'approchait d'elle, elle souriait et ne parlait pas.

Je demandai au prince s'il était au courant des rumeurs qui prétendaient que Kate était la femme de sa vie. Son père était sur le point d'épouser son grand amour et les gens faisaient évidemment le lien entre Kate et Camilla Parker Bowles. C'était une question risquée, et je me sentis un peu coupable de le mettre ainsi au pied du mur. La réponse qu'il me donna avait tout d'une prophétie :

— Bon sang, je n'ai que vingt-deux ans ! Je ne compte pas me marier avant mes vingt-huit ou mes trente ans…

Je n'aurais pas pu imaginer, à l'époque, que je serais assis sur les bancs de l'abbaye de Westminster, six ans plus tard, pour voir Kate et William prononcer leurs vœux devant deux milliards de personnes scotchées à leurs téléviseurs. Je me suis toujours demandé si William savait déjà que Kate et lui étaient destinés à se marier, dès qu'ils seraient en âge de s'engager.

Plus encore que Harry, la vie de William était destinée à suivre un chemin tout tracé. En tant qu'héritier du trône, il avait une grande responsabilité et savait très bien que son destin ne lui appartenait pas.

Cependant, la partie la plus touchante de notre conversation, ce soir-là, concerna son petit frère. Depuis le début de son année sabbatique, Harry avait fait l'objet de nombreuses critiques. Et voilà que William le défendait devant moi, insistant sur le fait que le portrait de son frère dressé par les médias ne ressemblait pas du tout au jeune homme qu'il connaissait et aimait depuis toujours.

— C'est juste un garçon fou amoureux, me dit-il.

Je vis pour la première fois à quel point les deux frères étaient proches. Ils tenaient l'un à l'autre et William était visiblement affecté de voir Harry subir tant de critiques.

Une fois de plus, ses paroles furent prophétiques. Au fil des années qui suivirent, Harry allait montrer son vrai visage. Certes, il continuerait à aimer faire la fête, mais son humour, sa spontanéité et sa générosité allaient prendre le dessus et le rendre particulièrement populaire. Plus le public en apprendrait sur le jeune prince, plus il allait l'aimer. À cette époque, cependant, Harry ne savait pas encore mettre à profit son aisance sociale et son naturel face aux caméras.

Les paroles de William me confirmèrent aussi que son petit frère et Chelsy étaient réellement amoureux. La jeune femme n'était pas un simple flirt ou quelqu'un avec qui Harry voulait s'amuser en attendant d'entamer sa carrière militaire. Chelsy avait une place à part dans le cœur du prince et William l'avait écouté parler d'elle pendant des mois. Nous avons discuté une bonne demi-heure, au calme. Je découvris en William un jeune homme posé, amical et digne de confiance.

Depuis la mort de sa mère, l'héritier du trône s'était tenu à l'écart des caméras, tout comme Harry. Pendant ces années de tranquillité, il était tombé amoureux de Kate et avait pu se rapprocher encore plus de son petit frère. Le prince timide et un peu étrange que le public avait connu autrefois avait bien mûri. À présent, il avait confiance en lui et se souciait beaucoup de ses proches.

Le lendemain, quand la presse put enfin se rendre à la séance photo tant attendue, William et Harry prouvèrent qu'ils étaient de véritables atouts pour la Couronne. Ils arrivèrent au point de rendez-vous, face aux journalistes parqués derrière leurs cordes, à vingt mètres d'eux. Le Prince Charles était visiblement bougon. Son regard fuyant aurait pu nous laisser deviner ce qui était sur le point de se passer.

Tandis que les trois hommes s'assirent sur le muret de bois dans le cliquetis des appareils, le correspondant royal de la BBC, Nicholas Witchell, lança la première question, qui concernait le mariage à venir du Prince Charles. Cela n'avait rien d'étonnant, étant donné que la cérémonie était prévue pour la semaine suivant.

Sans se rendre compte que les micros pouvaient capter chacun de ses mots, Charles se tourna vers ses fils et murmura :

— Ces sales journalistes... J'ai horreur de faire ces choses-là.

Puis, dans une phrase restée célèbre concernant le reporter de la BBC, il ajouta :

— Lui, je ne le supporte pas. Il est horrible, vraiment horrible.

À la surprise générale, ce furent William et Harry qui calmèrent leur père. L'aîné fit de son mieux pour le soutenir pendant toute l'interview. À un moment, alors qu'un photographe leur demandait de poser « comme s'ils se connaissaient vraiment », les deux jeunes hommes s'approchèrent de leur père qui passa ses bras autour de leurs épaules.

Charles murmura encore :

— Qu'est-ce qu'on fait là ?

Et William répondit :

— Souriez. Continuez à sourire.

Ce fut un moment réellement gênant pour le Prince Charles, d'autant plus qu'il avait participé à ce genre d'événements toute sa vie.

Au milieu de mes confrères, je me demandais s'il avait eu une nuit particulièrement agitée pour perdre à ce point son sang-froid. Harry, que j'avais vu affalé sur le bar à peine quelques heures plus tôt, paraissait étonnamment frais et détendu. Quant à William, qui ne s'était pas couché de bonne heure non plus, il parvint à sauver les meubles alors même que son père paraissait déterminé à gâcher l'interview.

Quand les équipes télé ont travaillé sur le montage de leurs interviews, elles étaient effarées par ce que leurs petits micros, placés dans la neige au pied des princes, avaient enregistré. En quelques minutes à peine, les remarques du Prince Charles furent diffusées à Londres. Cette gaffe renvoyait l'image d'un homme bougon et très peu professionnel. Attaquer publiquement les médias de cette manière est dangereux : dans une séance de presse telle que celle-ci, ils sont les représentants directs du grand public…

Personne n'avait imaginé que Charles puisse réagir ainsi face à une question attendue concernant son mariage.

Comment se faisait-il que ses deux jeunes fils aient été obligés de prendre les choses en main pour éviter un dérapage ?

Suite à cet incident, plus aucune interview de ce genre n'a été organisée. L'année suivante, Clarence House annonça que le Prince de Galles cesserait de se rendre à Klosters pour skier. Depuis, bien sûr, William et Kate sont retournés à la station ; mais pour Charles, cette interview était sans doute la goutte d'eau qui a fait déborder le vase.

Pour les correspondants royaux, ce voyage en Suisse a été l'un des événements les plus révélateurs de ces dernières années. Nous savions à présent que l'université avait fait de William un jeune prince mature et confiant. Son comportement très digne face aux caméras laissa pour la première fois penser qu'il pourrait, un jour, devenir plus populaire que son père. Et, grâce à son plaidoyer en faveur de son frère, nous savions aussi que Harry était sans doute plus complexe que nous le pensions.

Le jeune homme qui m'avait fait une farce dans la boîte de nuit de Klosters ne ressemblait effectivement pas au portrait dressé par les médias durant les mois précédents. Il ne perdait pas le contrôle, il était simplement Harry. Certes, il s'était mis en colère face à un photographe et oui, il avait commis une erreur stupide en s'habillant en nazi lors d'une fête, mais Harry n'était pas que cela. Il était passionnément amoureux et capable de traverser la moitié du globe pour passer quelques heures avec Chelsy. Il était sur le point d'entrer à Sandhurst, en mai, et il aurait bien peu de moments libres une fois ses études militaires engagées.

J'appris plus tard que Harry avait secrètement fait venir Chelsy en Angleterre pour la Saint-Valentin, le mois précédent. Pendant son séjour, elle avait été présentée au Prince Charles et à Kate Middleton. Harry avait déjà su convaincre la famille Davy, au Mozambique. À présent, Chelsy obtenait à son tour l'approbation royale.

Leur romance s'épanouissait à vue d'œil.

CHAPITRE 5

LE BOTSWANA

A priori, le Prince Harry avait tout lieu de penser que son séjour à Klosters en 2005 était un succès. L'incident de l'uniforme nazi semblait relégué au second plan, et l'attention de la presse totalement accaparée par la venue de Kate Middleton.

En effet, l'espoir de prendre des clichés de Kate aux côtés de William rendait les photographes hystériques. Même les plus aguerris se surprirent à empoigner leurs appareils et attendre chaque matin l'apparition du couple sur les pistes. Pour la première fois depuis la mort de la Princesse Diana, les « vétérans » osaient prendre des photos sans l'accord exprès du palais. Pendant sept ans, ils avaient docilement accepté de se contenter des quelques interviews et séances photo officielles, mais la relation entre William et Kate était un événement majeur. Pour la deuxième année d'affilée, la mystérieuse brune rejoignait les princes à Klosters, preuve que sa relation avec William, née derrière les portes closes de l'université de St. Andrews, était sérieuse.

De son côté, le Prince Charles attira lui aussi — bien malgré lui — l'attention de la presse. Son mariage avec Camilla, prévu pour la semaine suivante à Londres, intriguait les médias du monde entier.

Et pourtant, quand Harry se réveilla au matin de son dernier jour de vacances, il put constater que la presse ne l'avait pas oublié. Le *News of the World* avait publié un article prétendant que le jeune prince avait trompé Chelsy, le soir même où il avait plaisanté avec moi en boîte de nuit!

Pendant trois jours, le journal avait monté son scoop, qui s'étalait à présent en une avec un titre sans appel: « Harry trompe Chelsy ». L'article s'appuyait sur la déclaration d'une amie d'Alexia Bergstrom, séduisante Suédoise de dix-sept ans. D'après le journal, Alexia aurait confié à son amie que le prince l'avait invitée dans sa chambre d'hôtel, au petit matin, pendant que Chelsy, petite amie officielle du prince depuis plus d'un an, était au Cap, à plus de 9 000 kilomètres de là.

Ce fut un coup terrible pour Harry. La femme qu'il aimait était à présent seule en Afrique du Sud, sans personne pour la soutenir face aux déclarations salaces du *News of the World*. Horrifié, le prince rendit immédiatement visite au directeur de communication de son père, Paddy Harverson, qui avait accompagné la famille en Suisse. Il le supplia de l'aider, de crainte que l'article blesse profondément Chelsy.

Harry avait toujours su gérer les ragots que l'on racontait à son sujet mais, comme William, il ne supportait pas les rumeurs qui pouvaient affecter les gens qu'il aimait. À l'époque, il était très protecteur envers Chelsy et fut hors de lui quand il vit son nom étalé sur cette une racoleuse parce qu'elle avait le malheur d'être liée à lui.

D'autant que l'article, soigneusement rédigé, se trompait sur un point essentiel. Harry avait en effet rencontré la jeune Suédoise au club, ce soir-là, et l'avait invitée à l'hôtel. Mais c'était pour le bénéfice d'un ami. Ce n'était donc pas le prince qui avait séduit Alexia.

Une source proche de Harry expliqua:

« Harry cherchait simplement à aider son ami. La présence du prince au club faisait jaser, mais, cette fois-ci, ce qui se passa n'avait rien à voir avec lui. Il n'avait d'yeux que pour Chelsy, ne parlait que d'elle et jamais il n'aurait pris le risque de détruire cette relation pour un simple flirt. »

Le malentendu fut vite balayé, mais cet événement fut visiblement un signal d'alerte pour Chelsy. Ses amis savaient très bien qu'elle ne cherchait pas à devenir célèbre, ni à être l'une des pièces rapportées de la famille royale. Être en couple avec l'un des héritiers du trône avait un coût, et présentait de nombreuses contraintes. En lui faisant entrevoir l'avenir qui l'attendait, l'article du *News of the World* éveilla ses premiers doutes concernant sa relation avec Harry.

Le jeune prince rentra à Londres à la fin de ses vacances, regrettant de ne pas pouvoir rejoindre immédiatement Chelsy pour lui expliquer en personne ce qui s'était passé. Impossible pour lui de quitter le pays car, la semaine suivante, il allait devoir parader devant les caméras du monde entier à l'occasion du mariage de son père avec la femme qui était restée dans l'ombre depuis plus de vingt-cinq ans.

Chelsy n'avait pas été invitée à cette cérémonie, qui devait se dérouler dans une certaine intimité, à l'hôtel de ville de Windsor.

Les deux époux étant divorcés, et Camilla catholique, un mariage royal traditionnel ne pouvait être envisagé. La reine estima qu'elle ne pouvait pas assister à la cérémonie à cause de son titre de Protectrice de la Foi, qui la place en théorie à la tête de l'Église d'Angleterre. Mais le Prince Charles tenait à se marier et prit une décision en rupture complète avec le protocole royal : il organisa un mariage civil dans l'hôtel de ville le plus proche du château de Windsor.

La reine accepta cependant de participer à une bénédiction qui eut ensuite lieu dans la chapelle du château. Mais le caractère inhabituel de ce mariage obligea les époux à réduire drastiquement la liste des invités.

Un ami intime de Harry précisa que le prince n'aurait

en aucun cas invité Chelsy, même si le mariage royal avait été mené en grande pompe, conformément au protocole :

« Depuis le début de leur relation, Harry et Chelsy ont été confrontés au même dilemme opposant la position sociale du prince et l'indépendance farouche de Chelsy. Tout le monde savait dès le départ qu'elle ne voulait pas devenir princesse, qu'elle n'avait pas envie de porter le poids de la grandeur et des convenances. Quel choix restait-il donc à Harry ? Il était fou amoureux, et le fait qu'elle n'était absolument pas intéressée par le pouvoir était l'une des choses qu'il aimait le plus chez elle.

« C'était une situation intenable pour eux deux. Dès les premiers mois, Harry évita d'inviter sa petite amie aux événements officiels qui risquaient de la gêner ou de mettre fin à leur histoire. C'est pour cette raison qu'il n'aurait jamais pu la faire venir au mariage de son père. Harry faisait tout son possible pour que son statut de prince ne pèse pas sur ses amours, mais c'était difficile, et cela explique sans doute pourquoi leur relation fut si chaotique. »

Le jour du mariage, Harry prit donc respectueusement sa place aux côtés de son père, conscient qu'il pourrait s'envoler pour l'Afrique dès le lendemain et tenter de se réconcilier avec Chelsy.

Il devait entrer à l'Académie militaire en mai, ce qui lui laissait tout juste assez de temps pour rendre visite à sa petite amie. Sans doute n'envisageait-il pas d'entrer à Sandhurst avant de l'avoir revue.

L'école d'officiers de l'académie, considérée comme l'une des meilleures au monde, allait être un défi de taille pour le jeune prince. Harry n'était pas porté sur les études, et le cycle de formation de quarante-quatre semaines allait l'obliger à passer des examens de mathématiques, d'anglais, d'histoire militaire ainsi que des épreuves de théorie et pratique de base de l'infanterie. Pour un jeune homme qui avait eu tant de difficultés à l'école, le pari était risqué.

S'il échouait, Sandhurst risquait de différer son admission, voire de le renvoyer.

Tout cela créait un environnement oppressant pour le jeune aspirant officier qui n'avait jusqu'alors excellé que dans son passage chez les cadets. Les nouvelles recrues sont confrontées à de nombreuses épreuves destinées à tester leur volonté — même chez les plus endurcis. Harry, pour sa part, ne s'inquiétait pas trop de l'entraînement intensif qu'il allait subir en dehors des salles de classe. Il aimait le défi des réveils à 5 heures du matin et des exercices physiques exigeants en terrain difficile.

Mais, s'il ne rendait pas visite à Chelsy avant de commencer son entraînement, il savait qu'il n'aurait aucune chance de lui expliquer la vérité au sujet d'Alexia, de son séjour en Suisse et des gros titres qui avaient suivi. En effet, durant les cinq premières semaines de leur formation, les cadets de Sandhurst n'ont pas le droit de quitter la base pour voir leurs proches.

La plus grande difficulté, pour Harry, fut de convaincre Chelsy d'accepter de le retrouver dans le court intervalle qui le séparait de son entrée à l'académie. Et le couple dut réfléchir au lieu de leurs retrouvailles... La demeure familiale de Chelsy, au Zimbabwe, n'était toujours pas envisageable pour le prince à cause du régime de Mugabe, et passer une semaine dans sa maison d'étudiante au Cap n'était pas une solution idéale non plus.

Étonnamment, la réponse à ce problème était dans son passé. Quand il était petit, la Princesse Diana l'avait emmené passer des vacances en Afrique avec William. Elle tenait à leur faire découvrir ce continent, loin des regards et du luxe dans lequel baignaient les palais royaux. Son désir d'offrir à ses fils une expérience qu'ils n'oublieraient jamais donna à Harry la solution qu'il cherchait.

La petite République du Botswana était le compromis idéal pour le couple. Le pays est encastré entre l'Afrique du

Sud et le Zimbabwe. Contrairement aux banlieues animées du Cap, le Botswana était et demeure l'une des nations les moins peuplées au monde ; et, contrairement au Zimbabwe, elle jouit d'une certaine stabilité politique depuis qu'elle est devenue une république, en 1966. Harry pouvait donc s'y rendre sans craindre une controverse politique. Là-bas, Chelsy et lui allaient profiter d'une expérience authentique sans se soucier du reste du monde.

Diana avait découvert le Botswana en travaillant avec les victimes du sida. Ancien protectorat britannique, riche en mines de diamant, le Botswana fut l'un des pays les plus gravement frappés par l'épidémie de sida : un quart de sa population craignait, à l'époque, d'être infecté. Ainsi, en dépit de son aisance financière par rapport à certains pays d'Afrique, le Botswana avait désespérément besoin de l'intervention médiatisée de Diana.

La Princesse de Galles était tombée sous le charme de ce pays suite à une visite officielle et y était retournée pour des vacances avec ses deux fils. Harry et William avaient alors passé des journées entières assis autour de feux de camp, naviguant sur des rivières peuplées d'hippopotames et de crocodiles, et s'aventurant dans les terres sauvages pour apercevoir éléphants, rhinocéros et lions. Cela avait dû être une aventure à couper le souffle, pour les enfants qu'ils étaient. C'est certainement pour cela que ce voyage en compagnie de sa mère marqua Harry tout au long de sa vie.

Par chance, Chelsy accepta de le rejoindre au Botswana avant son entrée à Sandhurst. Elle obtint une permission d'absence de la part de son université et s'envola pour la petite ville de Maun, pour profiter pleinement de son escapade romantique.

Dès leur arrivée à l'aéroport de Maun, les jeunes amoureux partirent explorer le delta de l'Okavango, l'une des plus belles régions sauvages du monde. Harry avait prévu un trek de trois jours, à cheval, pour débuter leur aventure. Le jeune couple put ainsi dormir à la belle étoile et admirer la splendeur de la réserve naturelle de Moremi. Là, ils passaient leurs journées à observer la vie sauvage, avant de rentrer à leur campement pour boire des cocktails et du champagne face au coucher de soleil, sur les dunes et les étangs du delta.

Ce séjour fut un rêve pour Harry. Les inquiétudes qui pouvaient le ronger à l'idée d'entamer sa formation militaire et d'être séparé de Chelsy pendant le reste de l'été fondirent sous le soleil. Ils étaient seuls, ensemble, main dans la main, libres de discuter à loisir et d'oublier toutes les difficultés qui les attendaient.

Peu de temps après, une source au sein de l'agence de safaris qui organisa leur séjour me confia :

« La seule chose qu'ils voulaient, c'était être seuls. Profiter du décor sauvage et de chaque instant passé ensemble. De nombreux chefs d'entreprise et des stars d'Hollywood viennent régulièrement passer leur lune de miel dans le delta. C'est un endroit brut, qui donne l'impression d'être au milieu de nulle part. On peut l'explorer pendant des jours sans jamais croiser personne.

« Si c'est l'isolement que vous recherchez, alors c'est l'endroit idéal. Nous avons l'habitude de côtoyer des célébrités, dans cette partie du Botswana. Personne ne se soucie de qui vous êtes et c'est aussi ce qui plaît tant. Le voyage organisé par Harry avait ses petits luxes, mais dans l'ensemble, quand on fait un safari ici, il faut être prêt à vivre à la dure… On est complètement exposé aux éléments. Dans la journée, les températures atteignent souvent 40°C ; et dans la fraîcheur du soir, on doit se prémunir contre les piqûres de moustique, les serpents, les araignées et les animaux sauvages. Durant les heures les plus chaudes, il y a aussi le problème de la poussière qui colle à la peau et peut devenir très inconfortable.

« Mais c'est également tout cela qui attire les gens : cette région offre une expérience de safari unique. Les touristes ont réellement l'impression de goûter à la vie sauvage. Ce n'est pas pour tout le monde, et Harry devait savoir que sa petite amie ne craignait pas de dormir par terre ou de se passer d'eau courante. »

Le monde apprit bientôt que Harry avait organisé des vacances en amoureux avec Chelsy avant son entrée à Sandhurst. De nombreux journaux envoyèrent des reporters à Maun pour couvrir ce voyage hors du commun.

J'arrivai rapidement au petit aéroport de Maun accompagné d'un photographe et compris bien vite à quel point cette mission allait être difficile. Au sud de la ville s'étend le désert de Kalahari : 900 000 kilomètres carrés de savane. Au nord, la réserve naturelle de Moremi est bien plus petite, ne couvrant « que » 5 000 kilomètres carrés, mais ses grandes étendues sauvages et ses rares pistes de terre réduisaient à zéro nos chances de croiser le prince…

Nous avons donc décidé de rester à Maun en attendant le retour du jeune couple. À l'époque, je me sentais plutôt mal à l'aise à l'idée d'avoir traversé des milliers de kilomètres pour essayer de retrouver le prince. Il était évident que si Harry ne voulait pas qu'on le suive — ce qui était clairement le cas —, nous n'avions pas la moindre chance de renvoyer une photo ou un bon article à Londres. Nous n'avions pas envie de gâcher des vacances royales, mais avions la responsabilité d'informer le public.

Le dernier jour de ses vacances, Harry se trouva enfin à portée d'objectif, et fut photographié alors qu'il rentrait de son safari avec Chelsy. Ils étaient tous les deux dans une jeep au toit ouvrant, destinée à offrir aux touristes une expérience authentique tout en les protégeant des animaux dangereux qui peuplent la réserve. Harry avait tout d'un véritable aventurier, avec ses lunettes de soleil et son bandana bleu.

Le couple paraissait très heureux de son escapade, en

dépit de la chaleur insoutenable qu'ils avaient dû subir. À partir de ce moment, le monde entier fut convaincu que Harry avait déniché la perle rare. Chelsy avait peut-être l'habitude de porter des robes de soirée pour faire la fête au Cap, mais elle pouvait tout aussi bien passer du temps dans la nature, sans se laver ou se maquiller. Combien de femmes évoluant dans l'entourage du Prince Harry auraient supporté de passer autant de journées dans une région aussi sauvage ? Clairement, les deux jeunes gens partageaient le même amour de l'Afrique et du plein air. Ce lien allait les rapprocher l'un de l'autre durant les années suivantes.

À l'arrière de la jeep, les photos montraient l'un des fidèles gardes du corps du prince et, au volant, on apercevait un guide canadien chargé de la visite.

Ce jour-là, à la tombée de la nuit, je retrouvai certains de mes confrères dans le seul bar sportif de Maun. La salle rafraîchie par l'air conditionné, avec ses tables de billard et ses pizzas maison, était l'une des rares oasis dans cette ville poussiéreuse et étouffante, et l'un des seuls endroits où nous pouvions rédiger tranquillement nos articles, manger un bon repas et nous détendre devant une bière fraîche. Nous savions aussi que nous pouvions y passer nos soirées sans risquer de croiser Harry. Les locaux qui servaient de guides aux riches touristes visitant la réserve se connaissaient tous, et nous leur avions fait comprendre que nous ne voulions pas nous retrouver nez à nez avec le prince.

Cependant, ce soir-là, alors que nous nous détendions dans notre petit sanctuaire, un groupe d'habitants entra bruyamment dans le bar. Ces hommes étaient furieux d'apprendre que le prince avait été pris en photo, et comptaient bien le venger. Comme les deux femmes que j'avais rencontrées à la gare de Tonbridge lors de ma première expérience de reporter, ils semblaient considérer tout journaliste comme un ennemi.

Supposant, à tort, que c'était l'un de nous qui avait pris

les photos, ils avaient crevé les pneus de nos deux 4x4 de location et cherchaient la bagarre. Menés par le guide canadien de Harry, ils nous encerclèrent et exigèrent de savoir quel était le photographe responsable.

Avec mon mètre quatre-vingts et mes cent kilos, il est rare que je me laisse intimider. Mais ces hommes étaient une douzaine et avaient tous la carrure des joueurs de rugby sud-africains... Je me voyais déjà traîné dehors et abandonné au milieu de la réserve, avec rien d'autre que mon bloc-notes pour me défendre face aux lions.

Heureusement, nous avions parmi nous une reporter au *Daily Mail*, une femme aussi belle que pragmatique. Elle leur offrit son plus beau sourire et leur proposa un verre. En quelques minutes, elle parvint à apaiser la tension. Nous avons tous fini autour de bières fraîches, à plaisanter sur ce que nous aurions pu écrire si ces types nous avaient attaqués.

— Ça ferait une bonne une, dis-je. *Les Sbires maléfiques de Harry*. Je suis sûr que les ventes auraient justifié de se faire taper dessus ou dévorer par des lions !

Une fois que l'occasion de nous expliquer nous fut donnée, ils comprirent que nous n'étions pas en tort, et se mirent à nous bombarder de questions sur notre quotidien de correspondants royaux.

Nous avions évité de justesse la catastrophe. Seule la chance nous a permis de quitter le bar sains et saufs, en compagnie de nouveaux amis. Ces derniers se sont excusés platement lorsque nous avons découvert nos pneus tailladés, et ils ont pris sur eux de nous raccompagner à l'hôtel.

Quelques mois plus tard, je me retrouvais dans ce même bar, et ce même guide canadien vint à ma rencontre. Cette fois, il ne venait pas pour me passer à tabac, mais — ironiquement — me demander de lui envoyer la photo où on le voyait au volant de la jeep de Chelsy et Harry ; la photo responsable de tous nos problèmes. Il voulait garder un souvenir de son safari avec le Prince Harry !

À la fin de cette escapade, qui avait certainement été très spéciale pour le prince, Harry fit ses adieux à Chelsy et s'envola pour l'Angleterre. Plus amoureux que jamais, il allait devoir relever le défi de Sandhurst. Ce voyage romantique au Botswana marquait la fin de son année sabbatique si agitée, qui avait fait de lui la cible privilégiée des médias. Les photos le représentant à la Coupe du monde de rugby en Australie, en train de se battre avec des photographes devant un club londonien, ou portant le malheureux costume s'étaient retrouvées en une des journaux du monde entier. Sans le vouloir, il s'était forgé une solide réputation de jeune homme fêtard et porté sur la bouteille.

Bien entendu, une autre facette de sa personnalité avait aussi émergé. Le documentaire sur sa fondation au Lesotho, et la photo le montrant assis avec un orphelin sur les genoux, lui promettant qu'il « n'oublierait jamais » les enfants de ce petit royaume africain, nous laissa deviner son potentiel.

Cependant, on s'inquiétait pour ce jeune prince qui venait de passer presque deux ans à voyager, repoussant d'autant le moment d'entrer dans la vie adulte. Chaque faux pas avait soulevé d'inévitables doutes, et le public craignait sincèrement que Harry finisse par se perdre. Le plus gros impair fut, bien sûr, celui de l'uniforme nazi, mais le fait d'avoir supposément agressé un photographe était presque aussi préjudiciable pour une personnalité publique. De quoi nourrir les esprits critiques à l'égard de la famille royale. Même les voyages qui avaient mené Harry dans une multitude de lieux exotiques, flanqué de gardes du corps payés par les contribuables, avaient de quoi inquiéter les conseillers du palais. On risquait de l'accuser de mener la belle vie, sans se soucier des devoirs exigés par son rang.

Les mêmes faux pas auraient causé du tort à n'importe quelle personnalité. Un homme politique qui aurait frappé un photographe, par exemple, aurait vu sa carrière s'effriter. S'il avait porté un uniforme nazi à une soirée costumée, au moment où le monde entier rendait hommage aux victimes de la Shoah, il aurait sans doute perdu son travail. Et un élu accusé de dépenser l'argent public en faisant le tour du monde avec sa jolie compagne aurait été publiquement stigmatisé pour le restant de ses jours.

Mais Harry n'était pas un homme politique. Et son année débridée l'avait transformé en roi Midas : tout ce qu'il touchait se changeait en or. Plus il commettait de frasques, plus il devenait populaire.

Lorsqu'il entra à Sandhurst en mai 2005, Harry était devenu, contre toute attente, la coqueluche du pays. Il donnait à la royauté une touche de spontanéité. Après tout, que pouvait-on réellement attendre d'un prince de vingt ans ? Qu'il s'enferme dans les châteaux familiaux pour se concentrer sur sa collection de timbres et étudier les grands classiques ? Ne préférait-on pas un prince au grand cœur, qui appréciait de passer du temps avec ses amis et dont les yeux brillants trahissaient la bonté ?

Ainsi, plus Harry était livré aux critiques de l'élite, plus le peuple prenait son parti. Ce n'était pas une stratégie médiatique de sa part, mais la simple conséquence de son aisance sociale.

Lorsqu'il entra à Sandhurst, il était aussi profondément amoureux. Sa relation en dents de scie avec Chelsy lui avait donné la force d'affronter la critique. Harry avait trouvé son âme sœur, quelqu'un capable de l'aimer pour ce qu'il était, au fond de lui. Elle l'avait aidé à apaiser la colère qu'il avait nourrie depuis la mort de sa mère. Elle lui avait donné assez confiance en lui pour s'affirmer, même quand on l'accusait de mentir. Et, plus que tout, Chelsy partageait son sens de l'humour, sa passion de l'Afrique et son désir de ne pas prendre la vie au sérieux.

Étudier à Sandhurst pour devenir officier allait être un défi d'autant plus ardu que Chelsy lui manquerait, et qu'il allait devoir passer des semaines entières sans la voir.

Une source au sein de l'Académie militaire expliqua, à la veille de son premier jour à Sandhurst :

— Les cadets qui entrent à l'académie sont souvent en couple depuis longtemps, mais peu d'entre eux en sortent avec la même personne.

CHAPITRE 6

LE CHOC DE L'IRAK

— Nous avons lu avec attention votre article et, dans la situation actuelle, nous vous demandons instamment de ne pas le publier, me pria Paddy Harverson.

C'était une requête inhabituelle de la part du directeur de communication, et une preuve de plus que le service de presse de Clarence House prenait mon travail très au sérieux. Il était très rare qu'un homme en gris nous supplie de garder un scoop secret. Si les faits décrits étaient incorrects, ils se contentaient en général de rétablir la vérité. Mais demander de passer tout un sujet sous silence n'arrivait pratiquement jamais, surtout sans avancer de raison valable.

Quelques heures plus tôt, j'avais téléphoné à Clarence House pour prévenir que nous allions publier une nouvelle provenant d'un de nos contacts en Irak. Notre source avait rencontré un commandant de l'armée du Mahdi qui avait menacé le Prince Harry.

Ce leader et imam radical, Mojtaba al-Sadr, avait dit à notre collègue :

— L'un de nos objectifs prioritaires est la capture du Prince Harry. Nous avons des informateurs au sein des bases britanniques, et ils nous préviendront de son arrivée.

L'une de nos unités spéciales pourra ensuite le traquer, avec l'aide de nos contacts à l'intérieur des bases.

Il avait ensuite ajouté :

— Nous ne sommes pas les seuls à tenter de le capturer. Tous ceux qui haïssent les Britanniques et les Américains essaieront de le faire prisonnier. Les moudjahidines d'Irak, Al-Qaida et les Iraniens veulent aussi mettre la main sur lui.

Nous aurions facilement pu considérer cette remarque comme de la propagande sans fondement ; mais la réaction de Clarence House indiquait que la menace était bien réelle.

Nous étions alors en avril 2007. L'unité de Harry attendait d'être déployée à Basra, en Irak, et le ministre de la Défense avait confirmé que l'officier de vingt-deux ans allait passer six mois au front.

Lorsque nous reçûmes ce fameux tuyau, il était évident que l'offensive des insurgés contre les Britanniques s'était renforcée. L'utilisation de mines sur les routes empruntées par les patrouilles avait déjà fait onze victimes dans nos rangs en quatre semaines.

Dans ce climat tendu, les menaces de Mojtaba ne pouvaient pas être ignorées. Nous avions des preuves qu'il avait de nombreux hommes, ainsi que des armes lourdes dont des roquettes et des fusils automatiques. Durant les mois précédents, les troupes postées sur place avaient subi d'importantes attaques, et c'était pour cela que l'unité de Harry était à présent déployée. Tout cela provoquait de vives inquiétudes au sein du gouvernement.

Le chef d'état-major général de l'époque, le général Sir Richard Dannatt, était en contact permanent avec le secrétaire personnel du Prince Harry, l'ancien major des SAS, Jamie Lowther-Pinkerton. Depuis les remarques acerbes du prince lors de l'interview officielle de ses vingt et un ans — dans laquelle il insista sur le fait qu'il « ne prendrait pas la poussière sur les bancs de Sandhurst si cela ne le conduisait pas au front tôt ou tard » —, le général

Dannatt avait conscience des enjeux. Si l'on interdisait au prince d'aller se battre à cause de son statut, l'impétueux jeune homme risquait de démissionner de l'armée. Et si cela devait arriver, l'état-major essuierait de vives critiques. Par exemple : pourquoi est-ce que les commandants étaient prêts à envoyer tous leurs soldats à la mort, et pas Harry ?

Deux mois plus tôt, en février 2007, le général Dannatt avait répondu au souhait le plus cher de Harry en acceptant de l'intégrer dans l'unité avec laquelle il s'était entraîné depuis sa sortie de Sandhurst, six mois plus tôt : le régiment de la Household Cavalry Blues and Royals. L'état-major décida alors, en dépit des risques, de déployer Harry au front, à la tête de douze hommes (ce pour quoi il avait été formé).

De façon générale, le public a du mal à comprendre ce que ressentent les soldats déployés sur le front. S'ils sont heureux de partir, c'est parce qu'ils ont été formés au combat. C'est uniquement pour cette raison qu'ils se sont engagés dans l'armée. Tous ces hommes et femmes sont volontaires pour servir leur pays, en dépit des dangers qui les attendent.

En février, afin de mettre fin à des mois de spéculations, le ministère de la Défense et le palais prirent une décision inhabituelle : ils publièrent un communiqué annonçant que le sous-lieutenant Wales (pseudonyme de Harry à l'armée) partirait en Irak. Il allait effectuer des « missions standard de commandement » et aurait douze hommes sous ses ordres, et disposerait de quatre véhicules de reconnaissance blindés, chacun conduit par une équipe de trois soldats.

Le communiqué fut même accompagné d'un message du Premier ministre, Tony Blair, qui décrivait Harry comme « un jeune homme courageux et déterminé » doté d'un « caractère unique ».

Harry allait donc devenir le premier membre de la famille royale à servir la reine et son pays au front depuis que son oncle, le Prince Andrew, avait été récompensé aux îles Malouines, en 1982.

Une source au sein de la maison royale se souvient de la réaction de Harry, quand on lui a permis de partir au combat :

« C'était le rêve de Harry depuis son enfance. Petit déjà, il était fasciné par les soldats, les tanks, et tout ce qui touche au militaire. Mais, à partir de son entrée à Sandhurst, il a su que son désir de servir son pays au front risquait d'être compromis pour des raisons politiques.

« En dépit de ses inquiétudes, Harry s'est pleinement consacré à son entraînement prédéploiement durant toute la fin de l'année 2006. Il a montré une réelle détermination, s'attirant les honneurs lors d'exercices menés en Écosse et au sud du pays de Galles. Donc, quand son secrétaire personnel lui a annoncé qu'on l'autorisait à mener ses hommes au combat, Harry était fou de joie.

« Il ne songea même pas aux dangers qui pouvaient l'attendre en Irak. À ses yeux, il était devenu soldat et voulait plus que tout avoir la chance de servir son pays, quels que soient les risques. Harry considérait que sa carrière militaire n'avait rien à voir avec les hasards de sa naissance. Être prince et être officier de l'armée britannique étaient deux choses totalement différentes pour lui. C'est d'ailleurs l'une des raisons qui l'ont poussé à entrer dans l'armée : dans son rôle d'officier, il était un homme comme les autres. Sa grand-mère était peut-être chef des forces armées, mais cela ne faisait aucune différence pour lui. Il était soldat avant d'être prince. »

Lorsque je contactai Clarence House au sujet de mon article, je leur détaillai donc tout ce que nous avions l'intention d'écrire. C'était un sujet sérieux et nous nous sentions en droit de le traiter dans nos colonnes. D'ailleurs, la nouvelle était en tête de nos listes et avait de grandes chances de faire la une de l'édition du lendemain.

Le problème, c'était que les menaces de Mojtaba étaient le cauchemar du général Dannatt et de Clarence House. Le leader insurgé avait ajouté, parlant du prince :

— Pour moi, il n'est qu'un soldat comme un autre et, s'il vient en Irak, il devrait être tué comme les autres. Mais soyons réalistes : on peut tuer des centaines de soldats britanniques sans les convaincre de rappeler leurs troupes. Harry est une prise bien plus importante. Nous le capturerons pour mettre le Royaume-Uni à genoux.

Même si ces commentaires n'étaient que des menaces en l'air, ils cachaient une pointe de vérité. Envoyer un héritier potentiel du trône en Irak signifiait mettre sa vie en danger ou risquer de le voir capturé par les insurgés. Et, même s'il parvenait à survivre à ses six mois de déploiement à Basra, sa présence n'allait-elle pas provoquer de nouvelles attaques ? Le général Dannatt pouvait-il réellement prendre le risque d'entendre une épouse ou une mère en deuil accuser le prince d'avoir, par sa présence, provoqué la mort d'un de ses hommes ? Certes, les discours de ce commandant de Mahdi n'étaient certainement que de la propagande, mais pouvait-on vraiment prendre un tel risque ?

Lorsque Paddy Harverson retourna mon coup de téléphone, toutes ces questions avaient circulé au sein du gouvernement. Le général Dannatt lui-même avait été prévenu et le ministère de la Défense se préparait à argumenter sa décision de déployer l'unité de Harry. Un communiqué de son service de presse avait été rédigé, tentant de minimiser les menaces en les qualifiant de propos « absurdes » et « infondés ».

Du point de vue du *Sun*, publier notre article le lendemain allait sans doute provoquer de vives réactions et rouvrir le débat concernant l'envoi du prince au combat. Mais nous devions aussi prendre en compte l'impact que ce papier pourrait avoir sur Harry et ses camarades, à quelques semaines de leur déploiement. En nous demandant de ne pas le publier, Clarence House jetait le gant au *Sun*.

Nous étions généralement en bons termes avec le Prince Harry. Plus important encore, nous étions sans le moindre doute le journal favori des forces armées, chaque numéro était lu par des dizaines de milliers de soldats britanniques. Comment allaient-ils réagir si leur journal préféré diffusait la propagande des insurgés qui faisaient sans cesse des victimes dans leurs rangs ? La politique du *Sun* n'a jamais été d'offrir aux ennemis du Royaume-Uni un support pour étaler leur haine en première page.

La requête de Clarence House fut donc transmise à la direction du journal. Le rédacteur en chef devait décider si ce scoop valait le risque de provoquer la colère d'une partie de nos lecteurs.

En tant que correspondant royal, on me demanda mon avis. Je répondis que le contenu était authentique, puisque le palais n'avait pas remis en doute sa véracité ; mais que je pensais également que le publier risquait de mettre en danger nos relations avec le Prince Harry.

Nous ne nous serions jamais censurés pour rendre service à un membre de la famille royale. Mais, dans ce cas précis, je savais très bien que Harry serait hors de lui si nous mettions en lumière les paroles d'un insurgé capables de faire annuler son déploiement prochain.

Finalement, la direction décida de renoncer à l'article. Je reçus l'ordre de transmettre notre décision à Paddy Harverson, en lui faisant bien comprendre que c'était un geste de bonne volonté de la part de notre journal, soutien de toujours de l'armée et du Prince Harry.

Hélas, nous n'avions pas la capacité d'empêcher la nouvelle de sortir au grand jour. Tout ce que nous pouvions faire, c'était assurer le palais et le ministère de la Défense qu'elle n'apparaîtrait pas dans les pages du *Sun*. L'information nous avait été transmise par un reporter free-lance installé en Irak. Dès que nous lui aurions refusé le scoop, il allait inévitablement chercher un autre journal à qui le vendre.

Et ce fut exactement ce qui arriva. Quelques jours plus tard, l'histoire fut publiée par le *Guardian*. Le palais avait de nouveau tenté d'étouffer l'affaire, mais le journal avait refusé.

Il est toujours décevant de voir une exclusivité sur laquelle on a travaillé paraître dans un autre journal. Mais je reste aujourd'hui convaincu que nous avons fait le bon choix, ce jour-là. Être correspondant royal, c'est un peu comme être le critique d'un *soap opera* sans fin. Naissances, décès, mariages et histoires d'amour sont notre lot quotidien. Seulement, de temps en temps, il est important de se rappeler que nos écrits traitent de *vraies* personnes. Si la publication d'un article risque de menacer la vie d'un soldat britannique, je pense qu'il est du devoir de tout journaliste de faire appel au bon sens.

Il est bon de rappeler que c'est le ministère de la Défense qui avait annoncé le premier le déploiement de Harry au grand public. Après cela, il y avait forcément un risque de voir les insurgés s'emparer de cette nouvelle pour nourrir leur propagande. Et l'article relatant les menaces de l'imam fut la goutte d'eau qui fit déborder le vase.

Quand le *Guardian* le publia, le ministère de la Défense fit de son mieux pour maintenir ses positions. Un communiqué qualifia ces menaces de « propagande mensongère venant de ceux qui désirent détruire l'Irak ».

Néanmoins, une phrase du communiqué soigneusement rédigé nous laissa deviner ce qui se passait réellement, à l'état-major. La décision d'envoyer Harry au front était « toujours examinée », ce qui laissait supposer, en dépit des annonces officielles rassurantes, que des problèmes restaient encore à régler. En réalité, cela signifiait que la décision était remise en question et que le ministère de la Défense cherchait un plan de sauvetage, au cas où l'état-major soit contraint de revenir en arrière. Malheureusement pour Harry, cela indiquait aussi que son rêve d'être déployé en Irak était à présent remis en question.

Ce ne fut pas la publication de l'histoire en elle-même

qui obligea le gouvernement à envisager un autre déploiement. Mais, une fois la nouvelle connue de tous, les insurgés
irakiens qui n'avaient pas encore songé à cibler Harry dès
son arrivée furent au courant du prix placé sur la tête du
« prince infidèle ». Dès que Harry et son unité allaient poser
le pied en Irak, tous les soldats ennemis les traqueraient…

On apprit plus tard que des photos de Harry avaient été
récupérées sur Internet et imprimées pour être distribuées
dans les rues de Basra. Ce détail ne fut jamais confirmé
officiellement, mais cela prouva bien qu'envoyer le prince
sur place aurait été de la folie.

En coulisse, les services secrets britanniques travaillèrent
d'arrache-pied pour savoir à quel point les menaces à l'encontre
de Harry étaient « crédibles ». Au bout de quelques jours,
ils transmirent un rapport qui allait anéantir le prince : les
menaces étaient avérées, et envoyer Harry en Irak était jugé
beaucoup trop risqué.

Durant la première semaine de mai, le général Dannatt
visita la base de Basra lui-même pour rencontrer les officiers en poste sur place. L'une des raisons de sa visite était
de discuter avec les commandants et de leur demander
directement ce qu'ils pensaient à l'idée de compter le prince
dans leurs rangs.

Une source militaire raconte :

« Le général Dannatt prit cette histoire très à cœur. Il
avait envie d'autoriser le prince à servir à Basra, comme le
souhaitait Harry. Mais lors de son passage par la base, on
lui expliqua clairement que la présence du prince aurait été
un obstacle et non une aide.

« Les commandants en poste considéraient que le risque
était trop important : la présence d'un membre aussi important
de la famille royale pouvait augmenter le nombre d'attaques
à l'encontre des troupes britanniques. Ce n'était certes pas
ce que le général Dannatt avait espéré entendre, mais il

était bien obligé d'écouter ce que ses commandants disaient — et, en toute honnêteté, il le fit sans a priori. »

Le 16 mai 2007, on annonça que Harry ne serait pas déployé en Irak à cause des nombreuses « menaces plausibles » faites à son encontre. Le général Dannatt dut admettre que le risque encouru par le prince et ses hommes à Basra aurait été « inacceptable ». Sa déclaration précisait :

« De nombreuses menaces crédibles — certaines rendues publiques et d'autres non — ont été faites concernant le Prince Harry. Ces menaces exposeraient également les soldats servant à ses côtés et je considère ce risque inacceptable. Je me dois d'ajouter qu'une partie de ces menaces est née de l'annonce officielle et diffusée dans le monde entier du déploiement du Prince Harry. »

Ce communiqué parut enterrer définitivement les rêves de Harry. Il avait beau être un bon officier, s'être entraîné dur pour convaincre ses supérieurs qu'il était prêt à partir au combat, il se voyait empêché (peut-être pour toujours) de se battre à cause de qui il était, de ce qu'il représentait.

Ce fut un choc terrible pour le jeune homme. On lui avait promis qu'il pourrait partir se battre mais, au dernier moment, on lui arrachait tous ses espoirs parce qu'il n'était pas un soldat ordinaire...

Harry a connu beaucoup de moments difficiles au cours de sa vie, mais ce revirement fut sans conteste l'un des pires. Il voulait faire ses preuves et, de fait, était très bon dans son travail. Ses hommes le respectaient en tant qu'officier, et pas parce qu'il était membre de la famille royale. En dépit de ses faiblesses académiques, il avait su maîtriser les éléments techniques du combat d'infanterie. Il vivait pour l'armée et, jusqu'à ce qu'on lui interdise de partir en Irak, il avait été convaincu d'avoir enfin donné un but à sa vie.

À l'annonce de la nouvelle, Clarence House s'empressa de rassurer le public : Harry n'allait pas démissionner, comme il l'avait menacé. Un communiqué fut publié, précisant qu'il était « très déçu » par cette décision mais qu'il poursuivrait sa carrière militaire.

« Il comprend parfaitement et accepte la décision difficile qu'a dû prendre le général Dannatt, pouvait-on lire, et cela n'a pas remis en cause son désir de servir dans l'armée. Toutes ses pensées vont vers ses troupes et tous les soldats déployés en Irak. »

On allait apprendre plus tard que les déclarations officielles cachaient une réalité bien différente. Harry était tout simplement bouleversé. Il était furieux de voir que tout son travail et tous ses efforts n'avaient servi à rien, et était bel et bien sur le point de démissionner de l'armée. S'il n'avait pas reçu le soutien de trois personnes en particulier, cet échec aurait pu marquer la fin de sa carrière militaire.

La première personne qui sut l'aider fut Chelsy. Sous le coup de la déception, Harry chercha du réconfort auprès de sa petite amie. Selon des sources proches de la jeune femme, le prince se confia pleinement à elle.

De son côté, comme la plupart des conjoints et conjointes de soldats, Chelsy était soulagée d'apprendre qu'il ne partait pas combattre. Les six mois de déploiement prévus auraient été très longs et, si Harry avait été envoyé en Irak, le couple ne se serait pas vu pendant une éternité.

Chelsy espérait aussi secrètement que Harry puisse se rendre au Cap en octobre pour célébrer ses vingt et un ans. S'il avait été déployé, il n'aurait jamais pu rentrer à temps pour la fête qu'elle organisait.

Un de ses amis raconte :

« Quand les soldats partent combattre, ce sont souvent leurs proches laissés en arrière qui souffrent le plus. Chelsy soutenait Harry dans ses projets, mais elle ne put s'empêcher d'être soulagée quand on annula son déploiement. Tout le monde pouvait voir à quel point Harry était frustré et en colère, mais Chelsy a passé beaucoup de temps à le calmer, à le convaincre de ne pas démissionner. Si elle n'avait pas été là pour lui prodiguer de bons conseils, la carrière militaire de Harry n'aurait sans doute pas survécu à cet épisode. »

La seconde personne vers qui Harry se tourna fut son frère William. À l'époque, il avait suivi Harry à Sandhurst, et s'était formé à la commande des tanks.

Mais tout ne se passait pas bien non plus pour William… Il avait décidé d'inviter Kate Middleton et ses parents à sa cérémonie de remise des diplômes à Sandhurst, en décembre 2006, ce qui avait provoqué un flot de spéculations concernant ses hypothétiques fiançailles. Suite à cela, l'appartement de Kate, à Londres, était assailli par les photographes et William, très pris par son entraînement, n'avait pas la possibilité de la protéger.

En avril 2007, la situation était devenue intenable, si bien que William et Kate avaient décidé de se séparer. Je savais depuis un moment que leur relation était houleuse, mais je fus abasourdi d'entendre le palais confirmer leur rupture. Il semblait clair que la première grande histoire d'amour de William avait atteint sa limite, et qu'il laissait à son service de presse le soin de diffuser la nouvelle.

Quand Harry lui annonça qu'il pensait quitter l'armée, William fut horrifié. Il savait mieux que personne à quel point son frère tenait à sa carrière militaire. Contrairement à Harry, le passage de William dans l'armée était uniquement symbolique. En tant qu'héritier du trône, William n'aurait jamais pu servir au front. S'il avait désiré s'engager, c'était surtout pour être capable de regarder les soldats dans les yeux sans avoir honte. En 2005, alors qu'il était en Nouvelle-Zélande pour accompagner l'équipe de rugby des Lions, William m'avait expliqué pourquoi il tenait à entrer dans l'armée :

— Je pense qu'il est important pour moi de comprendre ce qui a trait au militaire, et de parler avec les soldats en sachant au moins un peu ce qu'ils ont pu traverser.

En dépit de son désir de devenir officier, William avait

eu du mal à supporter son entraînement à Sandhurst et sa formation de commandant de tanks dans le Dorset. Il ne reçut aucun traitement de faveur sous prétexte qu'il était destiné à prendre la tête des armées et, dans une certaine mesure, il eut à supporter plus de pression que les autres cadets de son unité.

Lorsque William était confronté à des épreuves à Sandhurst, Harry avait toujours été là pour lui. Son petit frère le soutenait d'autant plus que rien ne pouvait venir entacher sa passion pour l'armée. Il offrait souvent des conseils à son frère et faisait tout son possible pour que William n'échoue pas — ce qui aurait été une humiliation pour lui.

Ainsi, quand Harry vint lui demander son aide, William eut conscience que cette fois, c'était à lui de soutenir son frère. D'après une source au palais, William interdit à Harry de quitter l'armée sur un coup de tête. Il lui rappela les raisons qui l'avaient poussé à s'engager et le rassura sur le fait qu'il finirait par trouver un moyen de servir au front. À l'époque, les guerres en Irak et en Afghanistan poussaient l'armée à bout. Un jeune officier d'infanterie compétent comme Harry trouverait toujours un moyen de mettre son entraînement à profit.

La source ajouta :

« William insista pour que Harry reste dans l'armée. Il lui rappela tous les efforts qu'il avait faits pour être diplômé de Sandhurst et achever son entraînement prédéploiement avec les honneurs. William considérait qu'une démission détruirait tout ce que son frère avait construit en tant que jeune officier et que cela enverrait un très mauvais message aux troupes. Il alla même jusqu'à lui dire que cela le ferait passer pour un enfant gâté et capricieux. Il poussa Harry à ravaler sa colère et à poursuivre sa carrière.

« Harry et William ont beaucoup de points communs, mais ils ont aussi quelques différences de taille. Harry a les nerfs à fleur de peau tandis que William sait se montrer plus réfléchi, plus prudent. Il y a peu de personnes que Harry écoute aussi attentivement que son grand frère. »

Enfin, la dernière personne qui sut réellement aider le prince à traverser cette mauvaise passe fut son secrétaire personnel, Jamie Lowther-Pinkerton. Depuis que Harry avait terminé ses études à Sandhurst, Lowther-Pinkerton avait fait tout son possible pour convaincre l'état-major que le prince devait être autorisé à se battre comme n'importe quel autre soldat.

Il avait été chargé de guider William et Harry, de leur servir de mentor pendant leur carrière militaire. Un rien timide et très discret, il avait immédiatement créé des liens avec les jeunes princes. De plus, son sérieux, sa loyauté à toute épreuve et son respect pour la famille royale avaient fait de lui la meilleure personne pour occuper ce poste.

Mais la qualité principale de Lowther-Pinkerton, aux yeux de Harry, était son expérience en tant qu'officier décoré et respecté. Il avait servi son pays et s'était hissé jusqu'au rang de major au sein du légendaire Special Air Service. Son apparence modeste et sa silhouette plutôt svelte cachaient un caractère bien assumé. Parmi toutes les personnes qui ont travaillé au palais au fil des ans, Lowther-Pinkerton reste l'une de celles que les princes respectaient le plus. À la naissance du Prince George, William alla même jusqu'à demander à l'ancien major d'être le parrain de son fils. Dès son arrivée à Clarence House, il sut devenir un mentor, presque un oncle d'adoption pour William et Harry.

Ainsi, lorsque Harry dut ravaler sa déception suite à l'annulation de son déploiement, il sut immédiatement que Lowther-Pinkerton partageait sa frustration. Tous deux avaient longuement parlé du front et, si le général Dannatt avait envisagé d'envoyer Harry au combat, c'était avant tout grâce à Lowther-Pinkerton.

À présent, celui-ci conseillait à Harry de rester calme et de ne pas prendre de décisions hâtives. Il lui promit de tout faire pour trouver un autre moyen de l'envoyer au front et lui demanda de se fier à lui, de lui laisser le temps d'explorer d'autres possibilités.

On peut dire que Harry a failli quitter l'armée en 2007 et qu'il n'a fait preuve de patience qu'à la demande de ces trois personnes, si proches de lui. Mais désormais, comment est-ce que Lowther-Pinkerton allait bien pouvoir tenir sa promesse de l'envoyer au combat ? Il était bien décidé à essayer, mais en réalité la publicité qui allait inévitablement entourer le nouvel entraînement prédéploiement du prince ne ferait que raviver les problèmes qui l'avaient empêché de partir en Irak. Quelles que soient les options envisagées, Clarence House ne voyait vraiment pas comment on aurait pu laisser le jeune homme combattre.

Moins d'un mois plus tard, je fus de nouveau contacté par un Paddy Harverson désespéré. Harry était de nouveau cantonné à la caserne et ses hommes étaient partis en Irak depuis plusieurs semaines.

Harverson a toujours été considéré par tous comme un homme effrayant. Avant de travailler pour le Prince de Galles, il s'était fait la main au sein de Manchester United, gérant les médias et conseillant Alex Fergusson sur tous les points de communication. Il savait se montrer très abrupt, parfois, et exprimait sans détour sa méfiance envers les médias. Malgré tout, il avait un certain esprit de justice. Il était franc et étonnamment accessible, pour quelqu'un qui avait pour mission de représenter le Prince Charles et ses fils auprès de la presse.

À ma grande surprise, Harverson proposa de m'accorder un rendez-vous et d'inviter également le très respecté rédacteur en chef des nouvelles militaires du journal, Tom Newton Dunn. Harverson voulait avoir avec nous une conversation privée au sujet de la carrière militaire de Harry et, plus important encore, avait l'intention de convaincre Jamie Lowther-Pinkerton de venir aussi. C'était une requête particulièrement inhabituelle. De manière générale, Lowther-Pinkerton ne parlait *jamais* à la presse. Il se contentait de serrer poliment la main des correspondants royaux quand il les croisait.

Avoir la chance de discuter à bâtons rompus avec le secrétaire particulier des jeunes princes était une opportunité à ne pas laisser passer ! Nous avons donc fixé le rendez-vous au club Garrick, dans le West End. Le but de cette réunion privée était de nous sonder au sujet d'un hypothétique déploiement du Prince Harry.

Le 14 juin 2007, le rendez-vous eut lieu dans l'un des plus importants clubs de gentlemen de Londres.

— Nous voulons savoir si vous pensez que Harry pourra un jour partir au combat, commença Harverson, aussi abrupte qu'à son habitude.

Je compris bien vite que c'était Harry lui-même qui leur avait demandé de nous parler. Sans doute parce que le *Sun* était le premier journal lu par les soldats, et que nous avions su montrer notre soutien au prince en acceptant de renoncer à notre article, quelques semaines plus tôt.

— Avez-vous envisagé de prévoir un déploiement sans rien dire aux médias ? demanda Newton Dunn.

Tom était un rédacteur très respecté, qui avait couvert la guerre d'Irak et d'Afghanistan. Il était parfaitement au courant des compromis qui étaient souvent faits entre journalistes et ministère de la Défense. En échange de leurs exclusivités sur le terrain, les reporters avaient l'habitude de ne pas dévoiler certaines informations, pour des raisons de sécurité. C'était inévitable en temps de guerre : les journalistes qui se trouvaient sur le front savaient dès le départ qu'ils seraient contraints de taire certains sujets.

Le meilleur exemple de ce genre de compromis fut un message envoyé à la BBC par le légendaire reporter Brian Hanrahan, lors de la guerre des Malouines. En parlant des jets Harrier qui avaient décollé du porte-avions HMS *Hermes*, il dit :

— Je ne suis pas autorisé à indiquer le nombre d'avions qui ont pris part au raid, mais je les ai comptés à leur départ et tous sont revenus.

Nous avons alors fait une proposition : passer un accord avec les médias pour que le nouveau déploiement de Harry reste un secret jusqu'à son retour.

— Est-ce que cela fonctionnerait ? demanda Lowther-Pinkerton.

— Eh bien, répondis-je, je pense que c'est le seul moyen pour le prince d'aller au combat. Si son déploiement est annoncé avant départ, il ne pourra jamais partir. C'est donc, à mes yeux, la seule option que vous avez.

Hélas, mon collègue et moi restions convaincus qu'il serait impossible d'obtenir la coopération de *tous* les médias britanniques.

Je me souviens d'y avoir pensé car, à l'époque, le *Sun* lui-même publiait près de deux articles par semaine au sujet de Harry. Nos lecteurs auraient des soupçons, si nous n'avions plus parlé de lui pendant plusieurs semaines d'affilée. Et, même si Clarence House avait pu trouver un accord avec les médias britanniques, il aurait été impossible de convaincre les journalistes étrangers de participer à cette mascarade.

Le ministère et le palais ne pouvaient exiger de la presse qu'elle garde un tel secret, qui aurait fini par transparaître tôt ou tard. C'était impossible. Malgré tout, Lowther-Pinkerton et Harverson parurent intéressés par notre suggestion et repartirent du club Garrick plongés dans leurs réflexions.

Si l'on avait encore besoin d'une preuve que Harry avait failli quitter l'armée, elle était là : ses deux conseillers les plus proches envisageaient de passer un marché inédit avec les médias britanniques... Ils pensaient demander à tous les grands groupes de presse du pays de garder un lourd secret face à leurs lecteurs, spectateurs et auditeurs. S'ils pesaient sincèrement le pour et le contre de cette solution, c'était bien qu'ils n'avaient pas d'autre choix concernant la carrière militaire du prince. C'était ça ou rien.

Pourtant, comment le déploiement de Harry aurait-il pu rester secret ? Dès son arrivée sur le front, tous les soldats britanniques d'Afghanistan ou d'Irak l'auraient reconnu et en auraient parlé à leurs familles.

Suite à notre réunion privée du mois de juin, Lowther-Pinkerton, Harverson et le général Dannatt passèrent plusieurs semaines à sonder rédacteurs en chef et producteurs au sujet de leur plan.

Finalement, nous avons été conviés au ministère de la Défense pour un briefing. Toutes les grandes antennes de télévision et tous les journaux nationaux étaient représentés. Tout le monde n'était pas d'accord avec la solution proposée et, en toute sincérité, aucun d'entre nous ne pensait réellement que cela pourrait marcher. Mais on finit par se mettre d'accord : ça valait au moins le coup d'essayer... Suite à ce consensus, le premier journaliste qui aurait brisé le silence pour annoncer le déploiement du prince aurait pris un gros risque professionnel. Non seulement il se serait exposé à la colère de tous ses concurrents, mais il aurait aussi mis la vie de Harry et de ses camarades en danger en attirant l'attention sur la présence du prince au front.

La Society of Editors accepta donc de se taire, à condition de recevoir des photos, des vidéos et des interviews du prince à publier après son retour en Grande-Bretagne.

C'était une stratégie risquée et jamais rien de tel n'avait été tenté dans un pays jouissant de la liberté d'expression. Il semblait que Harry allait enfin être autorisé à servir son pays. Cependant, si le plan ne marchait pas, sa carrière militaire serait terminée.

Fin novembre, les médias avaient fait leur vœu de silence

et Harry se préparait enfin à partir au front. En coulisse, on décida que son premier déploiement se ferait en Afghanistan. Le jeune homme était enchanté de pouvoir enfin mettre son entraînement au service de son pays — son rêve d'enfant allait finalement se réaliser !

CHAPITRE 7

LE VOL
QUI CHANGEA SA VIE

L'opération destinée à rapatrier Harry était à la fois délicate et soigneusement planifiée. On avait tellement réfléchi
à une manière de le faire sortir d'Afghanistan le moment
venu que rien ne fut laissé au hasard.

À l'instant même où la nouvelle apparut sur Internet, fin
février 2008, un hélicoptère Chinook quittait la base du
Camp Bastion et traversait le désert afghan pour récupérer
son précieux passager. Les gardes du corps du prince y
avaient embarqué, après huit semaines passées dans la base
britannique, pendant que Harry était au front. Ils étaient
accompagnés d'une équipe de SAS lourdement armés dont
la mission était de descendre en premier de l'hélicoptère
pour s'assurer que la zone était sécurisée.

En Afghanistan, on organisait rarement de vols à basse
altitude pendant la journée. Les hélicoptères étaient une
cible majeure pour les talibans et, afin de minimiser les
risques, tout le ravitaillement et les sorties non essentielles
se faisaient de nuit.

À la connaissance de l'armée, les insurgés ne possédaient
pas de missiles sol-air. Cependant, dès qu'un hélicoptère
atterrissait en zone de combat ou la traversait à moins de

300 mètres d'altitude, il prenait le risque d'être visé par les tirs de mitraillette et les lance-grenades. Les rares fois où ces vols dangereux étaient effectués de jour, c'était pour des évacuations médicales d'urgence.

On ne comptait plus le nombre de fois où les courageux équipages des Chinook avaient essuyé des tirs ennemis. Peu de temps après la mission de Harry en Afghanistan, un pilote britannique reçut même une balle en pleine tête au moment du décollage, alors qu'il évacuait de nombreux soldats blessés. Les balles de mitrailleuse avaient brisé la vitre du cockpit et la seule chose qui sauva le pilote (ainsi que la mission) fut la monture métallique de ses lunettes à vision nocturne, sur lesquelles la balle ricocha.

Une autre fois, une grenade fut lancée sur le flanc d'un hélicoptère Sea King. Le projectile traversa l'appareil de part en part sous les regards horrifiés des passagers. Par miracle, personne ne fut tué.

Ces incidents montrent bien à quel point il était dangereux d'atterrir au front en pleine journée. Mais, au sein de l'état-major, on jugea que l'intervention était nécessaire, puisqu'il s'agissait de récupérer le Prince Harry. Si les insurgés apprenaient qu'un membre de la famille royale britannique faisait partie des troupes, les attaques auraient été encore plus violentes.

La mission de récupération du prince était certes urgente, mais le commandement souhaitait réduire les risques au minimum. Ainsi, lorsque le Chinook décolla du Camp Bastion, il fut accompagné par un hélicoptère d'attaque Apache. S'il y avait bien une chose qui avait le don de terrifier les talibans, c'était la vue de ces forteresses volantes de 46 millions de livres. Le simple son des moteurs en approche suffisait en général à pousser l'ennemi au fond de ses cachettes.

L'hélicoptère Apache est équipé d'armement de pointe permettant au pilote et à son second d'examiner en détail le terrain pour identifier toutes les menaces. Quand les Chinook atterrissent, les Apache qui les accompagnent restent en vol stationnaire pour guetter les attaques potentielles. Et, si cela arrive, l'Apache peut répondre grâce à son canon et à ses missiles à guidage laser.

Le jour de la récupération de Harry, l'équipe de l'Apache maintint une présence menaçante au-dessus de la zone d'atterrissage et le copilote garda en permanence son doigt sur la détente. Harry et son officier de protection rapprochée furent conduits vers l'arrière du Chinook. Sa large rampe fut abaissée et les passagers reçurent l'ordre de courir le plus vite possible jusqu'à l'appareil. Moins de deux minutes après son arrivée, le Chinook décolla et retourna directement au Camp Bastion, relativement sécurisé, au milieu du désert de la province de Helmand. La partie la plus dangereuse de la mission s'était déroulée sans la moindre fausse note, et tout le monde en fut soulagé.

Pendant ce temps, à Clarence House, les téléphones du service de presse ne cessaient de sonner, tout comme ceux du ministère de la Défense. Les journalistes du monde entier attendaient impatiemment des explications. On avait fini par apprendre que Harry servait son pays en Afghanistan. Toutes les chaînes de télévision, radios, journaux et sites Internet de la planète faisaient circuler le scoop.

L'une des priorités des équipes de presse fut de prévenir tout le monde que Harry n'était plus présent au front. Le plus gros risque, à présent, était que des attaques soient lancées sur les positions britanniques juste parce qu'on soupçonnait le prince d'être encore là, au milieu des autres soldats. Donc, plus vite le palais et le ministère de la Défense feraient savoir que Harry était déjà sur le chemin du retour, mieux cela vaudrait. Fidèle à sa parole, le ministère autorisa aussitôt les médias britanniques à publier les photos et interviews qu'ils avaient collectées en échange de leur vœu de silence.

À l'époque, le Camp Bastion n'était qu'un semblant de

ville accueillant les troupes britanniques et américaines. Chaque jour, sa piste d'atterrissage gérait autant d'allées et venues que l'aéroport de Manchester. Cette base, nichée au milieu du désert, était un havre de sécurité pour les hommes envoyés au front. Là, ils pouvaient savourer des pizzas fraîches, aller à la salle de gym et se reposer en paix. Rien à voir avec ce que Harry avait connu au front.

Dès son arrivée, le prince put prendre une douche et se changer avant de rejoindre ses gardes du corps pour manger un repas chaud, dans l'une des nombreuses salles à manger de la base — il n'avait sans doute pas profité d'un tel luxe depuis des semaines. Mais en dépit du confort et de la sécurité retrouvés, Harry était profondément déçu. Aucun officier n'apprécie de quitter le front en laissant ses troupes sur place.

Un ancien major, qui a connu deux déploiements en Afghanistan, a un jour déclaré :

« Harry était au front avec ses hommes et, en quelques minutes, il dut leur dire adieu et leur souhaiter bonne chance. Le lien que l'on forme dans un tel environnement est unique. On se fie aux gens qui nous entourent, on sait qu'ils feront leur possible pour que l'on reste en vie. On devient très proches les uns des autres et, en tant qu'officier, on se sent particulièrement responsable de ses troupes.

« Lors d'un déploiement de six mois, chaque soldat se voit accorder deux semaines de R & R (repos et récupération) pendant lesquelles il peut rentrer chez lui, revoir sa famille, ses amis, et reprendre des forces. C'est une bonne chose, mais en réalité, ces deux semaines sont souvent très difficiles à supporter. On est ravi de pouvoir passer du temps avec ceux que l'on aime, et pourtant on pense en permanence aux compagnons qu'on a laissés sur place. On espère. On prie pour que rien ne leur arrive. On se sent même coupable de regarder la télé ou de boire un verre avec des amis.

Je pense qu'il est presque impossible de comprendre ce

que l'on ressent dans ces moments-là si on n'en a pas fait l'expérience soi-même. Quand Harry a été emmené loin de ses hommes après seulement deux mois de déploiement, il a subi un choc terrible. Même si tout le monde savait bien qu'il n'était pas responsable de cela, Harry a dû se sentir à la fois coupable, en colère et désespéré quand il a quitté l'Afghanistan...

« Dans son cas, ces sentiments ont dû être accentués par la publicité médiatique qui a entouré l'annonce de son déploiement. Il ne voulait sans doute pas être vu en héros à son arrivée à Londres. Il aurait certainement préféré pouvoir rester tranquille, sans qu'on vienne braquer des projecteurs sur sa tristesse et ses regrets d'avoir dû laisser ses hommes se battre sans lui. »

Pendant ce temps, l'opération de contrôle des médias était peu à peu abandonnée et les journalistes exigeaient de savoir quand Harry rentrerait en Angleterre, ou bien ce que l'on mettrait en place pour son retour. Toutes les unes annoncèrent la « guerre de Harry » avant même qu'il ait quitté l'Afghanistan. Les journaux du dimanche attendaient aussi impatiemment leur part du gâteau en mettant en page des photos et préparaient les interviews qui seraient données dès que l'avion du prince atterrirait à la base aérienne de Brize Norton.

Il était courant, pour les soldats de retour d'Afghanistan, de ne pas rentrer immédiatement au Royaume-Uni mais de faire une escale à Chypre pour ce que l'on appelle la « période de décompression ». Sur la petite île méditerranéenne, ils peuvent se détendre au sein de la base britannique, boire une bière et, s'ils en ont besoin, parler de leurs inquiétudes ou de leurs problèmes. Dans le cas de Harry, l'escale à Chypre offrit au palais un moment de calme plus que nécessaire. Le silence des médias avait été brisé plus vite encore qu'on le pensait. À présent que Harry était en sécurité à Chypre, les services de presse royaux avaient enfin le temps de planifier son retour en Grande-Bretagne.

Dès qu'il arriva à Chypre, Harry annonça clairement qu'il ne désirait pas de retour au pays public, mais il avait bien conscience que l'accord passé avec les médias avant son déploiement avait un coût. On lui expliqua qu'il n'avait pas le choix : il allait devoir se laisser filmer et photographier dès son arrivée. On parla même d'une conférence de presse organisée avant même qu'il quitte la base.

Harry décrivit plus tard les difficultés qu'il eut à remplir sa part du marché avec les médias britanniques. Il savait que la presse avait tenu parole et que, sans sa coopération, les huit semaines qu'il avait passées en Afghanistan n'auraient jamais été envisageables. Mais, d'un autre côté, il était furieux et déçu que sa présence en Afghanistan ait été révélée par les médias étrangers.

Heureusement, Harry était un jeune homme droit, qui honora sa part du marché. Même s'il n'avait absolument pas envie de faire face à la presse avant même d'être de retour chez lui, même s'il était rongé par la colère, il fit bonne figure.

Les membres de la famille royale n'ont pas l'habitude qu'on leur dise quoi faire — et c'est bien compréhensible. Imaginez ce que ce doit être de ne jamais devoir faire la queue nulle part, de ne rencontrer que des gens qui savent qui vous êtes, et qui s'écrasent devant vous. Un jour, quelqu'un a plaisanté au sujet de la reine : à force de n'entrer que dans des lieux refaits à neuf juste avant son arrivée, Sa Majesté devait penser que le monde entier sentait la peinture fraîche.

Quand Harry était encore petit, William et lui assistaient souvent à des concerts de pop avec leur mère, qui tentait de leur offrir une enfance aussi « normale » que possible. Cependant, ils accédaient immédiatement au carré VIP et avaient toujours la chance de rencontrer les musiciens après le concert.

Il suffit de voir les enfants stars d'aujourd'hui pour comprendre à quel point la célébrité et la richesse peuvent avoir un effet dévastateur sur les jeunes. En dépit de son éducation et de sa jeunesse pour le moins uniques, Harry a tout de même réussi à rester plus ouvert et moins exigeant que certains membres de sa famille. Comparé à des stars ou des footballeurs de son âge, c'était un vrai petit saint...

Durant les vingt-quatre heures qu'il passa à Chypre, Harry resta renfermé sur lui-même. Il était incapable de détacher ses pensées des soldats qu'il avait dû abandonner. Il savait qu'il allait devoir passer quatre mois impuissant, craignant de recevoir de terribles nouvelles du front. Quand on est en zone de guerre, l'adrénaline, l'entraînement et les camarades qui vous entourent vous aident à rester sain d'esprit. De retour à la maison et sachant que ses compagnons combattaient toujours là-bas, Harry n'aurait rien d'autre à faire qu'attendre et s'inquiéter.

Durant la fin de l'hiver 2008, la présence britannique en Afghanistan augmenta : plus de 7 000 soldats étaient en poste au front. Chaque mois, davantage de troupes arrivaient dans la province de Helmand tandis que les bases britanniques irakiennes se vidaient progressivement. Ainsi, alors que Harry attendait son vol de la RAF pour rejoindre Brize Norton, la base de Chypre était remplie d'hommes et de femmes sur le point de rentrer chez eux.

À l'époque, les avions qui transportaient les troupes étaient la honte de l'armée britannique. La flotte de jets Tristar autrefois utilisés pour les vols commerciaux de la British Airways avaient été reclassés en 1976 et avaient fini entre les mains de la Royal Air Force. Heureusement, depuis 2008, ces appareils décrépits ont été remplacés. Mais, au moment du retour du Prince Harry, la majorité des soldats devaient rentrer à bord d'appareils qui auraient fait passer Ryanair pour Concorde. Ce fut d'ailleurs à cause de ce mode de transport dépassé que le voyage de retour de Harry allait être un tournant majeur de sa vie.

Le jeune prince était terrifié à l'idée d'affronter une foule de journalistes dès sa sortie de l'avion mais, dès qu'il se fut installé, prêt à passer cinq heures dans l'avion, une chose très importante arriva.

En général, quand un membre de la famille royale prend un avion, il est le dernier à monter et le premier à descendre. Lors de chaque vol commercial, une armée d'employés de la British Airways et des aéroports attend, en gilet jaune et talkie-walkie au poing, pour faire sortir le passager VIP avant même que les autres aient pu défaire leur ceinture.

Ce jour-là, ce ne fut pas le cas. Harry était déjà à sa place quand les deux derniers passagers montèrent à bord. Deux passagers prioritaires, ce qui était inédit pour le prince.

Tout comme Harry, ils venaient de terminer un déploiement au front, et leur séjour en Afghanistan était brusquement écourté pour des raisons indépendantes de leur volonté. Seulement, aucun journaliste ne les attendait pour les accueillir en fanfare comme des héros de guerre.

Non, les deux hommes quitteraient l'avion en premier pour être rapidement installés dans une ambulance, à l'écart des caméras, et conduits immédiatement dans un hôpital militaire. Ces deux hommes avaient fait partie du commando d'élite 40 des Royal Marines et avaient été gravement blessés par une bombe qui avait explosé tout près d'eux.

Celui qui se trouvait dans l'état le plus critique était un jeune Royal Marine apprécié de ses compagnons : Ben McBean. Il avait perdu une jambe et un bras la veille, après avoir marché sur un explosif au sol (un IED, Improvised Explosive Device), lors d'une patrouille. Jusqu'à cet accident tragique, il avait été l'un des Marines les plus populaires, connu pour son sourire lumineux et sa gentillesse. Il était à présent gravement blessé et on ne savait pas si les médecins qui l'attendaient au Royaume-Uni pourraient le sauver.

La vue de ces deux soldats blessés marqua profondément le prince. Il venait de passer dix semaines sur le terrain, mais c'était la première fois qu'il se trouvait face au coût réel de la guerre.

Pour transporter les blessés en état critique, les avions militaires s'équipent de lits d'hôpital. Des équipes de médecins très compétents embarquent avec eux pour stabiliser leur état pendant le vol. Cette fois-ci, les deux blessés restèrent inconscients, mais leur présence suffit à assombrir l'atmosphère. Pour Harry, ce fut sans aucun doute une expérience bouleversante. Dire que c'était lui que le Royaume-Uni considérait comme un héros, pour avoir simplement fait son travail.

Parce qu'il était membre de la famille royale, à cause du hasard de sa naissance, son visage était placardé à la une de tous les journaux. Dès que l'avion atterrirait sur le tarmac de Brize Norton, toutes les caméras seraient braquées sur l'appareil. Pas pour saluer les deux hommes en train de lutter pour survivre, les deux dernières victimes de la guerre d'Afghanistan, mais parce que le troisième héritier du trône rentrait chez lui...

Harry avait l'habitude d'être une sorte d'animal de foire, examiné sous toutes les coutures par les médias. Mais ce jour-là, la simple idée de devoir affronter la presse le rendait malade. Il savait que les soldats qu'il avait dû abandonner au front pourraient très bien rentrer dans le même état. En effet, tandis que l'avion le reconduisait chez lui, en sécurité, les hommes qu'il avait commandés étaient toujours là-bas, sous le feu ennemi. Ils allaient y rester trois mois et demi de plus avant de pouvoir retrouver leurs familles.

À la base de la RAF, dans l'Oxfordshire, le Prince Charles et William attendaient déjà Harry. L'accord avec les médias les obligeaient, eux aussi, à se soumettre au jeu des interviews. Le Prince Charles avait accepté de mauvaise grâce et parla longuement de ce que pouvaient éprouver les proches des soldats qui rentraient du front. Mais si lui était là pour accueillir son fils, on ne voyait pas les familles des deux soldats blessés ; ces deux soldats qui s'engageaient à présent dans une autre bataille, pour sauver leur vie.

Oui, ce voyage en compagnie des deux Royal Marines blessés fut une expérience que Harry ne put jamais oublier.

De manière générale, les membres de la famille royale ont à cœur de rendre hommage aux hommes et aux femmes qui ont sacrifié leur vie pour leur pays. Chaque année, et lors de chaque voyage à l'étranger, ils passent des heures la tête baissée devant les monuments aux morts. Le jour de son retour, en mars 2008, Harry devint le premier membre de sa famille depuis de nombreuses années à avoir vu de lui-même l'impact de la guerre sur ses contemporains.

Aucun de ses proches ne fit jamais un tel voyage. Cela explique certainement pourquoi Harry continue, après toutes ces années, à aider de son mieux ceux qui ont été blessés en servant le Royaume-Uni.

Son travail auprès des enfants et des victimes du sida a été inspiré par les valeurs que sa mère lui avait transmises dès son enfance. Mais son œuvre auprès des militaires et des victimes de conflits armés est née de ce qu'il a lui-même vécu au front, de son exposition directe aux horreurs de la guerre.

Quand il descendit enfin de l'avion à Brize Norton, les images qu'il avait vues continuaient à le hanter. La colère, la frustration et un sentiment d'impuissance se lisaient sur ses traits tirés. Cette expérience avait déjà transformé sa vie. Rien de surprenant, dans de telles circonstances, de l'entendre prononcer des paroles sombres face aux micros tendus vers lui, sur le tarmac.

Quand il s'exprima, ce jour-là, Harry parla à cœur ouvert. On lui demanda s'il se considérait comme un héros. Les yeux fixés sur le journaliste qui avait posé la question, Harry répondit :

— Non, je ne suis absolument pas un héros. Pas plus que tous les autres. N'oubliez pas les milliers de soldats qui sont encore là-bas.

Il parla ensuite de ce qu'il avait ressenti face aux deux soldats blessés, dans l'avion.

— J'ai été choqué, expliqua-t-il. On est toujours bouleversé, quand on pense à ce qui se passe vraiment, là-bas. On peut rester sur place pendant des semaines et ne pas vraiment en avoir conscience. L'un de ces soldats a perdu son bras gauche et sa jambe droite. L'autre a été frappé au cou par un shrapnel. Ils sont tous les deux restés inconscients pendant tout le trajet qui les a ramenés d'Afghanistan. Ce sont eux, les héros. Ces deux hommes ont sauté sur une mine qu'ils n'avaient pas vue, pendant une patrouille de routine. Ils ont été grièvement blessés en servant leur pays.

Ce furent les mots du prince, sur son expérience au combat. Quand on lui demanda quel avait été son propre rôle au front, sa réponse fut tout aussi humble. Il expliqua brièvement son travail de contrôleur qui l'avait poussé à organiser des frappes aériennes, ses patrouilles dans la province de Helmand et les affrontements armés auxquels il avait participé.

— On fait ce que l'on a à faire, ce qui est nécessaire pour sauver nos propres soldats. Si, dans le pire des cas, l'on doit lâcher une bombe, on le fait. Ce n'est agréable pour personne, mais c'est parfois nécessaire pour sauver des vies.

Dès qu'il admit publiquement avoir encadré des frappes aériennes et avoir tué sans remords des insurgés, la sécurité rapprochée de Harry au Royaume-Uni dut être renforcée. Ce prince guerrier était devenu une cible de choix pour les terroristes et, aujourd'hui encore, son déploiement en Afghanistan l'oblige à être plus protégé que d'autres membres de sa famille. Mais ce n'est pas ce qui le dérange le plus. Car ce qui lui importe réellement, c'est l'expérience de première main qu'il a retirée de son passage au front, et qui lui a donné une place à part au sein de la famille royale.

Sans surprise, quelques semaines après son retour, Harry et son grand frère se rendirent à l'hôpital militaire de Headley Court, dans le Surrey.

Ben McBean avait été opéré dans les jours qui avaient suivi son arrivée à Brize Norton. Mi-avril 2008, il avait suffisamment récupéré pour être transféré de l'hôpital de Selly Oak, à Birmingham, dans l'environnement plus paisible de Headley Court.

Le jour de leur visite, les deux princes furent conduits au chevet de Ben, et Harry put enfin rencontrer l'un des hommes qui avaient partagé son avion. Ben n'avait bien sûr aucun souvenir du voyage, mais on lui avait raconté à son réveil que le hasard des circonstances lui avait permis d'être remarqué par un membre de la famille royale. Harry admit par la suite qu'il avait été « très ému » de rencontrer Ben, et réconforté d'entendre le jeune homme dire qu'il ne perdait pas l'espoir de recommencer à courir un jour, en dépit de ses blessures.

Après la visite de Harry, Ben se confia au *Sun* :

« J'ai été touché par ma rencontre avec le prince. C'est agréable d'être pris en considération par les autres. À mes yeux, mes blessures ne sont qu'un accroc dans ma carrière, rien de plus. En fait, dès que j'aurai des prothèses, j'ai l'intention de m'entraîner pour le marathon. »

Ben McBean n'a été que l'un des nombreux soldats blessés que Harry rencontra dans sa vie, mais il est devenu le symbole du combat du prince pour venir en aide aux vétérans. En effet, il n'oublia jamais les quatre heures passées dans l'avion, l'estomac noué, à regarder les médecins se battre pour maintenir le jeune Marine en vie.

Les guerres d'Irak et d'Afghanistan ont beau être finies, peu de personnes savent aussi bien que Harry que d'autres batailles personnelles sont encore livrées par les soldats qui y ont participé. Ces deux conflits ont laissé derrière eux une génération d'hommes et de femmes profondément meurtris. Quand Harry a quitté l'armée, il restait déterminé à faire tout son possible pour que ces sacrifices ne sombrent jamais dans l'oubli.

Depuis son retour d'Afghanistan, le prince a revu plusieurs fois son ami Ben, et le jeune soldat se rappelle que Harry l'avait même invité à boire une bière à l'issue de l'un de ses nombreux défis caritatifs.

Quoi que le prince décide de faire, à l'avenir, il est certain qu'il fera toujours de son mieux pour que l'on se souvienne des blessés de guerre.

CHAPITRE 8

LE R & R DE HARRY

On dit parfois que l'absence entretient l'amour. Comme le confirmerait n'importe quel soldat, c'est particulièrement vrai quand on est envoyé sur le front, à des milliers de kilomètres de la personne que l'on aime. C'est une occasion de prendre du recul sur sa vie, et de penser aux êtres chers laissés à la maison.

Pendant ses dix semaines passées en Afghanistan, Harry, comme tout soldat, eut beaucoup de temps libre pour réfléchir à sa relation avec Chelsy, et pour se demander ce qu'il adviendrait de leurs sentiments mutuels.

En réalité, leur histoire passionnée s'était quelque peu essoufflée à cause des longues semaines de séparation, bien avant que le prince puisse enfin partir au front. Depuis leur rencontre, les jeunes amoureux n'avaient pu partager que des vacances exotiques (safaris au Botswana, remontée de rivières en Namibie ou encore séjour au Mozambique avec la famille Davy). Ils n'avaient jamais eu l'occasion de passer de ces moments « normaux » qui aident à consolider un couple.

William et Kate, par exemple, avaient pu profiter de quelques années de paix à St. Andrews. Leur amour s'était épanoui dans l'intimité du quotidien, lors de soirées-film sur le canapé, ou devant un plat de spaghettis bolognaise maison. Quand ils avaient décidé de rendre leur relation publique, celle-ci était déjà solide, et c'est sans doute ce qui sauva le couple lors de leur courte rupture de 2007. Mais la romance de Harry et de Chelsy était un tourbillon incessant dès le début.

Une amie de Chelsy mit un jour leur histoire en perspective :

« Ils étaient très amoureux, mais ce qu'ils ont partagé tenait plus de la lune de miel que de la vie réelle. Ils étaient soit sur des continents différents, soit ensemble en vacances. C'était le festin ou la famine pour eux, et Chelsy le supportait assez mal. »

En septembre 2007, Chelsy fut diplômée de l'université du Cap et acceptée pour une formation complémentaire en droit à l'université de Leeds, au nord de l'Angleterre. Harry en fut enchanté : sa petite amie allait enfin vivre et étudier dans le même pays que lui. Certes, elle était encore à cinq heures de voiture de Londres et ce n'était pas idéal, mais c'était toujours mieux que les 9 600 kilomètres auxquels le jeune couple était habitué.

Lorsque Chelsy s'installa dans son nouvel appartement, au cœur de l'élégant quartier étudiant de Leeds, les négociations avec les médias pour envoyer le prince au front battaient leur plein. Harry ne savait toujours pas à quoi s'en tenir tandis que ses conseillers tentaient de trouver un moyen de garder son futur déploiement secret.

À la fin du mois d'octobre de cette même année, l'équipe anglaise de rugby se qualifia contre toute attente pour la finale de la Coupe du monde à Paris, face à l'Afrique du Sud. Les deux jeunes princes, passionnés de rugby, furent invités au match et la première personne à qui Harry proposa de venir fut bien évidemment Chelsy. Seulement, très prise par ses études, la jeune femme préféra rester à Leeds pour travailler.

Harry fut très déçu. Il avait espéré que l'arrivée de sa

petite amie en Angleterre leur permettrait de passer des week-ends ensemble de temps à autre. Mais Chelsy se concentrait sur ses études et lui fit comprendre qu'elle ne le verrait que si c'était lui qui venait la rejoindre.

Des amis du couple m'apprirent que Chelsy se disputait souvent au téléphone avec Harry pendant son premier trimestre à Leeds. L'un se souvient :

« Chelsy était très en colère contre Harry. Elle essayait de travailler sérieusement tandis qu'il n'avait pas grand-chose à faire pendant ce premier trimestre. Des photographes suivaient Chelsy jusque sur le campus, même si le prince n'était pas avec elle, et cela l'exaspérait. Elle montrait souvent sa frustration car tout cela l'empêchait d'étudier en paix, comme n'importe quelle étudiante. À l'époque, des fragilités fissuraient déjà leur couple, et Harry n'arrivait pas à lui parler sans l'énerver. »

Au final, Harry ne put rendre visite à Chelsy qu'une seule fois pendant son premier trimestre à Leeds. Ils se retrouvèrent chez un ami — un cadre peu intime pour un jeune couple. Signe flagrant de leur mésentente, Chelsy décida de rentrer directement en Afrique du Sud pour les vacances de Noël, après son dernier cours du trimestre.

Le jour où Harry apprit qu'il partait en Afghanistan avant la fin du mois, Chelsy était déjà loin, en train de profiter de ses vacances avec son frère et leurs amis sud-africains. Il n'eut donc pas droit à un véritable au revoir avant de quitter le pays pour une mission qui devait initialement durer six mois. Le jour du départ, Harry, nerveux, partit pour Brize Norton. Au même moment, sa petite amie était à plus de 9 000 kilomètres de lui et sirotait des cocktails avec ses proches dans la station balnéaire d'Umhlanga Rocks, au nord de Durban.

Naturellement, Harry en fut très frustré. Comme tout soldat, il aurait voulu serrer sa petite amie dans ses bras avant de la quitter pour la moitié d'une année. Il se retrouva dans l'avion seul, tourmenté par leurs problèmes croissants.

Lorsqu'il rentra en Angleterre, dix semaines plus tard, il avait conscience que sa relation avec Chelsy avait atteint un point de non-retour : c'était quitte ou double. Ils s'étaient parlé au téléphone dès que sa mission le permettait et, si le retour anticipé eut un seul aspect positif pour Harry, c'était bien de lui permettre de retrouver sa petite amie pour essayer de réparer une relation qui s'effritait peu à peu.

Chelsy s'était beaucoup inquiétée pendant le déploiement de Harry. Lorsqu'il arriva chez lui, le 1er mars 2008, elle se rendit immédiatement à Londres pour le retrouver. Leur séparation avait quelque peu ravivé leurs sentiments et Harry était bien décidé à en profiter.

Après avoir obtenu des vacances auprès de son commandant, il organisa une escapade d'une semaine en amoureux et sut immédiatement où emmener Chelsy. Au bout de quelques jours, le couple s'envolait de Johannesburg pour retourner dans l'un des endroits préférés du prince : le Botswana.

C'était là que leur romance s'était épanouie, l'année de leur rencontre. Dans cette région reculée, ils étaient libres de passer du temps en tête à tête, pour partager ce qu'ils avaient vécu pendant leur séparation. Harry put enfin exprimer pleinement la déception qu'a représentée son rapatriement d'urgence. Pour la première fois depuis cet épisode, il oublia un peu ses inquiétudes au sujet de ses hommes restés en Afghanistan.

Chelsy et lui décidèrent de louer une modeste péniche pour passer six jours dans le delta de l'Okavango. Loin de leur quotidien, de leurs soucis et des problèmes qui avaient affaibli leur couple.

Ils dressèrent une petite tente sur le toit de la péniche afin de préserver leur intimité. Les gardes du corps du prince et le capitaine du bateau, eux, dormaient à l'intérieur. Chaque matin, Harry et Chelsy se levaient tard, descendaient sur le pont par une petite échelle d'aluminium et cuisinaient leur petit déjeuner en plein air, sur un petit poêle à gaz. Ils passaient ensuite leurs journées à admirer le décor du delta peuplé de crocodiles, bière à la main et cigarette aux lèvres.

Accompagné d'un photographe, je fus envoyé sur place pour couvrir le voyage de Harry. Nous avons stationné quelques jours près de la frontière namibienne avant de voir le bateau passer. Les amoureux paraissaient détendus, paisibles, ne se doutant pas un seul instant qu'on les photographiait.

Une fois les clichés pris, nous avons repris la longue route de Maun, car la rédaction nous avait donné l'ordre de ne pas gêner le prince. Une fois de plus, il fallait trouver le bon équilibre entre nécessités du reportage et souci de discrétion. J'appelai Clarence House pour les prévenir de notre présence et promettre de ne pas publier les photos avant vingt-quatre heures afin d'éviter un afflux de journalistes au Botswana.

J'étais heureux de voir que le jeune couple, que j'avais suivi pendant plus de trois ans, se retrouvait enfin et semblait heureux. Mais pour combien de temps encore…

D'après les amis de Chelsy, la jeune femme avait déjà conscience que cette histoire avait peu de chances de tenir la durée. L'un d'entre eux me dit :

« Chelsy était encore très attachée à Harry, mais le problème de son statut royal pesait toujours entre eux. Harry et elle partageaient le même amour de l'Afrique et du grand air mais, au fond d'elle, Chelsy n'avait aucune envie de devenir la nouvelle Kate Middleton. Elle tenait à sa liberté et n'était absolument pas prête à endosser le rôle de princesse, avec toutes les contraintes que cela implique.

« Les vacances qu'elle passa avec Harry au Botswana, sans hôtels cinq étoiles ni séances de bronzage au bord d'une piscine, lui ressemblaient davantage. Elle était africaine corps et âme, et était parfaitement heureuse de dormir à la belle étoile et de boire une bière à la bouteille. D'une certaine manière, c'est d'ailleurs cela qui plaisait tant à

Harry : la seule chose qui allait les empêcher de passer leur vie ensemble. »

Alors que tous les proches de Chelsy sentaient que sa relation avec le prince battait de l'aile, ce voyage de mars 2008 au Botswana rapprocha étrangement le couple.

Le même ami ajouta :

« Passer du temps seule avec Harry fit comprendre à Chelsy à quel point elle l'aimait encore. Elle était flattée de le voir aussi attentionné avec elle. Aux yeux du monde, Harry était un prince et un soldat ; mais pour Chelsy, il ressemblait plus à un chiot en mal d'amour qui vénérait chaque journée passée avec elle. Il était toujours gentil avec elle, s'assurait qu'elle allait bien et la faisait rire avec son humour enfantin.

« Si les choses avaient pu continuer ainsi, ils auraient sans doute fini par se marier et s'installer ensemble. Néanmoins, ces moments de bonheur étaient devenus l'exception à la règle. En Angleterre, Chelsy se consacrait à ses études pour devenir avocate et Harry était très occupé par sa carrière militaire et ses devoirs de membre de la royauté. »

Quand Harry rentra du Botswana, il était heureux d'avoir pu retrouver Chelsy, mais le poids de son statut le hantait toujours. Et, s'il avait besoin qu'on lui rappelle les difficultés qui venaient avec son titre de prince, un grand choc l'attendait à son retour. William et Harry étaient sur le point d'être emportés dans un nouveau scandale qui allait faire les gros titres.

Cette fois, c'était une étrange décision de William qui allait leur attirer des problèmes.

Le retour prématuré de Harry, après son déploiement, lui permit d'assister à l'enterrement de vie de garçon de son cousin Peter Phillips, sur l'île de Wight. Quel meilleur moyen d'oublier ses soucis que passer un week-end arrosé entre garçons pour célébrer le mariage à venir du fils de la Princesse Anne ?

Peter Phillips, frère de la cavalière olympique Zara et ancien joueur de rugby, avait toujours été proche de ses cousins William et Harry. Quand ils étaient enfants, ils passaient souvent des week-ends et des vacances ensemble, explorant les couloirs et jardins des nombreuses résidences de la reine.

Proches en âge et partageant le même amour du sport, Peter, William et Harry ont tous les trois grandi dans un milieu privilégié. Cependant, bien que Peter soit également l'un des petits-fils de la reine, la Princesse Anne a décidé de ne pas élever ses enfants comme un prince et une princesse. Peter et sa sœur Zara sont toujours présents dans l'ordre de succession, mais ils ont pu mener une vie relativement normale et éloignée des médias, contrairement à William et Harry.

Ce qui différenciait nettement le quotidien des trois jeunes hommes, c'était que Peter n'était pas protégé en permanence par des gardes du corps. Il bénéficiait de mesures de sécurité, bien sûr, mais pouvait se déplacer seul, sans être escorté par la police. Les seules fois où il apparaissait à la télévision ou dans les journaux, c'était à l'occasion d'événements familiaux majeurs : mariages ou fêtes de Noël traditionnelles avec la reine.

Il fut donc enchanté d'apprendre que William et Harry seraient tous deux présents à son enterrement de vie de garçon. Ses vingt-cinq amis les plus proches l'emmenèrent sur l'île de Wight pour trois jours de boisson, cricket, voile et encore de boisson. Les organisateurs avaient même commandé des polos en hommage au « dernier week-end de liberté » de leur ami. Parmi les invités, on retrouvait aussi le petit ami de Zara : le champion de rugby Mike Tindall.

Le groupe avait réservé dans un hôtel du célèbre port de Cowes, à deux pas des bars et restaurants de la ville. Peter et ses amis devaient arriver sur l'île le vendredi, à midi, et avaient réservé à l'avance leurs places pour le trajet de deux heures de train depuis Londres.

Les détails du voyage avaient été tenus secrets, de peur que la presse se précipite pour assister à l'enterrement de vie de garçon de l'un des petits-fils de la reine.

Néanmoins, j'avais reçu un tuyau et, quand le groupe arriva sur l'île de Wight, nous étions déjà sur place : moi-même, deux photographes et un autre reporter du *Sun*. Nous avions prévu de rester discrets, de laisser les jeunes hommes s'amuser en guettant une opportunité de prendre quelques photos.

L'île était reliée à la côte anglaise par un service de ferries et les touristes qui arrivaient en train n'avaient qu'à sortir de la gare pour monter en bateau.

Nous n'étions encore qu'en avril, mais il faisait étonnamment beau ce vendredi-là. Le soleil baignait le terminal de ferry de Cowes d'une agréable lumière. Nous avons aperçu Peter et ses amis descendre de bateau et s'engouffrer dans des taxis qui les attendaient pour les conduire à une école, en ville. Chaque détail du week-end avait dû être soigneusement préparé, et les organisateurs avaient réservé le terrain de cricket de l'école pour l'après-midi.

Nous sommes restés à distance pour observer les jeunes hommes se préparer à jouer un match. Il était facile de voir Peter, mais il n'y avait aucun signe de William et Harry.

Je ne vis pas non plus leurs gardes du corps, ou les véhicules dans lesquels ils se déplaçaient d'habitude. De toute évidence, ma source avait dit vrai concernant l'enterrement de vie de garçon. Mais où étaient les princes ? Sans William et Harry, l'article n'aurait jamais fait la une. À l'époque, les deux frères bénéficiaient de gros titres flatteurs — William parce qu'il apprenait à piloter des hélicoptères avec la RAF, et Harry parce que son retour d'Afghanistan attisait toujours la curiosité.

Une autre nouvelle attirait la curiosité du public sur les

princes, cette semaine-là. Après plus de six mois d'examen intensif par la Cour de justice de Londres, l'enquête sur le décès de la Princesse Diana venait de se terminer, et le verdict avait été rendu.

D'après l'enquête, Diana était bel et bien morte dans un accident tragique et évitable. La Cour avait démonté une par une toutes les théories du complot. Depuis dix ans, on avait en effet prétendu que Diana avait été assassinée par le gouvernement britannique à cause de sa liaison avec le fils musulman du businessman égyptien controversé Mohamed al-Fayed. On avait aussi soupçonné le beau-père de Diana, le Prince Philip, d'avoir ordonné son meurtre pour venger la famille royale dont la réputation avait été entachée suite au divorce entre Diana et le Prince Charles.

Mais l'enquête avait su démontrer l'absurdité de ces accusations. Après plus de dix ans, les gens allaient cesser d'accuser le gouvernement et la famille royale d'avoir pris part au décès tragique de Diana.

Suite à l'annonce du verdict, Clarence House avait publié un bref communiqué au nom des fils de la Princesse de Galles, pour assurer le public qu'ils acceptaient les conclusions de l'enquête et qu'ils espéraient que leur mère pourrait enfin reposer en paix. À ce moment, je commençai à me demander si William et Harry n'allaient pas finalement renoncer à l'enterrement de vie de garçon de leur cousin. Peut-être préféraient-ils se tenir à l'écart des médias en attendant que l'affaire se tasse.

Nous étions déçus de ne pas les voir, bien sûr, mais nous étions décidés à ne pas nous faire remarquer. Si Peter et ses amis apercevaient des photographes, ils comprendraient que leur secret avait été dévoilé et se sentiraient peut-être obligés de changer les activités prévues pour le week-end.

Nous sommes donc retournés à Cowes en attendant que le groupe vienne passer la soirée dans les pubs du centre-ville. Pour atteindre le centre de la ville depuis le terrain de cricket, le moyen de transport le plus pratique était une petite barge qui traversait lentement l'estuaire, transportant à peine une douzaine d'autos à la fois.

Nos véhicules furent les premiers à embarquer. Tandis que le ferry commençait sa traversée, je sortis de ma voiture pour discuter avec mon collègue. Mais, à la seconde où j'entamais la conversation, je me rendis compte que nous étions observés. Les derniers embarqués sur la barge étaient les Range Rover des gardes du corps des princes. Horrifié, je m'aperçus que le Prince Harry lui-même, assis à l'avant de la première voiture, me dévisageait d'un air sombre. J'avais dévoilé notre présence sans le vouloir et, déjà, les officiers souriaient dans leurs véhicules.

Si William et Harry étaient venus sur l'île de Wight pour se détendre avec leur cousin, la vision d'un correspondant royal risquait de leur faire rebrousser chemin. Malgré mon désarroi, je notais avec satisfaction que notre source était fiable : ils avaient bel et bien rejoint Peter. Hélas, nous allions avoir beaucoup plus de mal à obtenir des photos si les princes étaient en alerte.

Mon travail de correspondant royal s'apparentait à un véritable jeu de cache-cache. Nous savions que les princes acceptaient d'être photographiés de temps à autre, mais il était toujours plus facile d'obtenir de bons clichés quand ils ne se savaient pas épiés. Or, voilà que nous étions tous piégés sur la même barge. Tout ce qu'il me restait à faire était me faire le plus discret possible, et à croiser les doigts.

Une heure plus tard, je m'installai devant un hôtel avec mon collègue, perturbé par cette erreur de débutant. J'envisageais même de monter à bord du prochain ferry pour abandonner toute tentative de reportage. À ma grande surprise, je vis alors une silhouette familière approcher. C'était l'un garde du corps, plutôt amical, que je connaissais depuis plusieurs années. De toute évidence, il avait été envoyé pour nous demander ce que nous comptions faire pendant le reste du week-end.

Dans ce genre de situation, il vaut mieux reconnaître sa défaite et se retirer. Inutile de se mettre à dos les gardes royaux. Je m'excusai donc de m'être montré de manière aussi flagrante sur le ferry et précisai que je n'avais aucune intention de gâcher le séjour des princes. Alors que nous discutions, je sentis que quelqu'un d'autre s'était approché pour nous écouter. L'homme se tenait sur ma gauche, juste en dehors de mon champ de vision. C'était le Prince William.

Son intervention était bien la dernière chose que je souhaitais. Le fils aîné du Prince Charles avait toujours eu des relations tendues avec la presse et il pouvait parfois se montrer peu flexible. S'il était remonté contre nous, ce jour-là, j'allais subir de sévères remontrances de la part du futur roi. Il n'hésiterait pas à me signaler que mon équipe et moi n'étions pas les bienvenus.

Étant donné mes craintes, je fus surpris quand William me salua avec le sourire.

— Bonjour, Duncan ! lança-t-il. Qu'est-ce qui vous amène sur l'île de Wight ? Laissez-moi deviner… La pêche à la ligne ?

De toute évidence, le prince était de bonne humeur et avait opté pour un ton bon enfant. Les choses n'allaient peut-être pas si mal tourner, en fin de compte.

— Disons que j'ai été aussi surpris que vous de me retrouver sur le même ferry, répondis-je d'un ton d'excuse.

William avait bien dû voir à quel point j'avais été horrifié par la situation.

— Que comptez-vous faire ? Qu'est-ce que votre journal va publier, demain ?

Il était déjà 18 heures et nous n'avions que quelques photos de Peter et ses amis en train de jouer au cricket. Ce n'était pas assez pour paraître dans l'édition du samedi.

— Si vous sortez une histoire à propos de Harry et moi,

vous savez très bien ce qui va se passer, reprit William. Dès que le journal sera en vente, des photographes et des reporters par dizaines viendront envahir l'île…

Le prince avait raison, évidemment. Si, comme je le croyais, nous étions le seul journal à être au courant de l'enterrement de vie de garçon, le premier article publié à ce sujet réveillerait le ban et l'arrière-ban. Avant le lendemain soir, une cinquantaine de photographes — au moins — serait là pour guetter les princes. Et, si cela arrivait, William et Harry seraient obligés de rentrer. Et ils me tiendraient pour responsable du fiasco de leur week-end.

— Est-ce que je peux vous demander de ne rien publier dans l'édition de demain ? reprit William. Vous pourrez toujours faire paraître votre article lundi. Harry et moi vous serions vraiment reconnaissants de faire cela pour nous : cela fait si longtemps que nous attendons de pouvoir fêter le mariage de Peter.

Je fus assez surpris. Il m'arrivait souvent de discuter avec William ou d'échanger quelques plaisanteries sans conséquence quand nous nous croisions lors d'événements officiels. Notre relation était cordiale et, si je voulais la conserver telle quelle, j'étais bien obligé d'accepter sa requête. En même temps, le secret sur ce week-end festif finirait par s'éventer et, si je ne publiais rien le lendemain, je prenais le risque de voir un journal concurrent me coiffer au poteau. J'acceptai néanmoins.

— C'est d'accord, dis-je. Vous avez ma parole que je ne publierai rien demain, mais je ne peux pas vous promettre d'être le seul journaliste au courant. Pour l'instant, je n'ai croisé aucune tête connue. Avec un peu de chance, vous pourrez profiter de votre séjour sans être obligés de l'écourter. Y a-t-il autre chose que vous souhaitiez me demander ?

William parut surpris par ma question. Il hésita un instant, étonné que je lui propose davantage. Après quelques secondes de réflexion, il me répondit :

— Je pense que je sais déjà ce que vous allez me dire si je vous demandais de rentrer chez vous. Seriez-vous au moins prêts à rester à distance ? Nous sommes prêts à nous laisser photographier de loin, mais Harry et moi ne supportons pas de voir des flashs fuser de partout.

— Cela ne me pose pas de problème, dis-je. Si vous ou n'importe lequel de vos amis découvrez une photo prise de près, ce week-end, vous avez ma parole qu'elle ne viendra pas du *Sun*. Nous ferons de notre mieux pour ne pas vous gêner. Si nous nous rencontrons par hasard, je vous promets de me retirer. Vous n'avez pas besoin de modifier votre programme pour nous.

William parut sceptique, doutant certainement que je tienne parole, mais il me remercia néanmoins, me serra la main et repartit. Après quelques pas, il se retourna et lança avec un grand sourire :

— Au fait, Duncan. Vous avez bien conscience qu'il ne s'agit pas de *mon* enterrement de vie de garçon, n'est-ce pas ?

Je fus amusé d'entendre William se moquer ainsi des constantes spéculations au sujet de ses fiançailles avec Kate Middleton. Lors de chacune de nos rencontres, je l'ai toujours trouvé agréable et plein d'humour. Je trouve un peu triste qu'il ne montre plus cette facette de sa personnalité en public, depuis qu'il est marié, qu'il a des enfants et qu'il suit son rôle de futur roi.

Nombreux sont ceux qui pensent à tort que William est le frère sérieux, et Harry le plaisantin. Bien sûr, les frasques de son cadet sont une mine d'or pour les tabloïds, mais William est tout aussi capable de plaisanter et de faire preuve d'autodérision. La différence majeure entre les deux princes, c'est que William est l'aîné et que cela l'empêche de se montrer tel qu'il est en public. Cette retenue est sans doute délibérée. Il porte beaucoup plus de responsabilités que Harry et doit se sentir obligé de paraître sérieux face aux caméras. Le risque, cependant, c'est que le public finisse par moins l'aimer à force de le croire trop sérieux.

Bref, nous nous étions mis d'accord et tout était prêt pour que Peter Phillips puisse fêter son enterrement de vie de garçon comme il l'avait prévu. William et moi ne savions pas encore, alors que nous plaisantions dans la rue, que le mal était déjà fait, et que Harry et lui allaient bientôt se retrouver plongés dans un nouveau scandale public.

CHAPITRE 9

SCANDALE ROYAL

— Vous avez écrit que je suis dyslexique ! s'emporta Harry.

— C'est vrai, je l'admets. Êtes-vous en train de me dire que c'est faux, Harry ? répondis-je, sur la défensive.

— Non, mais vous n'étiez pas obligé de l'écrire.

De toute évidence, le jeune prince était en colère et, vu qu'il avait passé toute la journée à boire avec son cousin et leurs amis, je me retrouvais exposé à un règlement de comptes en règle. Jamais encore je ne l'avais vu aussi furieux. On aurait pu croire qu'il était sur le point d'en venir aux mains.

En fait, je pense que Harry saisissait simplement l'occasion de décharger des mois de frustration vis-à-vis des médias. À cause de la presse, il n'avait pas pu partir en Irak, ses moindres problèmes avec Chelsy étaient devenus publics, il avait dû revenir d'Afghanistan plus tôt que prévu, et, quelques jours plus tôt, les conclusions de l'enquête sur la mort de sa mère avaient fait les gros titres dans le monde entier.

Quand j'y repense, il n'y aurait eu rien d'étonnant à ce qu'il cherche à se défouler sur le premier journaliste venu. Cependant, il finit par se montrer si agressif que l'un de ses gardes du corps eut peur de devoir intervenir.

C'était le samedi soir, et nous nous étions croisés sur la terrasse d'un pub de Cowes, sur l'île de Wight. Harry avait passé toute la journée à faire la fête avec son cousin Peter Phillips.

Le groupe d'amis était parti faire de la voile sur un yacht généreusement garni en bière, cidre et alcools en tout genre. Fidèles à notre parole, nous étions restés à l'écart et nous nous étions contentés de prendre des photos depuis la côte.

Puis, environ une heure avant ma confrontation avec Harry, nous nous étions installés dans ce pub pour regarder un match de rugby à la télé. Nous avions laissé nos photographes sur le terrain et restions de notre côté, comme convenu avec William.

Comme je le lui avais promis, le *Sun* n'avait rien publié ce jour-là et les princes avaient pu profiter pleinement de leur escapade festive.

D'ailleurs, nous en avons été récompensés. Lorsque le groupe monta à bord du yacht, Peter fut obligé de s'habiller en marin, une moustache fut peinte sur son visage et une petite poupée en plastique fut attachée à son bras. Ses amis lui annoncèrent qu'il devrait payer une tournée de sa poche s'il perdait la poupée, et le petit-fils de la reine avait donc passé la journée à serrer son précieux chargement dans ses bras. Les photos que nous avions pu prendre étaient grandioses, et nous savions que le bureau serait content du résultat.

Certes, l'accord passé avec William était un coup de poker, mais au fil de la soirée j'eus le sentiment d'avoir fait le bon choix. La seule autre personne qui avait photographié l'enterrement de vie de garçon était un amateur de voile local, qui ne se fit pas prier pour nous vendre ses clichés. Ainsi, nous étions certains de conserver notre exclusivité.

Dans la soirée, je vis néanmoins un garde du corps royal entrer dans le pub où nous étions tranquillement installés, et je sus qu'il était temps de nous éclipser. Il avait été envoyé en éclaireur pour s'assurer que la voie était libre avant l'arrivée des princes. Dès que je l'aperçus, je vins à lui pour lui annoncer que nous allions partir.

— Tout va bien, lui dis-je. On regardait juste le match de rugby, mais nous trouverons un autre bar, si le groupe vient ici.

L'officier nous remercia et nous précisa que les princes étaient reconnaissants de notre bonne volonté.

Quand nous sommes sortis, la rue était pleine de jeunes éméchés, portant tous fièrement leurs polos bleus. Je m'écartai pour les laisser rentrer et vis l'officier de police avec qui j'avais parlé la veille, lors de ma rencontre avec William. Nous avons échangé quelques propos sur le match et, de nouveau, je promis de laisser les jeunes en paix.

Pour moi, la soirée aurait dû s'achever là. William et Harry avaient profité de leur week-end et j'avais une bonne série de photos à ramener pour que la rédaction me laisse respirer un peu. Mais, au moment où je m'apprêtais à saluer le garde du corps, un des amis de Peter sortit du pub.

— Vous êtes Duncan ? me demanda-t-il.

— Oui, mais ne vous en faites pas, je pars.

— Non, venez avec moi ! William est à l'intérieur et il a dit que vous pouviez rester.

Je ne sais pas qui a été le plus surpris : l'officier de police ou moi.

Je lui jetai un rapide coup d'œil et dis :

— Vous en pensez quoi ? J'étais prêt à partir, mais si on m'invite à l'intérieur, je ne peux pas refuser.

L'officier se contenta de hausser les épaules. Sans même me laisser le temps de réagir, le jeune homme m'entraîna dans le pub et je me retrouvai entouré par les amis de Peter. On me demanda immédiatement ce que je voulais boire.

— Une pinte de cidre, s'il vous plaît, répondis-je, un peu perdu face à ce retournement de situation. Écoutez, les gars, j'ai promis de me tenir à l'écart et j'espère que vous n'allez pas m'attirer des ennuis. Vous êtes sûrs que je peux rester ?

Le grand jeune homme qui était venu me chercher sourit et me tendit deux pintes de cidre.

— Vous pouvez rester tant que vous buvez ça d'un coup. William vous remercie de ne pas nous avoir gênés, mais si vous voulez passer la soirée là, vous allez devoir être aussi soûl que nous. On n'a pas envie que vous écriviez un article sur nous tant que vous n'avez pas bu au moins autant.

Je fus stupéfait par cette exigence. Mais, si c'était là leur condition, j'étais tout à fait disposé à accomplir mon devoir.

Au bout de quelques minutes, je me retrouvai entouré par six amis de Peter qui attendaient tous impatiemment que je boive mes pintes. Ils essayaient certainement de me faire avaler mon cidre assez vite pour me rendre malade. Je comprenais leur stratégie : si je me précipitais aux toilettes pour vomir, je me serais trouvé en mauvaise position pour publier un article sur leur week-end trop arrosé.

Je pris donc une profonde inspiration et me préparai à relever le défi. La première pinte fut vidée en un clin d'œil, mais je regrettais déjà d'avoir commandé du cidre : les bulles se mirent immédiatement à pétiller dans mon estomac.

— La deuxième ! lança l'un des jeunes.

Ils étaient tous morts de rire. Pour ma part, je m'emparai de la seconde pinte et m'appuyai sur mes expériences passées de joueur de rugby pour contrôler ma respiration. Ce ne fut pas sans fierté, je dois bien l'admettre, que je vidai mon verre en une gorgée avant de le reposer sur le bar. Mes tortionnaires retinrent leur souffle, attendant de voir si j'allais me précipiter aux toilettes. Je fus surpris d'arriver à dissimuler mon malaise, juste assez pour dire :

— Voilà. À mon tour, maintenant : qu'est-ce que vous voulez boire ?

De toute évidence, mes efforts m'avaient permis de briser la glace et, pendant la demi-heure qui suivit, je restai là, discutant avec les amis de Peter.

L'un d'entre eux me confia :

— On sait que vous travaillez pour le *Sun*, mais Peter est vraiment un type bien et on essaie simplement de le protéger. On voulait être sûrs que vous n'alliez pas écrire des méchancetés sur lui. C'est vraiment un bon ami et il ne mérite pas qu'on raconte des horreurs à son sujet.

Grâce à ces explications, je commençais à comprendre pourquoi ils avaient tant tenu à me faire boire. Ils veillaient sur leur ami et m'avaient vu comme une menace. Cela m'aida à me sentir un peu plus à l'aise et je leur promis de ne pas être méchant en écrivant mon article. Il était évident que ces jeunes connaissaient Peter depuis très longtemps. Et plus je passais de temps avec eux, plus j'appréciais leur compagnie.

— Alors, comment s'est passé le week-end ? leur demandai-je.

— C'était fantastique, répondit l'un d'entre eux. William et Harry ont été super. Ils ont su donner le ton dès qu'ils sont arrivés en hélicoptère, vendredi.

Un hélicoptère, songeai-je en silence. C'était donc pour cela qu'ils avaient raté le match de cricket et que je ne les avais pas vus à la descente du ferry.

Mon nouveau compagnon ajouta :

— Oui, ils sont venus de Londres dans un Chinook. William pilotait et il est passé prendre Harry chez lui.

Jusque-là, je n'avais pas su comment les princes étaient venus sur l'île. Hélas, avant de pouvoir réfléchir à ce que je venais d'apprendre, l'un des garçons changea de sujet :

— Vous avez vu l'entonnoir de Harry ?

Je ne savais absolument pas de quoi il parlait. Il m'expliqua que Harry s'était promené partout avec un entonnoir en plastique relié à un petit tuyau souple depuis son arrivée.

— Il nous fait boire à l'entonnoir, c'est vraiment drôle.

Je n'ai jamais réussi à savoir si Harry avait apporté son appareil improvisé avec lui ou s'il l'avait vu entre les mains d'un autre invité et avait décidé de s'en servir. Quoi qu'il en soit, quelques instants plus tard, je me retrouvai à l'arrière du pub, agenouillé, avec le bout du tuyau dans la bouche pendant que les garçons versaient une pinte entière de cidre dans l'entonnoir.

Je n'étais pas en état de boire davantage, et encore moins de cette manière. Versé à travers le tuyau, le cidre descendait directement dans mon estomac et j'eus toutes les difficultés du monde à ne pas vomir.

Le groupe se moquait allègrement de moi. À un moment, j'aperçus Harry debout, un peu à l'écart, une cigarette à la main. Contrairement à ses amis, il ne souriait pas. Il avait l'air très contrarié de me voir dans le pub et je me sentis mal à l'aise de venir gâcher la fin de son week-end. Je me relevai et lui demandai s'il voulait que je parte. Il paraissait furieux. Je compris tout de suite que quelque chose n'allait pas. Peut-être qu'en cherchant à apaiser les craintes des amis de Peter, j'avais envahi l'espace personnel de Harry. Seulement, l'alcool me poussa à lui faire face plutôt qu'à me retirer.

— Désolé, dis-je. On m'a assuré que je pouvais rester, mais si vous voulez que je m'en aille, dites-le.

Les gardes du corps de Harry, seules personnes encore sobres dans le pub, se tenaient près de lui. Depuis le début du week-end, la nouvelle de la présence des princes s'était répandue en ville, et la salle s'était lentement remplie d'habitants curieux. Beaucoup criaient le nom de Harry, de loin, et tentaient de prendre des photos avec leurs téléphones. Je songeai qu'il devait subir cela à chaque fois qu'il sortait boire un verre. Ça devait vraiment être insupportable, à la longue, d'être reconnu partout où l'on allait — surtout quand tout le monde se permettait de vous interpeller.

— Harry, si vous avez un problème avec moi, c'est le moment où jamais d'en parler, insistai-je. Pourquoi êtes-vous si fâché ?

Je n'aurais jamais pu prévoir ce qui allait se passer et,

malgré tout ce que j'ai connu dans ma carrière, cette soirée restera toujours gravée dans ma mémoire.

Les gardes du corps de Harry, inquiets de voir tant de monde sur la terrasse arrière du pub, nous entraînèrent dans un recoin plus isolé. Sur un bout de trottoir, entre le mur du pub et un gros van garé dans la rue, les officiers purent monter la garde et retenir la foule de plus en plus excitée qui tentait de s'approcher.

Alors que nous nous dévisagions dans cette retraite improvisée, Harry lança :

— Vous avez écrit des histoires blessantes à mon sujet, ces derniers temps.

Je cherchais vainement à comprendre de quel article il parlait. Des histoires blessantes ? Au contraire, quelques semaines auparavant, nous avions affiché « Harry le héros » en une, et plusieurs pages du journal traitaient de son départ d'Afghanistan, débordant d'éloges sur son courage et sa dignité lors de son retour anticipé.

Il devait certainement savoir que c'était en partie grâce au *Sun* que ses conseillers avaient mis en place l'accord qui lui avait permis de partir au combat.

De plus, en ce qui concernait l'annulation de son déploiement en Irak, ne savait-il pas que nous avions accepté de passer sous silence les menaces qui avaient finalement été publiées par un concurrent ?

Certes, nous avions publié une image de Chelsy et lui au Botswana, mais nous ne les avions pas suivis et nous avions prévenu le palais que nous tenions à ne pas gâcher leurs vacances bien méritées.

Au vu de tout cela, je trouvais injuste son accusation. Il n'avait aucune raison d'être en colère contre moi ou mon journal.

En dépit de ce qu'il avait dû boire dans la journée, le prince se lança alors dans une énumération des articles écrits à son sujet au cours des mois précédents. Je fus estomaqué de le voir lister chaque parution en détail, comme s'il venait de les potasser avant de me faire face.

Heureusement pour moi, tous les articles qu'il mentionna avaient été écrits par des concurrents. Je fus donc à même de me défendre de chaque accusation en lui rappelant que je n'étais pas l'auteur de ces papiers, et que ces histoires n'étaient pas parues dans le *Sun*. Finalement, Harry aborda un article que j'avais en effet écrit concernant sa dyslexie.

Quelques mois plus tôt, il était parti pêcher avec l'ancien présentateur de *Top Gear*, Jeremy Clarkson. Ils s'étaient croisés en vacances à la Barbade et avaient passé une journée ensemble en bateau pour pêcher le long des côtes. Pendant cette sortie, Harry avait parlé à Clarkson de sa dyslexie, oubliant peut-être qu'au-delà de sa carrière télévisuelle, Clarkson était aussi rédacteur au *Sun*. À son retour, Clarkson écrivit un article sur sa journée passée avec le prince et on me demanda de glisser quelques lignes sur cette histoire de dyslexie dans le même numéro.

Je fus soulagé de voir Harry rassuré par mes réponses. Il s'excusa même de s'être laissé emporter. Visiblement, il se sentait mieux après s'être déchargé de sa colère. Nous avons continué à discuter plus posément pendant une bonne demi-heure, évoquant l'enquête au sujet de la mort de sa mère, son séjour en Afghanistan et ses espoirs concernant la suite de sa carrière militaire.

Ce qu'il me dit ce soir-là était bien trop personnel pour être rendu public, mais cela me fit mieux comprendre qui était réellement le jeune prince. De toute évidence, il se sentait pris au piège de son statut royal. Il semblait déchiré entre les responsabilités qui pesaient sur lui et son désir d'être un simple officier de l'armée, capable de boire un verre en paix dans un bar et de gagner le respect de ses hommes par ses seuls mérites.

Ses confidences me permirent de mieux le connaître, et me rappelèrent que les célébrités qui font les gros titres ne sont que des gens normaux vivant dans des circonstances exceptionnelles. Harry avait peut-être appris à vivre comme une bête de foire, une curiosité populaire, mais il restait très sensible à ce que l'on écrivait sur lui ; surtout quand c'était inexact ou injuste.

Pour finir, je le remerciai de m'avoir laissé la chance de me défendre, et lui serrai la main. Je retournai ensuite à mon hôtel, l'esprit absorbé par tout ce qu'il m'avait confié.

Aujourd'hui encore, je respecte toujours Harry pour avoir su défendre ses intérêts, mais aussi pour avoir été capable de reconnaître qu'il avait été injuste avec moi. Notre longue conversation avait éclairci la situation et m'avait permis de me rapprocher de l'homme dont j'étais chargé de suivre les moindres faits et gestes.

Le lendemain, je parlai de ma soirée à mon rédacteur en chef, omettant volontairement les détails de la discussion de peur qu'il m'ordonne de les publier et de trahir la confiance de Harry. J'écrivis mon article concernant l'enterrement de vie de garçon et le bureau fut ravi de recevoir les photos de Peter sur le yacht, profitant de son « dernier week-end de liberté ».

Sur le ferry qui nous reconduisait en Angleterre, le lendemain, je reçus un appel du directeur de communication de Harry, à Clarence House. Il avait entendu parler de mon « agréable conversation » avec le prince et voulait s'assurer que je n'avais pas l'intention de publier l'intégralité de notre échange.

Dans des moments comme cela, un reporter se doit de jouer le jeu de la coopération. Mon travail m'engageait à révéler les informations que le public était en droit de connaître, mais, en même temps, il était dans l'intérêt de mes reportages que je reste en bons termes avec le palais.

Ce fut à cet équilibre délicat que je songeai quand je fis la liste de tout ce que j'avais appris pendant le week-end. Je trouvais normal de ne pas diffuser les détails de ma discussion avec Harry, mais je ne pouvais pas ignorer une information capitale qu'avaient laissé échapper les amis de Peter, au pub.

L'arrivée de William et Harry en hélicoptère Chinook de la RAF était clairement problématique. Ces appareils coûtent plusieurs milliers de livres à l'heure, et, comme ils appartiennent à l'armée, ce sont les deniers publics qui financent leur entretien.

Après avoir téléphoné au ministère de la Défense, nous étions certains que les deux frères étaient bien arrivés à bord d'un Chinook, le vendredi après-midi. William avait décollé de sa base de la RAF et avait volé jusqu'à Londres pour atteindre la caserne de Harry. Les deux princes avaient ensuite atterri sur un petit aérodrome de l'île de Wight, s'épargnant ainsi trois ou quatre heures de voiture et la traversée en ferry. Leurs gardes du corps, eux, avaient dû conduire jusqu'à l'île, voyage une fois encore financé par le contribuable.

Avant même de coucher cette histoire sur le papier, je sus que les princes seraient vertement tancés par le public. La dernière fois que Harry était monté dans un Chinook, c'était pour quitter le front en Afghanistan. Cette fois, il l'avait fait pour aller passer du bon temps à l'enterrement de vie de garçon de son cousin.

Voici un exemple classique d'arbitrage qu'un journaliste doit faire, dans son travail. Nous n'avions aucun droit de cacher au public ce gâchis d'argent et je fus contraint d'ignorer mes sentiments personnels, suite à ce fameux week-end. Au final, il fut décidé que nous publierions un article sobre, au bas d'une page intérieure. Hélas, dès le lendemain, la nouvelle des « abus » de William et Harry s'étalait sur les unes du *Mirror* et du *Daily Mail*.

Pire encore, on apprit que William avait effectué plusieurs vols personnels pendant son entraînement de pilote à la RAF, dans le New Hampshire. Bien entendu, il devait effectuer des heures de vol en Chinook pour apprendre à piloter, mais ses instructeurs et lui avaient clairement fait quelques choix peu judicieux concernant les destinations de vol choisies.

Un jour, William avait volé jusqu'au domaine privé de la reine à Sandringham, Norfolk; ou encore chez son père, à Highgrove dans le Gloucestershire. Une autre fois, il avait atterri dans un champ du Berkshire, près de la maison de famille de sa petite amie. Enfin, William s'était même envolé pour assister à un mariage privé dans le Northumberland, au nord de l'Angleterre. Face à ces révélations, le public eut clairement l'impression que le prince avait transformé sa formation à la RAF en service personnel d'hélicoptères taxi.

Au final, on estima que tous ces vols avaient coûté plus de 86 000 livres au contribuable. Face à la colère du public, Clarence House fut contrainte de publier des excuses au nom de William. Quelques semaines plus tard, lorsque tous les détails concernant ces « vols de convenance » furent publiés, on apprit que le commandant de William n'avait pas eu connaissance du but réel de son vol sur l'île de Wight. Plusieurs officiers furent mis en cause et William lui-même dut prendre sa part de responsabilité dans l'affaire.

Un porte-parole du ministère de la Défense annonça :

— Nous pensons que ces erreurs ont été commises par naïveté. Personne n'avait l'intention de tromper qui que ce soit.

Un membre de l'équipe de Clarence House ajouta :

— Le Prince William assure qu'il n'a jamais pensé à mal et qu'il prend ses responsabilités pour ce qui s'est passé.

Ce fut l'un des rares scandales impliquant directement William. D'ailleurs, le fait que son frère ait été indirectement impliqué parce qu'il l'avait accompagné à l'enterrement de vie de garçon dut l'attrister.

Plus tard, une source au palais revint sur cet épisode fâcheux et me confia :

« C'était vraiment une histoire bête qui aurait pu — et aurait dû — être évitée. William ne commet en général pas ce genre de faute de jugement et son impair provoqua un vrai scandale sur le moment. Cependant, les critiques prononcées à l'encontre de Harry étaient injustes, et William était vraiment désolé d'avoir entraîné son frère avec lui. En réalité, les deux frères auraient dû rejoindre l'île de Wight en voiture, de peur d'être épinglés par la critique. Ce scandale a beaucoup appris à William et, pendant le reste de son entraînement à la RAF, il n'a plus jamais commis de telles erreurs. »

Il aurait été facile de prétendre que William et Harry ne se souciaient pas outre mesure de ce genre de critiques. Mais, comme Harry me l'avait prouvé sur l'île de Wight, les deux frères avaient en fait beaucoup de mal à supporter les jugements sévères du public.

Au fil du temps, j'eus parfois l'impression que leur réputation faisait toujours un pas en avant et deux en arrière. Quelques jours à peine avant l'épisode de l'enterrement de vie de garçon, les princes s'étaient rendus à Headley Court pour rencontrer des soldats blessés, dont Ben McBean. Les médias les avaient alors encensés. Cependant, leur mésaventure leur rappela que la moindre erreur suffirait toujours à attirer sur eux la colère du public. Naître membre de la famille royale apporte de nombreux privilèges, mais on paie également chaque faux pas au prix fort.

Bien que le rôle de Harry dans ce nouveau scandale ait été minime, cela ne l'empêcha pas d'être très contrarié. Après son retour d'Afghanistan, il souhaitait simplement se détendre et se faire oublier, mais il ne se passait pas une semaine sans que les journaux s'intéressent à lui.

Peu de temps après son week-end à l'île de Wight, il décida pourtant de mettre son statut royal au service d'une bonne cause. Puisqu'il avait du temps de libre, il se concentra de nouveau sur sa chère fondation pour aider les victimes du sida. Il passa les deux mois suivants à organiser un voyage qui allait mettre de nouveau en lumière le calvaire que subissaient les enfants oubliés du Lesotho.

Chapitre 10

LE LESOTHO

Un correspondant royal bénéficie en général d'une relation privilégiée avec les membres de la famille qu'il a pour mission de suivre. Contrairement aux stars du show-business, aux célébrités, aux hommes politiques ou aux chefs d'entreprise qui s'affichent dans les pages des magazines à certains moments de leur carrière, un membre de la famille royale sera observé de près tout au long de sa vie.

Les personnages publics vont et viennent. Nombre d'entre eux naissent dans l'anonymat, deviennent célèbres, puis voient leur succès s'effriter à la fin de leur vie. Mais Harry, depuis sa conception jusqu'à sa mort, restera une curiosité mondiale.

Ainsi, il est inévitable qu'un correspondant royal rencontre régulièrement des gens séduits par le « bad boy » de Windsor, fascinant les foules. Quand le public pense au Prince Harry, il pense surtout à ses écarts de conduite, à son côté fêtard, son faible pour les belles femmes et à son sens de l'humour rafraîchissant. Ce sont ces caractéristiques qui lui confèrent sa popularité. Son évolution impressionnante depuis la fin de ses études lui a fait gagner le cœur de millions de personnes dans le monde entier.

Son histoire est parsemée de faux pas et d'erreurs, comme

autant de pépites de chocolat sur un cookie. Je dis « pépites de chocolat » car le public semble penser que cela rend le prince encore plus savoureux, lui donnant une image de jeune homme imparfait au grand cœur. Il est vrai que, plongés dans une société qui érige la célébrité en culte, nous avons du mal à nous attacher à une personne qui ne montre aucune faille. Nous aimons que les stars commettent des erreurs, qu'elles mènent les mêmes combats que nous. Sans cela, comment nous identifier à ceux dont la vie intime est décortiquée par les journaux et les magazines ?

En réalité, je doute que Harry ait jamais bu autant que les jeunes hommes de son âge. Il se rend probablement à moins de fêtes que la moyenne et sa liste d'ex-petites amies doit paraître modeste face à celle d'une star du football ou de télé-réalité. Alors, pourquoi a-t-il une telle réputation ? Pourquoi est-ce qu'une simple recherche Google sur « Prince Harry alcool » atteint 166 000 résultats en français et 628 000 en anglais ?

Sa réputation trouble est surtout née des deux années qui ont séparé sa sortie d'Eton et son entrée à Sandhurst. Pourtant, cette période qu'il a semblé perdre en fêtes et en voyages lui a aussi apporté une des expériences qui ont le plus façonné sa vie.

Pendant deux mois, durant sa longue « année sabbatique », Harry a vécu au Lesotho. Il a exploré ce petit royaume et a constaté en direct les dégâts de l'épidémie qui a semé le chaos dans ce pays, l'un des moins connus au monde. Le plus gros de ce voyage s'est passé à l'écart des caméras. Harry a visité des orphelinats, des centres médicaux et a rencontré des volontaires venus lutter contre la pandémie de sida qui a contaminé le tiers de la population du Lesotho.

Cette expérience, censée être un court interlude au milieu de ses autres voyages, a eu un impact très profond sur le jeune prince. Lors de ce séjour, en 2004, Harry a connu une épiphanie qui l'influence encore aujourd'hui.

Il est arrivé au Lesotho à dix-neuf ans, ne désirant qu'une chose : en apprendre plus sur la vie de tous ces gens nés dans des conditions si différentes des siennes. Au final, il en est reparti transformé à tout jamais. Ce fut à ce moment qu'il décida de se servir de sa notoriété et de son statut royal pour attirer l'attention des médias internationaux sur le triste destin des « enfants oubliés du Lesotho ».

Si le jeune Harry avait besoin de voir l'horreur pour décider d'agir, alors malheureusement le Lesotho avait tout ce qu'il fallait pour le choquer. Petit pays oublié enclavé dans l'Afrique du Sud, le Lesotho offre des paysages splendides, de collines et d'immenses plaines qui en font, à première vue, un paradis africain. Ses petits villages et ses fermes isolées lui donnent des airs de décors hollywoodiens. Seulement, quelques heures à peine après son arrivée, Harry commença à voir la sombre partie cachée.

Le manque d'information concernant le VIH avait causé tellement de malheur à ce pays que ses habitants voyaient leur espérance de vie réduite à trente-trois ou trente-quatre ans. Le Lesotho était l'un des pays les plus touchés de la planète par cette épidémie. Et, la prévention étant très peu voire pas du tout présente, la situation risquait encore d'empirer.

Harry fut immédiatement choqué par la « génération manquante » de dix-huit à trente-cinq ans. De nombreux enfants, pour la plupart orphelins, étaient livrés à eux-mêmes dans les rues après la mort de leurs parents.

Le contraste brutal entre la beauté du pays et l'omniprésence incontrôlable du virus mortel sauta aux yeux du jeune prince. Lors du premier jour qu'il passa sur place, Harry visita la campagne, les petits villages et les huttes de terre dans lesquelles vivent de nombreux habitants de la région. Tandis que les plus gros villages possèdent parfois des épiceries improvisées, une station d'essence ou un commissariat de police, tous les hameaux que le prince parcourut avaient d'immenses cimetières bordant d'importantes entreprises de pompes funèbres. Le virus était si répandu que les services funéraires étaient la seule économie vraiment florissante du pays.

Le prince se joignit à un groupe de volontaires sur place et rencontra quelques personnes victimes de ce désastre sanitaire. Il vit de nombreux orphelins pendant son séjour, mais ce furent deux jeunes enfants qui le bouleversèrent particulièrement.

Le premier était une petite fille de dix mois, dont s'occupaient des infirmiers volontaires, dans des conditions atroces, à deux heures de Maseru, la capitale. L'un des bénévoles montra le bébé à Harry, dans son berceau, et lui raconta son horrible histoire. Ses yeux sans émotions restèrent fixés sur le plafond pendant tout le récit. L'enfant avait été violée par son beau-père si brutalement que les médecins avaient dû lui retirer l'utérus. Son traumatisme était déjà gravé dans ses traits enfantins, qui auraient pourtant dû refléter l'innocence de son âge. Elle avait été infectée par le VIH, tout ça parce qu'une partie de la population pensait alors qu'un homme pouvait se débarrasser de la maladie en ayant des rapports sexuels avec un bébé.

Plus tard, au cours de son séjour, Harry décida de se faire filmer avec la fillette pour attirer l'attention sur les souffrances inhumaines des enfants du Lesotho. Assis sur une couchette, on le voit tenir la petite dans ses bras, bouleversé, tandis qu'il raconte leur rencontre au reporter d'ITV Tom Bradbury :

« Elle était allongée là, elle regardait le plafond sans la moindre expression. Elle n'arrivait même pas à pleurer. On parvenait à peine à la nourrir. C'était atroce, surtout quand j'ai regardé la vidéo qui a été faite ce jour-là. J'ai vu cette fillette, avec sa tête dans le creux de mon bras. Elle était incapable de bouger, de faire un bruit ou de sourire. Elle n'avait plus aucune émotion. On avait l'impression qu'elle avait conscience de ce qui lui était arrivé. Si je le peux, j'aimerais l'aider quand elle grandira. »

L'autre enfant qui avait profondément ému le prince était un garçon de quatre ans nommé Mutsu. Durant la même interview, à la fin de son séjour de deux mois dans le pays, Harry raconta :

« Lorsque j'ai rencontré Mutsu, il s'est approché en courant et m'a lancé un ballon. Cela suffit à nous faire rire tous les deux. Puis, lors de la séance photo organisée pour la presse, il se tenait près de moi et je lui ai demandé s'il voulait m'aider à planter un arbre. Grâce à l'interprète, il a compris et accepté. À partir de là, il s'est montré adorable, c'est un enfant si gentil. C'est le troisième enfant le plus jeune de l'orphelinat. Il n'a plus de parents. Il peut se transformer en vrai petit diable, par moments, mais tout le monde aime rire avec lui. »

Durant la visite de Harry, la presse fut autorisée à le suivre dans son travail avec les bénévoles pendant une journée. La publicité qui entoura ce reportage officiel eut un impact énorme sur le travail des volontaires sur place. Des images de Mutsu, en train de courir avec ses nouvelles bottes bleues offertes par le prince, furent retransmises au Royaume-Uni et en Afrique du Sud.

Suite à ce succès, Harry décida d'aller plus loin dans son projet. Il proposa à une équipe d'ITV de réaliser un documentaire sur le Lesotho et leur promit en échange une longue interview. Ce fut l'une des premières fois où Harry comprit que son statut royal pouvait lui permettre d'aider les gens. Jusqu'à ce voyage, le prince méprisait profondément les médias — pire, il les haïssait. Mais il commença soudain à comprendre qu'il pouvait s'en servir pour le bien commun.

Les interviews que Harry accorda pendant ce voyage montrèrent bien à quel point il avait été choqué de découvrir les conséquences dévastatrices de l'épidémie du sida.

Jusque-là, les médias n'avaient pas vu l'intérêt de parler

d'un pays que presque personne ne connaissait ; mais, dès l'arrivée du Prince Harry, les journaux et les magazines affichèrent de nombreuses photos des enfants oubliés du Lesotho.

Harry n'ignorait pas que de nombreux membres de la famille royale s'étaient déjà servis de leur image pour aider de bonnes causes. Sa mère était passée maîtresse dans l'art d'attirer l'attention du public en acceptant par moments d'être photographiée ou filmée pendant ses actions humanitaires. Mais, quand Harry parlait de son vécu au Lesotho, cette année-là, il était évident qu'il avait été surpris par ce qu'il pouvait accomplir en acceptant de jouer le jeu des médias.

Dans l'interview accordée lors du tournage du documentaire, Harry raconte les conséquences positives qu'il avait déjà constatées, quelques heures à peine après la séance photo de l'orphelinat. Il révéla aux journalistes que, le lendemain de cette séance, un fermier sud-africain avait passé la frontière pour le rencontrer et lui proposer son aide.

« Il est arrivé et a demandé à me parler. J'ai accepté et il m'a dit que, la veille, il avait regardé la télévision chez lui. À l'écran, il avait vu un membre de la famille royale britannique, un jeune homme de dix-neuf ans qui plus est, qui avait fait le voyage jusqu'au Lesotho pour informer la Terre entière des problèmes que rencontre le pays.

« Bien sûr, il existe de nombreuses manières de régler les problèmes du monde et je suis seulement là pour attirer l'attention des gens. Le fermier m'a dit qu'il avait du mal à croire qu'il avait fallu qu'un membre d'une famille royale qui réside à des milliers de kilomètres de là vienne pour dévoiler la vérité. Il avait été choqué de réaliser que le Lesotho, pays voisin du sien, était dans une telle situation et que l'Afrique du Sud ne faisait rien pour aider. Il nous remercia ensuite de lui avoir ouvert les yeux. »

Sans vraiment s'en rendre compte, le fermier venait, lui aussi, d'ouvrir les yeux du prince sur ce que son avenir pouvait lui réserver. Jusqu'à ce jour, Harry avait été un adolescent en colère, un peu naïf, hanté par le poids de sa naissance qui l'enfermait dans le luxe des châteaux de sa grand-mère comme dans une prison dorée. Mais voilà que le Lesotho lui donnait soudain un but, un destin.

Cet épisode nous aide également à comprendre pourquoi les actions humanitaires du prince ont souvent été tournées vers les jeunes. Il se confiera plus tard :

« J'adore les enfants, sans doute parce que j'ai gardé un côté un peu immature, moi aussi. J'ai toujours aimé les enfants chez moi et, ici, il y a des centaines d'enfants partout : j'ai vu des gamins de huit ou dix ans s'occuper des troupeaux tout seuls.

« Ce que j'apprécie par-dessus tout, ici, c'est que ces enfants ne savent pas qui je suis. Pour eux, je ne suis qu'un homme normal et c'est vraiment agréable. Être considéré comme l'un d'entre eux est un privilège incroyable. Évidemment, dans le fond, je reste très différent d'eux. J'ai eu une enfance qui n'a rien à voir avec la leur, mais je fais tout de même partie de leur groupe : nous parlons et nous rions simplement ensemble. Vous devriez les voir… J'ai mon caméscope et j'ai aussi pris des dizaines de photos. Ils sont tous tellement joyeux quand nous sommes ensemble. »

Ce voyage, fait à dix-neuf ans à peine, allait avoir un tel effet sur Harry qu'il se mit à parler avec candeur du travail humanitaire de sa mère et dévoila pour la première fois une facette cachée de sa personnalité.

Quand on lui demanda, lors de cette même interview, s'il pensait à sa mère quand il était avec ces enfants, il répondit :

« Tout le temps. J'ai toujours voulu faire ce genre de choses. Je n'ai peut-être que dix-neuf ans, mais une partie de moi me pousse à poursuivre l'œuvre de ma mère. Seulement, c'est beaucoup de travail à mon âge. J'essaie de mener une vie aussi normale que possible, de rester simple, avant que les choses deviennent ingérables. Ma mère n'est jamais venue au Lesotho mais elle a beaucoup travaillé dans cette région du monde, et je pense que je tiens beaucoup d'elle. Je suis convaincu qu'elle aurait voulu que nous fassions cela, mon frère et moi. Évidemment, ce n'est pas aussi facile pour William : j'ai plus de temps libre que lui pour aider les autres. Nos vies ont toujours été tracées d'avance et je pense que c'est encore plus vrai pour lui que pour moi. Hélas, ma mère nous a quittés il y a déjà longtemps — aux yeux des autres, pas aux miens. Je trouve vraiment dommage qu'elle ait fait tant de bien autour d'elle et qu'on ne se souvienne pas d'elle pour cela. Beaucoup de gens préfèrent se concentrer sur le négatif, parce que ça se vend mieux que les bons sentiments. Je ne fais pas tout cela aujourd'hui pour changer cet état de fait. Je fais cela parce que je veux le faire, et parce que ma mère aurait voulu me voir ici. »

Cette confidence intime permit au monde de mieux comprendre les projets du prince et son point de vue sur son statut royal. Il était peut-être encore jeune à l'époque, mais ces paroles restent encore d'actualité. Aujourd'hui, on peut considérer ses résolutions comme une profession de foi à laquelle il s'est toujours tenu.

« Je ne suis pas normal, même si j'aurais aimé l'être. Je ne suis pas normal et mon père me le rappelle sans cesse. William et moi ne pouvons pas vivre comme les autres, mais nous vivons dans un siècle nouveau. Nous faisons partie de la famille royale, cependant, nous avons toujours eu des amis pour nous soutenir et nous entourer, ce que les générations précédentes n'ont pas connu. J'ai essayé, nous avons tous les deux essayé de vivre aussi normalement que possible. Je pense que les médias britanniques et ceux des autres pays préfèrent me voir comme un play-boy, un prince fêtard. Mais je ne suis rien de tout ça.

« Je suis un jeune homme qui aime sortir et faire la fête en boîte de nuit. Quelle que soit l'heure à laquelle je rentre chez moi, on va prétendre que j'ai passé la nuit entière dehors et je ne peux rien y faire. Récemment, les journaux ont parlé de mon travail au Lesotho en disant : *Bien essayé, Harry ! Mais est-ce que tu t'es vraiment rangé ?*

« Non, je ne me suis pas *rangé*. J'ai toujours été comme cela. C'est une facette de mon caractère que personne ne voit d'habitude, tout simplement parce que je n'emmène pas un car de reporters avec moi à chaque fois que je vais aider des gens dans d'autres pays. Je suis ce que je suis. Je suis convaincu que je n'ai rien de particulier, mais je peux néanmoins faire des choses — surtout vis-à-vis de la presse. Par exemple, quand j'ai visité l'orphelinat en présence de caméras, nous avons reçu 2 000 livres de dons. Ça a permis de construire une clôture pour protéger tous les enfants qui vivent ici. »

On lui demanda ensuite comment il faisait pour supporter la pression constante qui accompagne son statut et sa célébrité.

« Parfois, cela me contrarie, mais personne ne peut comprendre ce que c'est vraiment, à part mon frère. À cause de ce qui est arrivé à notre mère, nous sommes devenus très proches. Nous subissons le même harcèlement, tous les deux, à des moments différents et pas pour les mêmes choses. C'est difficile. Nous avons des amis, certes, et le public pense : *Tant mieux pour eux, ils arrivent à vivre normalement.* Seulement, les médias répondent : *Non, ils ne sont pas normaux.* Ou : *Ce n'est pas normal, c'est scandaleux !* Et d'autres choses du même genre.

« J'aimerais être capable d'ignorer tout cela, mais, hélas, je n'y arrive pas. Personne ne pourrait y arriver. Oui, c'est dur. Cependant, je ne suis pas ici pour qu'on me prenne en pitié. Je ne réponds pas à cette question pour cela. Je vous réponds honnêtement, c'est tout : William et moi essayons d'avoir une vie normale, c'est très difficile, mais nous sommes ce que nous sommes et on ne peut rien y changer.

« Je commence à atteindre l'âge où je peux vraiment me servir de ma position. Quand j'étais jeune, je ne supportais pas toutes mes obligations. Depuis la mort de notre mère, tout le monde nous reconnaît dans la rue. C'est étrange et un peu gênant, mais, en devenant adulte, je peux enfin utiliser cette célébrité comme ma mère le faisait. Elle n'était qu'une femme normale, qui est devenue cette sorte de reine de cœur en épousant mon père, et elle s'est servie de sa position avec simplicité, pour faire le bien. C'est exactement ce que j'ai l'intention de faire à mon tour. »

Lors de ce voyage, Harry fit vœu d'attirer l'attention du monde sur les malheurs des enfants ; vœu qu'il tient encore à ce jour avec la même ferveur que lors de sa découverte du Lesotho, à la fin de son adolescence.

Peu de temps après son retour, Harry organisa la création de son organisation humanitaire : Sentebale. Depuis le séjour du prince pendant son année sabbatique, la fondation a obtenu des millions de livres de dons pour aider les enfants dont le calvaire avait su bouleverser le prince en 2004. Deux ans plus tard, l'organisation était sur pied et opérationnelle grâce à Harry et au Prince Seeiso du Lesotho. Des soirées de gala, des concerts et des matchs de polo furent organisés dans le monde entier pour lever des fonds. Rien de tout cela ne serait sans doute arrivé si Harry n'avait pas décidé d'explorer ce petit royaume en 2004.

Certes, la fondation a connu des problèmes lors de sa création, mais elle demeure un engagement majeur pour Harry, même après son retour en Angleterre. Le prince a renouvelé son vœu en 2014, dix ans après sa première visite au Lesotho.

Lors d'une interview pendant un match de polo caritatif important à Abu Dhabi, Harry a parlé de nouveau de la création de Sentebale :

« Au début, c'était vraiment peu de chose. [...] Nous étions peu nombreux et nous voulions simplement utiliser les dons pour aider les autres, les enfants, alors que nous ne savions pas vraiment ce que nous faisions. À présent, la fondation existe depuis dix ans. Nous avons fait quelques erreurs et avons appris nos leçons. Nous savons qu'en parlant aux premiers concernés, dans ce cas les enfants eux-mêmes, nous pouvions nous rendre compte de ce que nous arrivions vraiment à faire pour eux. Ce qu'il y a de bien avec le Lesotho, c'est que c'est un tout petit pays : quand on commet une erreur, elle est particulièrement remarquée. Et quand on fait les choses bien, on voit vraiment la situation changer. »

Il admit aussi que la création de son organisation humanitaire a été « difficile à accepter pour beaucoup », mais il promit de poursuivre son œuvre :

« Le Lesotho est un petit pays, sans façade maritime, coincé dans l'Afrique du Sud. Mais, entre autres grâce à notre travail, il a commencé à évoluer, à améliorer certaines choses. Nous avons analysé nos erreurs du début et nous avons compris quoi faire en parlant aux enfants, là-bas. Je pense sincèrement que Sentebale a rassemblé les volontés autour d'une bonne cause. Toute cette aventure a été chargée en émotions mais nous avons réussi à atteindre notre but : lever suffisamment de fonds pour modifier en profondeur la situation du Lesotho. »

Au fil des ans, Harry est retourné dans le petit royaume de nombreuses fois et, bien qu'il soit à présent plus âgé et plus mature, ses sentiments pour les habitants du Lesotho n'ont pas changé. Personne ne fut donc surpris de le voir organiser pour ses hommes et lui une visite sur place après son retour anticipé d'Afghanistan, en 2008.

En juillet, cette année-là, les supérieurs militaires de Harry acceptèrent qu'il emmène vingt de ses hommes au Lesotho pour reconstruire une école pour enfants handicapés et apporter leur aide à plusieurs projets soutenus par Sentebale. Les médias furent également invités pour suivre les travaux de la fondation et en apprendre plus sur tout ce que les équipes accomplissaient sur place. Cette invitation n'avait rien d'inhabituel et la plupart des médias britanniques envoyèrent des reporters faire les douze heures d'avion jusqu'en Afrique du Sud et conduire ensuite une heure jusqu'au Lesotho pour couvrir l'événement. Mais ce voyage n'allait pas être aussi conventionnel que ce que tout le monde pensait.

Les membres importants de la famille royale organisent toujours méticuleusement leurs voyages pour offrir aux médias un peu de grain à moudre et attirer l'attention sur des causes importantes. Accompagner le Prince Charles, par exemple, signifie pour les médias des visites de forêts vierges, de centres de protection de l'environnement et d'autres projets de développement durable. Le futur roi profite souvent de ses déplacements pour attirer ainsi l'attention des journaux sur les causes qui lui tiennent à cœur. Cependant, ces voyages offrent rarement aux reporters l'occasion d'approcher le Prince de Galles de près. On se contente en général de quelques photos prises à la volée et d'un petit discours.

Seulement, Harry reste Harry et cette visite au Lesotho allait porter sa marque. La veille de l'interview et de la séance photo prévues à l'école que le prince avait aidé à reconstruire, son service de presse organisa le « briefing » habituel de la presse, dans l'une des salles de conférences de l'un des hôtels de Maseru, la capitale. On retrouve en général les membres de l'équipe du palais lors de chacun de ces briefings et nous nous attendions aussi à rencontrer quelques représentants de la fondation.

Mais, ce soir-là, à la surprise générale, le Prince Harry lui-même nous ouvrit la porte de la salle de conférences. Aucun journaliste présent n'avait envisagé une telle chose. Après notre long et fatigant voyage, nous pensions simplement assister à la séance de planification habituelle avant de nous coucher. Même les correspondants royaux les plus aguerris furent stupéfaits d'être accueillis par Harry et personne d'autre. Il avait fait plus d'une heure de route pour venir nous voir à l'hôtel.

C'était la première fois que je revoyais le prince depuis notre longue discussion, derrière le pub de l'île de Wight. Il paraissait de bonne humeur, plaisantant avec les journalistes qu'il reconnut et saluant un à un les reporters locaux ravis de le rencontrer en personne.

Le charme naturel de Harry et sa capacité à mettre immédiatement tout le monde à l'aise sont incroyables. Ce soir-là, comme nous avions tous été surpris par son apparition inattendue, nous nous concentrâmes immédiatement sur le briefing, tentant de poser au prince les questions les plus pointues possibles au sujet du programme du lendemain.

Après une quarantaine de minutes de discussion, nous nous apprêtions à aller nous coucher pour nous reposer avant la longue journée qui nous attendait. Mais, alors que je quittais la salle de conférences, Harry vint nous rejoindre et lança :

— Quelqu'un veut boire une bière ?

Si les membres de la famille royale ne participaient jamais aux briefings de presse, ils avaient encore moins l'habitude d'inviter les journalistes dans un bar d'hôtel pour boire un verre avec eux. Mais Harry semblait complètement détendu en nous parlant en détail de tous les projets qu'il avait menés à terme grâce à Sentebale.

Son cousin Peter venait d'épouser la Canadienne Autumn Kelly. Le couple avait décidé de rompre avec le protocole royal en acceptant qu'un reporter assiste au mariage et prenne des photos pour une édition spéciale du magazine *Hello !* Je demandai à Harry comment s'était passé le mariage et ce qu'il pensait des pages de photos et de commentaires que le magazine avait publiées.

Accoudé au bar, Harry me parla alors d'un détail de la réception qui l'avait particulièrement marqué :

— Quelqu'un a eu la bonne idée de créer une piste de danse en miroir. Vous imaginez ce que ça a pu donner ?

Je réfléchis un instant. En effet, tous les danseurs présents au mariage de son cousin avaient dû marcher sur des miroirs et tout le monde avait pu voir leur réflexion.

J'éclatai de rire et dis à Harry :

— Oh ! mon Dieu ! Vous avez dû avoir peur que tout le monde puisse voir sous la jupe de Chelsy quand vous dansiez.

Le jeune prince répliqua immédiatement :

— Rien à voir avec Chelsy. C'est ma grand-mère qui m'inquiétait le plus !

Nous avons ri de plus belle. J'étais dans un bar, en train de parler avec le Prince Harry de la reine dansant sur un sol tapissé de miroirs — on se serait cru dans un monde parallèle.

Ce genre d'échanges était typique du jeune prince. Il savait mettre les gens à l'aise en plaisantant d'un incident qui aurait pu être un vrai faux pas royal. C'était bien Harry, au bar, une pinte à la main, capable de vous faire presque oublier qu'il était prince et pas juste un jeune homme qui s'amusait d'un incident évité de justesse lors d'un mariage en famille.

Il était venu au Lesotho pour une raison sérieuse, pour tenter de sensibiliser le public à une cause qui lui tenait à cœur. Mais au lieu de tomber dans le piège de la gravité distante, il savait qu'en faisant sourire les gens et en leur permettant de se détendre, il aurait plus de chance d'obtenir le type d'articles qu'il espérait. En effet, cette soirée fut agréable pour tout le monde et nous sommes allés nous coucher plus déterminés que jamais à offrir à Sentebale de bons articles après l'interview officielle du lendemain.

Harry avait prévu un match de football entre les journalistes et ses hommes pour pimenter notre séjour. Ainsi, après la visite du chantier de l'école, pendant laquelle nous avons pu prendre des photos du prince et de ses soldats en train de déplacer des brouettes de terre pour reconstruire le modeste bâtiment, nous avons été invités à enfiler un maillot de foot pour échanger quelques passes sur le terrain poussiéreux installé plus loin.

Le seul maillot que l'on me proposa était trop petit pour moi et, à la grande joie du prince, j'eus l'air parfaitement ridicule, engoncé et rougeaud, sous la chaleur étouffante du soleil. J'ai toujours beaucoup aimé le football, mais je n'ai jamais su y jouer convenablement. Je servis donc de distraction à Harry, tandis que je faisais de mon mieux pour participer au match sans pour autant être d'une quelconque utilité à mon équipe. Tout à coup, alors que je courais à la traîne, Harry se mit à faire des bruits d'hippopotame devant moi. Il avait la chance de me moquer devant mes confrères et ne s'en priva pas.

À un moment, plus frustré que jamais, je tentai de le tacler, mais il était bien plus doué que moi et me fit glisser la balle entre les jambes. Puis, face aux caméras qui tournaient toujours, il se campa face à moi, forma un L avec ses doigts devant son front et cria : « Loser ! » avant de partir à toute vitesse. Une fois de plus, il s'amusait à faire l'idiot — mais cette fois, c'était à mes dépens. Les photographes et cameramen qui assistaient au match étaient morts de rire et commencèrent à me huer de loin.

Même si je fus cette fois-ci le dindon de la farce, je dois reconnaître que nous avons tous passé un très bon moment. Comme souvent, Harry savait très bien ce qu'il faisait. Il jouait son rôle devant les caméras pour s'assurer de nous donner de quoi remplir les colonnes du lendemain.

Hélas, mon humiliation ne fit qu'augmenter quand je dus téléphoner au bureau pour leur raconter les événements de la journée.

— Dis-moi que tu as des photos, lança l'un de mes collègues, visiblement très excité.

Oui, des photos, j'en avais; et un bon nombre montraient le prince en train de faire le L de *loser* dans ma direction. Voilà que je donnais à mes collègues un parfait moyen de se moquer à leur tour, depuis l'autre bout du monde. Le lendemain, l'une des photos de Harry et moi fut publiée en pleine page, et tous mes amis purent la voir.

Mon téléphone fut saturé de textos cyniques en l'espace de quelques heures. Malgré tout, je ravalai mon humiliation et rejoignis les autres reporters à l'orphelinat pour la dernière séance photo officielle prévue avec le prince. Quand la voiture de Harry se gara devant nous, le prince en sortit et me lança joyeusement:

— Vous avez vu la photo, dans le journal, aujourd'hui? Vous avez l'air si stupide!

De toute évidence, il était ravi d'avoir pu se venger à mes dépens. De plus, en faisant cela, il s'était assuré d'offrir à Sentebale une vitrine de choix dans l'un des plus grands journaux du Royaume-Uni. Sa mission était accomplie et Harry sut nous prouver une fois de plus qu'il était capable de se servir de la presse pour arriver à ses fins.

Cette courte visite de juillet 2008 montra au monde entier que le jeune prince était plus que jamais décidé à tenir la promesse qu'il avait faite devant les caméras quand il n'avait encore que dix-neuf ans. Ce prince était déterminé à ne pas laisser sombrer dans l'oubli le terrible destin de tous ces enfants rencontrés pendant son année sabbatique.

On peut penser ce que l'on veut des frasques de Harry, mais on ne peut pas minimiser ses efforts pour poursuivre l'œuvre caritative de sa mère. De plus, quel autre membre de la famille royale a déjà été capable de faire l'idiot devant une caméra sans se couvrir de ridicule? Durant les années qui ont suivi, Harry allait encore s'offrir en spectacle au service de nobles causes. Sa capacité à faire cela avec sincérité et naturel explique peut-être l'affection que tant de gens lui portent.

À cette époque, Harry était déjà en train de devenir particulièrement populaire. C'était le seul prince capable de briser le moule des convenances et de s'en sortir sans avoir l'air stupide.

Chapitre 11

EN PLEIN VOL

— Si ces images sont volées, autant demander au taxi de nous conduire directement à la prison de Belmarsh, dis-je, plus sérieux que jamais. Je vous préviens, les gars, vous ne vous en tirerez pas comme ça.

La carte mémoire que je tenais à la main me brûlait déjà les doigts. C'était une bombe à retardement. Si les photos qu'elle contenait étaient vendues aux enchères, elles pouvaient atteindre une somme astronomique. Et si le *Sun* acceptait de les publier, tous les journaux du monde s'arracheraient les droits de reproduction. On aurait aisément pu les revendre plus de 250 000 livres à la concurrence.

Sans doute était-ce justement ce potentiel exorbitant qui aveuglait les deux hommes que j'avais rencontrés moins d'une heure plus tôt. Et qui les empêchait d'entendre la voix de la raison.

— Si vous êtes impliqués dans le vol de ces images, si on apprend qu'elles sont volées, la police vous tombera dessus, ajoutai-je.

Mais mes nouveaux informateurs étaient bien décidés à empocher le gros lot, et aucune de mes mises en garde ne les ferait changer d'avis.

J'étais pourtant bien placé pour les avertir. Cinq mois plus tôt, au printemps 2008, j'avais témoigné au tribunal pour la Metropolitan Police. Les accusés étaient deux hommes qui avaient contacté le *Sun* plus d'un an auparavant.

Ils avaient essayé de vendre une vidéo montrant un des employés de la famille royale en train de se droguer et de raconter des horreurs sur son employeur. La rédaction m'avait envoyé rencontrer l'un de ces hommes, sans savoir à l'époque que j'allais finir par témoigner contre eux. Heureusement, j'avais immédiatement pensé que l'affaire était louche et j'avais refusé la vidéo. Plus tard, j'avais découvert que l'homme et son complice avaient contacté d'autres journaux et, après avoir fait chou blanc plusieurs fois, ils avaient tenté de faire chanter le membre de la famille royale pour qui travaillait l'employé filmé. Ils furent ensuite arrêtés lors d'une descente de police, jugés coupables et envoyés en prison.

Cet incident m'avait appris que la police prenait toutes les fuites concernant la famille royale très au sérieux. Et, plus important encore, j'avais compris que les jurys avaient souvent tendance à prendre le parti de la Couronne au mépris de la présomption d'innocence.

Ainsi, cinq mois plus tard, je me retrouvai de nouveau dans une situation délicate, face à des inconnus clairement ignorants des risques qu'ils prenaient. Nous étions tous les trois assis dans un taxi noir, quelque part entre Paddington et mon bureau où nous attendaient le rédacteur en chef et son équipe.

Plus tôt dans la journée, un collègue était venu me dire :

— Je viens de recevoir un coup de fil d'un type qui prétend avoir une carte mémoire remplie de photos de William et Kate en vacances. Voilà son numéro. J'aimerais que tu l'appelles pour le rencontrer et voir si ça vaut le coup.

Nous étions en septembre 2008. Le futur roi et sa magnifique petite amie venaient de rentrer de l'île Moustique, dans les Caraïbes. Hésitant près de mon téléphone, je songeai que les photos en question avaient dû être prises par un ami de William et Kate, ou par un autre touriste résidant sur l'île. Dans ce cas, peut-être — *peut-être* — seraient-elles exploitables.

Cependant, dès que j'entendis la voix, à l'autre bout du fil, je fus sur mes gardes. La « source » qui avait contacté le *Sun* ne parlait pas du tout comme les anciens camarades d'Eton de William. Elle avait un fort accent du sud de Londres et paraissait surtout intéressée par la somme qu'elle pourrait tirer de ses photos. Nous avons pris rendez-vous après sa journée de travail et je quittai le bureau, ce soir-là, sans vraiment y croire.

En tant que journaliste du *Sun*, j'ai eu l'occasion de traiter avec tous types de personnes. Je connaissais une partie des amis proches de William et Harry, mais j'avais aussi l'habitude de recevoir des tuyaux venant de sources ordinaires.

Ce soir-là, je décidai de prendre un photographe avec moi. Si les photos de William et Kate étaient bel et bien volées, j'allais avoir besoin de mon collègue pour prendre discrètement des photos de la personne qui essaierait de me vendre les clichés.

J'avais au moins deux heures à tuer avant l'arrivée de ma « source ». Ce genre d'arrangement n'est pas rare, au *Sun*. Il arrivait souvent que les personnes qui nous contactaient finissent par prendre peur et se dédire. Parfois, il s'agissait aussi de plaisantins qui cherchaient à nous faire perdre notre temps. Mais on pouvait aussi tomber sur un informateur sincère. Comment ces photos, vieilles de quelques jours à peine, avaient-elles pu se retrouver entre les mains de la personne que j'allais rencontrer ?

Je n'en savais rien. Une chose, cependant, était claire. Si les clichés étaient bien volés, comme je le soupçonnais, le journal ne les publierait jamais, même pour tout l'or du monde. Et si j'offrais de l'argent en échange de biens volés, je prenais le risque d'être arrêté en même temps que le voleur.

Hanté par ces craintes, je décidai de téléphoner au service

de presse de Clarence House. J'eus de la chance et tombai sur une conseillère amicale avec laquelle j'entretenais de bonnes relations professionnelles depuis plusieurs années.

— Écoutez, le journal s'est vu proposer des photos de William et Kate prises pendant leurs vacances dans les Caraïbes, lui dis-je. Je ne sais pas encore si c'est sérieux, mais vous pourriez peut-être vous renseigner de votre côté, au cas où, et voir si quelque chose a disparu. Si vous voyez ce que je veux dire.

Évidemment, la conseillère voyait très bien ce que je voulais dire. Elle comprit tout de suite que je craignais que mon informateur ait obtenu ces photos illégalement — si photos il y avait. De mon côté, je savais que si tout était légal, le palais ne pourrait pas faire grand-chose pour nous empêcher de les publier.

Mon téléphone finit par sonner et ma source m'indiqua le lieu de rendez-vous. Le photographe qui m'accompagnait s'équipa de l'un de ses plus gros objectifs et alla se placer dans un endroit discret pour prendre des clichés du rendez-vous sans se faire remarquer.

Quelques minutes plus tard, un van blanc se gara à l'endroit prévu. Deux jeunes hommes en sortirent et je vis immédiatement qu'il s'agissait d'ouvriers dans le bâtiment. Même si leurs vêtements de travail ne les avaient pas trahis, le nom et le logo de la compagnie visible sur le van m'auraient fourni toutes les informations dont j'avais besoin pour les retrouver.

Ils prétendirent avoir été envoyés sur un chantier à Chelsea, dans la journée, et avoir trouvé une carte mémoire dans le caniveau. Ils avaient alors acheté un appareil photo numérique pour regarder les images de la carte et n'en avaient pas cru leurs yeux quand ils s'étaient rendu compte que c'étaient des photos de William et Kate en vacances.

Leur petite histoire n'était pas plausible et les deux hommes devaient être bien naïfs pour penser que nous allions acheter les photos et les publier sans vérifications. Heureusement, j'avais suffisamment d'expérience pour savoir que je devais convaincre mes « sources » de m'accompagner au bureau pour montrer les photos à mes patrons. Ces hommes espéraient de l'argent, une somme considérable que je n'étais absolument pas autorisé à payer sans accord de ma hiérarchie.

J'appelai donc le bureau pour expliquer ce qui venait de se passer et répétai aux deux hommes que nous ne pourrions pas faire affaire s'ils ne me suivaient pas au bureau pour parler à mes chefs. Au bout de quelques minutes, ils acceptèrent de monter dans un taxi avec moi pour rejoindre la rédaction, à Wapping.

À notre arrivée, l'homme qui m'avait contacté et son ami étaient très excités de conclure un marché avec le *Sun*. Ils semblaient penser que nous allions simplement leur donner de l'argent liquide en échange des photos, sans poser de questions.

Le rédacteur en chef avait déjà préparé une salle de conférences avec un ordinateur pour que nous puissions examiner les photos. Les images montraient William et Kate en train de profiter de leurs vacances sur la petite île privée des Caraïbes d'où ils venaient de revenir.

Mais ce n'étaient pas des clichés ordinaires. Chaque image donnait un aperçu intime du séjour paradisiaque du couple. Sur une photo, on pouvait voir William vêtu de blanc et grimaçant pour le photographe, dans la villa qu'il avait louée. D'autres montraient le couple en train de boire un verre, parfaitement détendus dans cette station balnéaire particulièrement luxueuse. Les images les plus stupéfiantes montraient Kate en bikini, en train de faire du yoga sur la plage. L'une des photos l'exposait, la tête entre les jambes, en train de sourire au photographe.

— Comment avez-vous mis la main sur cette carte mémoire ? demanda le rédacteur en chef adjoint, abasourdi.

Convaincus qu'ils allaient recevoir le plus beau cadeau de

Noël de leur vie, les deux hommes répétèrent leur histoire de carte abandonnée dans le caniveau.

Après nous avoir montré toutes les photos, les hommes acceptèrent de nous confier la carte mémoire à condition qu'aucune image ne soit publiée tant que nous ne nous serions pas mis d'accord sur un prix. Ils se laissèrent même convaincre de remplir un contrat en y apposant leurs noms et leurs adresses, pensant que nous allions conclure un marché juteux.

Dès que je les eus raccompagnés, je retournai dans la salle de conférences pour parler avec mes supérieurs. Nous étions tous d'avis que les photos avaient dû être volées et qu'il était hors de question de les publier. C'étaient certes les photos de William et Kate les plus intimes que nous aurions jamais, mais nous n'avions pas le choix. Le rédacteur en chef décida d'attendre la réponse de Clarence House à mon coup de téléphone avant de prendre une décision. Cependant, nous savions tous déjà ce qui allait se passer.

Après notre réunion, je rentrai chez moi pour rejoindre ma femme et quelques amis dans un restaurant près de notre maison. Quelques minutes à peine après notre arrivée, mon téléphone sonna et je me précipitai dehors pour répondre. C'était la conseillère du palais à laquelle j'avais parlé en fin d'après-midi.

— Bonsoir, Duncan, dit-elle. Je vous remercie de votre appel de tout à l'heure. Je voulais vous prévenir que vous allez recevoir un coup de téléphone de la police. Ils veulent vous parler de la carte mémoire et je préférais vous l'annoncer, par courtoisie.

En effet, moins d'une minute plus tard, mon portable sonna de nouveau.

— Bonsoir, je cherche à joindre Duncan Larcombe.

— C'est moi, répondis-je.

— Bonsoir, sergent Richard Head, du commissariat de Chelsea et Westminster. J'ai cru comprendre que vous avez rencontré aujourd'hui une personne qui vous a contacté au sujet d'une carte mémoire. J'aimerais en parler avec vous, si ça ne vous dérange pas. Dans la journée, on nous a signalé une effraction sur une voiture appartenant à Pippa Middleton. Un sac à main a été volé. Il contenait un appareil photo numérique dans lequel étaient stockées des images personnelles.

Je dis au sergent que je devais informer sans attendre ma rédaction et que je le rappellerais tout de suite après. Le chef du service juridique du *Sun* me conseilla immédiatement de coopérer avec la police. Je rappelai donc le sergent Head et lui donnai toutes les informations dont je disposais. Il fut heureux d'apprendre que nous avions gardé la carte mémoire et encore plus d'entendre que nous avions les noms et adresses des deux hommes qui avaient tenté de nous la vendre.

Le lendemain matin, la police organisa une descente à la maison de ma source et l'homme fut arrêté. Au final, les deux amis plaidèrent coupable et avouèrent avoir volé le sac à main dans la voiture de Pippa Middleton. Leurs aveux spontanés leur évitèrent la prison ferme. La carte mémoire fut rendue à sa propriétaire et le *Sun* ne publia jamais les images.

Quoi que les gens pensent de la presse britannique, nous ne violons jamais la loi. Nous protégerons toujours nos sources, certes ; mais, cette fois, les deux hommes qui avaient essayé de nous vendre ces images personnelles avaient été informés des risques qu'ils couraient. Il était hors de question pour nous de nous joindre à leurs délits. Au final, ils étaient en effet coupables d'effraction, de vol et de tentative de vente de biens volés.

Le lendemain de leur arrestation, je passai du temps à la maison pour regarder avec ma femme un documentaire commémoratif sur la mort de la Princesse Diana. On y voyait des images de l'enterrement et des deux jeunes princes, tête baissée, devant le cercueil. Alors que j'étais assis sur mon canapé, tranquillement, mon téléphone sonna et afficha un numéro que je ne connaissais pas.

C'était le secrétaire personnel du Prince William : Jamie Lowther-Pinkerton. En dépit de sa distance habituelle vis-à-vis de la presse, il m'appelait personnellement pour me remercier après l'incident des photos. Apparemment, William avait pris cette affaire très au sérieux et avait demandé à l'un de ses fidèles gardes du corps de rejoindre ses collègues de la Metropolitan Police lors de l'arrestation du voleur. Si Lowther-Pinkerton m'appelait, c'était sans doute aussi à la demande expresse du prince.

Quant à Harry, s'il n'avait pas été directement impliqué dans cette affaire, il avait évidemment appris quel rôle le *Sun* avait joué dans le sauvetage des précieuses photos et l'arrestation des voleurs.

Cette époque restait en demi-teinte, pour Harry. Après son retour anticipé d'Afghanistan, le jeune prince s'est retrouvé désœuvré pendant plusieurs mois. Son séjour au Lesotho, accompagné par ses soldats, lui avait offert un nouveau but ; mais, à la fin de l'année 2008, il ne savait plus réellement où sa carrière militaire allait le mener.

Le silence des médias lui avait permis de passer dix semaines au front. Cependant, après l'échec de cet accord, on fit clairement comprendre au jeune prince qu'un second déploiement n'était pas envisageable. La bonne volonté dont la presse britannique avait fait preuve lui avait attiré de nombreuses critiques : pour certains, il était contraire à l'éthique de dissimuler une information aussi fondamentale que celle-ci. En effet, une partie de l'opinion considérait qu'il était du devoir de la presse d'informer le public du déploiement de l'un des héritiers du trône contre les talibans. Ainsi, si l'accord passé avec les médias avait fonctionné pendant un temps, il était hors de question de refaire un pari aussi risqué.

Harry vit donc disparaître à jamais son rêve de combattre avec ses troupes. Il se trouva alors devant un cruel dilemme. Était-il prêt à poursuivre sa carrière militaire, si on l'obligeait à passer son temps assis derrière un bureau ? Ou bien devait-il quitter l'armée pour s'embarquer dans une nouvelle aventure ?

Au fond de lui, Harry n'était pas encore prêt à quitter l'armée pour assumer ses devoirs de prince à plein temps. Certes, sa fondation Sentebale lui donnait un but et lui offrait la satisfaction de pouvoir faire quelque chose d'utile de son statut royal. Mais il avait la sensation d'être trop jeune pour se contenter de son œuvre caritative et du protocole de la Couronne.

La solution qu'il finit par trouver fut aussi lumineuse qu'inattendue. Harry avait toujours eu envie d'apprendre à piloter des hélicoptères, comme l'avaient fait avant lui son père et son oncle, le Prince Andrew. Durant son déploiement en Afghanistan, il avait bien remarqué le rôle important de ces appareils qui apportaient un soutien aérien à de nombreuses opérations militaires. Harry avait même pu participer à certaines missions à bord de la flotte d'hélicoptères Apache et Lynx de l'armée. Lorsqu'il comprit qu'il ne pourrait plus jamais reprendre du service actif en tant qu'officier d'infanterie en Afghanistan, le jeune prince réfléchit à la possibilité de devenir pilote de l'armée.

La plupart des gens pensent que seuls les pilotes militaires font partie de la Royal Air Force, mais Harry, lui, savait qu'il avait une chance de monter à bord d'un hélicoptère tout en restant officier de l'armée britannique. Dès le début de l'été 2008, il commença donc à se renseigner sur un passage possible de son régiment des Blues and Royals à l'Army Air Corps.

Une source militaire, proche du prince à l'époque, se souvient :

« Harry n'aurait jamais reçu l'autorisation de servir une seconde fois en Afghanistan avec les Blues and Royals. Cependant, il avait vu en direct le rôle joué par l'Army Air Corps pendant ses dix semaines de déploiement. Il parla donc de son possible transfert avec son secrétaire personnel, Jamie Lowther-Pinkerton. Il était impossible pour le prince de retourner en Afghanistan en secret. Il ne pouvait donc pas servir au front depuis le sol, étant donné ce qui s'était passé lors de l'annonce de son premier déploiement, en Irak. Ainsi, pendant l'été 2008, il commença à envisager une troisième option. »

L'avantage du rôle de pilote dans l'Army Air Corps était que Harry aurait pu, en théorie, effectuer un déploiement complet sans que sa présence soit un danger pour ses camarades.

La flotte d'hélicoptères Apache et Lynx envoyée en Afghanistan était basée relativement en sécurité au Camp Bastion. Les pilotes ne passaient les barbelés que pour partir en mission. Quant aux hélicoptères, ils étaient bien trop précieux pour être autorisés à descendre sous une certaine altitude et devenir les cibles des lance-grenades et des armes automatiques terrestres.

D'un autre côté, même déployé en tant que pilote, Harry aurait tout de même pu courir des risques. Que se serait-il passé, par exemple, en cas de dysfonctionnement de son hélicoptère ou d'atterrissage forcé derrière les lignes ennemies ?

Le second obstacle majeur au nouveau projet de Harry était que seule l'élite de l'armée pouvait accéder à la formation de pilote d'hélicoptère. Pour se qualifier et avoir une chance d'être transféré dans l'Army Air Corps, le prince allait devoir atteindre un niveau d'excellence très élevé. Piloter un hélicoptère demande de nombreuses compétences et beaucoup d'habileté ; certaines des recrues les plus prometteuses ne parviennent même pas à la fin du programme d'entraînement.

Cependant, mois après mois, la guerre d'Afghanistan s'intensifiait. Les talibans tuaient plus de soldats britanniques que jamais et, aux yeux de Harry, persévérer dans l'armée sans le moindre espoir d'un déploiement était presque impossible.

La même source raconte encore :

« Au début, on rejeta l'idée de Harry sans scrupule. Mais, plus ses officiers commandants y songeaient, plus ils comprenaient que le prince n'avait pas d'autre option. On finit par décider de laisser Harry tenter de gagner ses galons. Qu'avait-on à perdre ? S'il parvenait à obtenir son grade, tant mieux. S'il échouait, c'était toujours mieux de l'avoir laissé essayer plutôt que de l'avoir poussé à la démission pure et simple. »

Une fois de plus, ce fut Jamie Lowther-Pinkerton qui fut chargé des négociations délicates avec les chefs d'état-major de l'armée.

Pendant ce temps, Harry allait devoir trouver une occupation. Depuis son retour d'Afghanistan, il était resté dans un entre-deux, sans vraiment savoir ce que son avenir lui réservait. Donc, tandis qu'il attendait la réponse du ministère de la Défense, il décida de profiter de ce répit pour passer de bons moments avec son frère.

Le hasard voulut qu'une organisation caritative organisât au même moment son trek annuel en moto en Afrique, l'Enduro, afin de lever des fonds pour plusieurs fondations, dont Sentebale. Lorsque Harry en entendit parler, il persuada William de participer au trek de 2008. Les deux princes sont de très bons motards. Ils ont appris à conduire des deux-roues avec leurs gardes du corps de la Metropolitan Police. Mais ils ne sont pas intéressés par ce sport uniquement par amour de la vitesse ou pour la montée d'adrénaline qu'il apporte : sur la route, le visage masqué par leurs casques, ils retrouvent l'anonymat auquel ils aspirent tant.

Pour Harry, en particulier, monter sur une moto est l'un des meilleurs moyens à sa disposition pour se sentir comme tout le monde. Personne ne le reconnaît et, comme ses gardes de corps l'accompagnent en tenue civile, il n'attire pas l'attention sur lui. Depuis l'obtention de son permis moto, Harry a toujours aimé chasser ses soucis en faisant de longues virées en deux-roues.

Un jour, alors qu'il avait décidé de partir dans le Kent pour la journée afin de profiter d'un *fish and chips* en bord de mer, Harry s'est engagé avec bonheur sur l'autoroute de Canterbury, accompagné par ses gardes du corps. Là, il a connu une expérience partagée par de nombreux motards. Des officiers de police locale l'arrêtèrent pour excès de vitesse et lui indiquèrent de s'arrêter sur le bas-côté. Ses deux gardes du corps, qui avaient aussi dépassé la limite, durent également se garer sur le bord de la route.

Ils montrèrent leurs plaques de la Metropolitan Police dans l'espoir que cela suffise à mettre fin à l'incident. Hélas, les policiers locaux, particulièrement zélés, ne voulurent rien entendre. Ils entreprirent de verbaliser les trois motards, sans se douter de l'identité du dernier contrevenant. Finalement, Harry releva sa visière pour leur sourire. Dès qu'ils reconnurent le prince, les policiers éclatèrent de rire et décidèrent subitement qu'un avertissement verbal pourrait suffire pour cette fois.

Donc, en attendant le verdict de sa demande de transfert dans l'Army Air Corps, Harry partit avec William pour participer au trek de plus de 1 600 kilomètres depuis Durban sur la célèbre côte sauvage d'Afrique du Sud jusqu'à Port Elizabeth. Leur participation à l'événement, en octobre 2008, avait été gardée secrète. Les princes acceptèrent néanmoins d'inviter les médias à assister au départ de leurs huit jours de voyage intense en Afrique du Sud.

L'organisation caritative qui s'occupait de l'événement fut ravie de la publicité que Harry et William allaient apporter à leur trek annuel. Quant aux princes, ils tenaient surtout à profiter de l'expérience et insistèrent pour être traités de la même manière que les quatre-vingts autres participants.

Une fois de plus, tous les correspondants royaux britanniques furent envoyés en Afrique du Sud pour suivre le départ des princes. Ce fut par hasard, lors de ce voyage en Afrique du Sud, que je pus voir en direct l'impact que Harry pouvait avoir sur les gens ordinaires.

J'avais réservé un siège en classe économique pour le vol de nuit jusqu'à Johannesburg. Étant l'un des derniers passagers à embarquer dans l'avion complet, je découvris avec horreur, en arrivant au guichet, que j'avais perdu ma carte d'embarquement. J'avais dû la laisser tomber entre mon passage à la porte d'embarquement et mon arrivée à l'entrée de la rampe.

Le steward très professionnel qui accueillait les passagers devint rapidement nerveux en me regardant fouiller désespérément mes poches, en vain. Au bout de quelques secondes, une file de passagers impatients commença à se former derrière moi et le steward m'ordonna froidement de m'écarter. Je commençai à paniquer. Si je ne parvenais pas à monter dans cet avion, je risquais de ne pas arriver en Afrique du Sud à temps pour la séance photo officielle et le départ du trek.

Les journalistes étant ce qu'ils sont, j'étais certain que mes confrères ne se priveraient pas pour raconter que j'avais raté mon vol après avoir bêtement perdu ma carte d'embarquement.

En dépit de mes efforts, je fus incapable de la retrouver. Quand le steward revint me voir tandis que quelques passagers, assez chanceux pour voyager en première classe, montaient à bord, il parut perdre d'un coup tout son sang-froid. Je tentai de lui expliquer que j'étais désolé, que ma carte d'embarquement avait disparu. Le pauvre homme fut pris de panique.

— Écoutez, monsieur, dit-il. Je vais vous demander de reculer encore : le Prince Harry s'apprête à embarquer et vous ne pouvez pas rester là.

Je ne me doutais absolument pas que Harry avait réservé une place sur le même vol que moi. Les membres de la famille royale montent toujours à bord en dernier ; les passagers ignorent même souvent qu'ils sont là, avec eux.

Profitant de l'occasion, je décidai de m'amuser un peu aux dépens du steward qui ne savait clairement pas comment gérer ce passager tête en l'air qui retardait l'arrivée d'un prince.

— Je ne vais certainement pas m'écarter devant le Prince Harry, répondis-je fermement. Il n'a qu'à attendre.

Le steward devint blanc comme un linge. Je pouvais presque l'entendre penser : « Pourquoi moi ? » S'il en avait eu le temps, je suis certain qu'il m'aurait fait chasser de la rampe avant l'arrivée de son passager VIP.

Mais il était déjà trop tard. L'un des plus fidèles gardes du corps du prince apparut derrière le steward, prêt à embarquer. Bien évidemment, l'officier de police était suivi de près par Harry en personne. Le steward retint son souffle, au bord de l'évanouissement, quand il vit Harry s'arrêter à ma hauteur :

— Bonjour, Duncan, me lança le prince. Laissez-moi deviner : vous voyagez en classe économique ?

Puis, alors qu'il s'engageait dans l'escalier de la première classe, Harry me lança son habituel sourire malicieux.

— J'espère que le vol sera agréable. Nous, on a eu de la chance : on est surclassés !

Je lui souris à mon tour et répondis :

— Comment avez-vous réussi ce tour de force, Harry ? Probablement grâce à vos miles !

Riant de bon cœur, le prince disparut dans l'appareil. Je

me souvins alors du steward, qui avait suivi notre conversation d'un air médusé.

— Oh! mon Dieu, vous connaissez vraiment Harry, balbutia-t-il, à peine capable de cacher son excitation après avoir vu le prince d'aussi près. Je croyais que vous étiez juste un client pénible. Je ne savais pas quoi faire.

Éclatant de rire, je lançai en plaisantant:

— Est-ce que le fait que je connaisse Harry peut me valoir un surclassement?

La réponse était non, mais ça incita en tout cas mon nouvel ami à fermer les yeux sur la disparition de ma carte d'embarquement. Il me conduisit gentiment jusqu'à mon siège étroit de classe économique et me promit de m'apporter un peu de champagne juste après le décollage pour s'excuser de ne pas m'avoir offert de surclassement.

Quand je repense à ce vol, je suis encore surpris de l'émotion de l'équipage à l'idée d'avoir le Prince Harry à bord. Un steward aussi expérimenté que celui qui m'a accueilli avait déjà dû rencontrer un bon nombre de célébrités dans sa carrière, et pourtant, le simple fait d'avoir vu Harry en chair et en os parut le ravir. Quand il m'apporta mon verre de champagne, ainsi qu'il l'avait promis, nous parlâmes un long moment de mon travail de correspondant royal.

— J'adore le Prince Harry, me confia-t-il. C'est de loin la meilleure des célébrités avec lesquelles j'ai pu travailler.

Le lendemain soir, la presse fut conviée à un barbecue avec les participants du trek. Un petit nombre d'entre nous fut invité dans une salle de conférences à l'écart pour rencontrer les organisateurs de l'événement et en apprendre plus sur les fondations qui recevraient une partie des fonds levés.

À ma grande surprise, je vis Harry et William dans la salle, debout près d'une immense bouilloire. William nous servit des tasses de thé chaud et Harry circula dans le groupe pour proposer des biscuits. Ils étaient tous les deux de bonne humeur et, une nouvelle fois, je participai à une expérience assez surnaturelle — même pour quelqu'un qui, comme moi, avait déjà rencontré la famille royale un certain nombre de fois. Je ne pus m'empêcher de penser au steward. Il aurait sans doute été vert de jalousie s'il avait su que je buvais du thé servi par le futur roi d'Angleterre tout en grignotant les Jammie Dodgers que m'avait apportés sa célébrité préférée. Je racontai à Harry que sa présence dans l'avion avait illuminé la journée de cet homme, la veille, et plaisantai en lui disant qu'il pourrait toujours le recontacter, si les choses ne marchaient pas avec Chelsy.

Ce fut très agréable de voir les jeunes princes se détendre avec nous avant de s'embarquer dans leur nouvelle aventure sportive. J'eus même l'impression que Harry attendait avec impatience que s'ouvre le nouveau chapitre de sa carrière militaire. Pourtant, tenter d'obtenir le grade suffisant pour devenir pilote d'hélicoptère allait sans doute être un lourd défi pour lui. Néanmoins, l'enjeu était de taille : s'il y parvenait, il pourrait nourrir de nouveau l'espoir d'être renvoyé en Afghanistan pour finir ce qu'il y avait commencé.

CHAPITRE 12

HARRY, LE PILOTE

— Vous avez fait *quoi*? demandai-je à la photographe indépendante qui était venue me trouver. Est-ce que vous essayez sérieusement de me vendre une photo du pénis du Prince William?

Cette conversation restera sans doute la plus étrange que j'aurai jamais dans le cadre de mon travail.

J'ai toujours été estomaqué de voir ce que certaines personnes tentent de nous faire publier. Il y a des limites à ne pas dépasser — même au *Sun*. La photo (que je n'ai jamais vue, je tiens à le préciser) avait été prise alors que le Prince William se soulageait durant une courte pause pendant son trek à moto.

La photographe en question était une Sud-Africaine qui travaillait en free-lance et qui avait suivi les princes pendant tout leur trek jusqu'à Port Elizabeth. Elle s'était faufilée entre des buissons pour essayer de trouver un bon endroit duquel prendre des clichés du passage des princes. Seulement, elle s'était retrouvée au mauvais endroit, au mauvais moment : le groupe s'était arrêté pour manger un morceau et le futur roi fut pris sur le fait. D'ailleurs, d'après ce qu'elle me raconta, le prince n'aurait eu que quelques pas de plus à faire entre les buissons pour uriner directement sur l'appareil photo. Suite à cette aventure, la photographe avait décidé de contacter tous les journaux britanniques pour savoir si quelqu'un était intéressé par sa photo exclusive.

Dans ce genre de situation, inutile de téléphoner à ma rédaction pour savoir ce qu'ils en pensaient. Je remerciai poliment la photographe d'être venue me voir en premier mais lui suggérai d'effacer la photo de sa carte mémoire et d'oublier qu'elle l'avait prise. Cela valait mieux pour tout le monde.

Étrangement, ce n'était pas la première fois que l'on me proposait une image d'un membre de la famille royale en train d'uriner. Deux ans plus tôt, on nous avait envoyé une photo du Prince Philip devant un urinoir pendant un dîner où il avait été l'invité d'honneur. Cette image non plus ne fut jamais publiée, bien évidemment.

Je me souviens encore d'un incident mémorable, à ce sujet. Un photographe avait pris une photo de Harry en train de se soulager derrière un box, lors d'un match de polo auquel il participait. L'image le montrait uniquement de dos, mais le palais fut néanmoins furieux de la voir publiée sous le titre : « Le pipi royal de Harry ».

Après ces remontrances, je retins la leçon. Ce que j'eus cependant du mal à comprendre, c'était comment cette photographe avait réussi à s'approcher autant de William.

En fait, après la séance photo officielle, lors du départ du trek, plusieurs free-lances avaient suivi les traces des deux princes et voyagé pendant huit jours sur leurs talons pour essayer d'obtenir plus de clichés à vendre. Cela dut être particulièrement frustrant pour William et Harry qui n'avaient donné leur accord que pour la première séance, afin qu'on les laisse profiter de leur trek tranquillement.

Ce genre d'accord était récurrent dans le cas d'événements royaux officiels ou semi-officiels. Seulement, les princes avaient cette fois passé une semaine dans la nature, chevauchant pendant plus de dix heures par jour leurs engins de 200 chevaux sur un terrain inégal. Comment un correspondant royal digne de ce nom aurait-il pu se contenter de la séance photo initiale et rentrer chez lui ?

Nos bureaux respectifs nous ordonnèrent de rester « en observation ». C'est-à-dire, maintenir une certaine distance avec les princes et suivre de loin le déroulé du voyage pour réagir au plus vite si quoi que ce soit devait arriver. Par exemple, si l'un des deux frères avait eu un accident, plus ou moins grave, nous devions nous assurer d'être dans les parages pour transmettre les nouvelles.

Heureusement, les princes achevèrent leur trek sans la moindre égratignure, même si Harry eut d'importants problèmes de digestion à partir de la moitié du trajet. Ces moments d'« observation » étaient courants pour un correspondant royal. Cela nous permettait de prolonger nos séjours dans des contrées exotiques pour suivre les princes, tout en restant discrets et non intrusifs.

Par exemple, l'un des moments d'observation les plus étranges que je connus eut lieu quand William et Kate retournèrent sur l'île privée de Moustique, dans les Caraïbes. Un lecteur du journal nous appela pour nous annoncer qu'il avait pris le même avion que les amoureux jusqu'à la Barbade. Écoutant plus ses réflexes que son bon sens, mon chef me donna l'ordre de monter dans le premier vol disponible pour la Barbade. Je devais partir avec un photographe et découvrir où William et Kate passaient leurs vacances.

Lorsque j'arrivai à destination, j'appris bien vite que le couple avait pris un autre avion, privé, pour se rendre sur son petit paradis tropical et, après m'être renseigné, je compris que je n'allais pas pouvoir les suivre sur Moustique. L'île était privée et avait même sa propre force policière. Dès qu'un journaliste posait un pied hors de l'avion, il courait le risque d'être arrêté et enfermé en attendant qu'on le renvoie d'où il venait.

Je téléphonai donc au bureau pour annoncer la nouvelle.

On me répondit qu'il était hors de question d'essayer de nous rendre sur l'île. Le photographe et moi reçûmes alors l'ordre de rester à la Barbade et d'attendre que le prince reparte pour essayer de prendre quelques photos avant que le couple monte dans son avion pour Londres.

Je raccrochai et transmis les consignes au photographe. Mon collègue fut assez surpris et me demanda combien de temps William et Kate avaient prévu de rester sur Moustique. Il nous fallut quelques secondes pour réaliser, incrédules, ce qui se passait. Nous devions séjourner à la Barbade, cette destination touristique légendaire, sans rien à faire qu'attendre que le couple finisse ses vacances.

— Combien de temps restent-ils sur Moustique ? me demanda une nouvelle fois le photographe, comme s'il craignait d'avoir mal compris.

— Sors ta crème solaire, ils ne rentrent que dans dix-sept jours.

Inutile de préciser que nous nous sommes montrés très obéissants. Nous avons trouvé un joli petit hôtel, nous nous sommes installés sur des transats au bord de la piscine et avons passé près de trois semaines à nous demander comment les choses en étaient arrivées là.

Quand on est correspondant royal, ce genre de surprise très agréable est fréquent. Quand j'attendais avec mes collègues que William et Harry terminent leur trek à moto, l'office du tourisme sud-africain nous fit une proposition que nous ne pouvions pas refuser et qui nous conduisit à passer deux jours dans un luxueux bungalow de safari près du lieu d'arrivée, à regarder toute la journée passer les éléphants et les lions, en attendant que les jeunes princes reviennent de leur petite aventure.

Harry rentra d'Afrique du Sud fin octobre 2008, confiant dans l'avenir et dans sa carrière militaire, qui était arrivée à un tournant majeur.

La passion de Harry pour les hélicoptères date de son plus jeune âge. Il est ici aux commandes d'un *Sea King*, volant de la résidence de Highgrove au porte-avions HMS *Invincible*, en juillet 1997.

L'image la plus tragique associée à Harry : tête baissée devant le cercueil de sa mère Diana, Princesse de Galles, qu'on installe dans le corbillard devant Westminster Abbey, le 6 septembre 1997.

Depuis son enfance, Harry est connu pour son regard pétillant et effronté. On le voit ici en uniforme, lors de son premier jour au prestigieux collège d'Eton.

Harry plante un arbre fruitier avec le petit Mutsu, quatre ans, lors de sa visite au Lesotho. Ce séjour, effectué durant son année sabbatique, en 2004, a profondément marqué le jeune prince.

Les princes et leur père Charles pendant leur séjour à la station suisse de Klosters, en avril 2005. Lors de cette séance photo, les propos critiques du Prince Charles à l'égard de la presse ont été accidentellement enregistrés.

La fierté d'une grand-mère. Passant en revue les officiers récemment diplômés de Sandhurst, en 2006, la reine est ravie de voir parmi eux son petit-fils.

Regards d'amoureux. Harry riant aux éclats avec Chelsy, son premier amour, lors du match de rugby opposant l'Angleterre à l'Afrique du Sud, à Twickenham, en novembre 2008.

La une du *Sun*, quand la mission de Harry en Afghanistan est devenue publique, en février 2008.

Harry le motard. Le prince s'amuse avec un véhicule abandonné lors de sa mission sur le front afghan, dans la province de Helmand, en février 2008.

Un sourire qui cache un vrai travail de soldat. Harry manie une mitrailleuse de calibre 50 depuis son poste d'observation de JTAC Hill, dans la province afghane de Helmand, en février 2008.

Harry parle avec Duncan Larcombe lors d'une visite au Lesotho, en juillet 2008.

Le lendemain, Harry nargue Duncan avec le « L » de *loser*, à l'occasion d'un match de football organisé avec les journalistes. Le prince savait que cette image cocasse donnerait un coup de projecteur sur Sentebale, l'association qu'il a créée pour venir en aide aux victimes du SIDA au Lesotho.

Frères d'armes. William et Harry ont passé six mois ensemble dans le cadre de leur entraînement de pilotes de la Royal Air Force à Shawbury, en 2009.

Harry s'amuse avec Usain Bolt, l'homme le plus rapide du monde, lors de sa première tournée royale en solo, en 2012. Il vient de battre Usain… en trichant.

Le prince guerrier retourne en Afghanistan en 2014, cette fois en tant que pilote d'hélicoptère Apache.

La deuxième romance de Harry. Le prince a passé dix-huit mois avec la radieuse Cressida Bonas.

Lorsque William se marie devant deux milliards de téléspectateurs, le 29 avril 2011, Harry, en témoin consciencieux, apporte son soutien à son frère.

La vue de Harry au côté de la petite sœur de Kate, Pippa Middleton, au mariage royal, a déchaîné la rumeur. Mais aucune romance n'a vu le jour.

L'engagement de Harry auprès des soldats blessés est l'un des enjeux de sa vie future. Il est ici photographié à l'ouverture des jeux Invictus de 2004, lors d'un match de volley-ball assis.

Nouveau look lors de la célébration de Noël avec la famille royale, en 2016.

L'élue de son cœur. La fiancée du prince, et actrice de la série *Suits*, Meghan Markle.

Sa seule chance de retourner en Afghanistan dépendait de sa réussite lors de sa formation de pilote au sein de l'Army Air Corps. Et, même s'il était admis, il allait devoir subir plusieurs années d'entraînement intensif avant qu'on lui confie un rôle quelconque au front. En revanche, s'il échouait à un moment ou à un autre de sa formation, sa carrière militaire risquait d'être compromise et il devrait accepter le fait qu'il ne verrait plus jamais de combat.

Tout le monde était convaincu qu'un échec marquerait la fin de son séjour à l'armée. Jamais Harry n'aurait su se contenter de faire du travail de bureau ou de ne défiler que lors des cérémonies avec la Household Cavalry. Il était entré dans l'armée pour devenir guerrier. Il voulait servir son pays et mener ses hommes au combat sans bénéficier de la moindre faveur ou du moindre privilège princier. Lorsqu'il rentra d'Afrique du Sud, il fut incapable de penser à quoi que ce soit d'autre. Qu'avait-il à perdre, au fond ?

Il savait depuis toujours que sa vie était tracée d'avance et, plus il resterait dans l'armée, plus il pourrait repousser son inévitable destinée de prince confiné aux poignées de main protocolaires et au soutien d'organisations caritatives.

Étant donné l'enjeu de sa candidature à l'Army Air Corps, il est assez surprenant de voir que le prince, qui ne faisait pourtant jamais les choses à moitié, ne semblait pas avoir apporté tant de soin à sa lettre de motivation. Le courrier était écrit à la main, sur une simple feuille A4. Pour expliquer ce qui le motivait pour devenir pilote, il écrivit simplement qu'il était intéressé par le vol et qu'il avait envie de marcher dans les pas de certains autres membres de sa famille. Quant à la section concernant ses autres intérêts et passe-temps, Harry la laissa blanche. Son écriture même paraissait pressée et brouillonne.

Il était évident que Harry avait pris conscience qu'il serait accepté pour la formation initiale uniquement grâce à son nom. L'Army Air Corps a toujours été un régiment très fier et orgueilleux : le commandement était sans doute ravi de pouvoir ajouter le nom d'un prince à ses effectifs. En tout cas, la présence de Harry parmi les recrues porterait certainement un coup dur au concurrent historique du régiment, la RAF. Dans le milieu militaire, l'Army Air Force est surnommée Miniature Airways — en référence au nombre restreint de pilotes, comparé aux effectifs impressionnants de la Royal Air Force.

Harry savait donc que sa lettre de candidature, à première vue improvisée et peu convaincante, n'était qu'une formalité ; et personne, au sein de l'Army Air Force, n'allait lui en tenir rigueur. La véritable épreuve pour le jeune prince n'était pas d'être admis à l'entraînement, mais de réussir sa formation. Il y a de nombreuses années, l'oncle de Harry, le Prince Edward, a réussi à obtenir une place pour la formation des Royal Marines All Arms Commando, l'une des formations les plus exigeantes au sein de l'armée britannique. En tant que troisième fils de la reine, Edward ne risquait pas de voir son admission refusée, mais il fut néanmoins froidement recalé lors de ses examens finaux.

En novembre 2008, Harry arriva donc au quartier général du régiment, à Middle Wallop, dans le Hampshire, pour entamer un mois de formation intensive en vol — un mois qui avait le pouvoir de modifier à tout jamais sa carrière. Le but premier de cette formation était de tester les instincts naturels et les capacités des candidats dans les airs. Il ne s'agissait pas d'une mise à l'épreuve physique dont Harry aurait pu sortir la tête haute en repoussant une fois de plus les limites de la douleur. C'était un test pour savoir s'il avait les aptitudes nécessaires pour voler. Les bases, il pouvait les apprendre, mais s'il ne prouvait pas qu'il avait une certaine affinité avec son appareil, le prince risquait d'être renvoyé sans ménagement.

En effet, un nombre impressionnant de candidats échoue lors de cette formation de vol. Même les personnes qui ont rêvé de devenir pilotes depuis leur enfance peuvent être dépourvues des instincts naturels requis.

Un ancien pilote de l'Army Air Force se rappelle :

« Dès qu'on arrive à Middle Wallop, on sent à quel point cette formation est élitiste. Peu importe que l'on se croie bon, on ne peut pas se cacher quand on est aux commandes et que chaque geste est observé, étudié, jugé. Former des pilotes d'hélicoptère, dans l'armée, coûte beaucoup d'argent. Les instructeurs cherchent donc des candidats capables d'apprendre vite. On pourrait presque comparer la capacité à voler au fait de savoir se taper sur la tête et se frotter le ventre en même temps. Certains peuvent le faire d'instinct, d'autres pas. Si la candidature de Harry avait été acceptée d'office, ses chances de passer cette formation initiale d'un mois étaient les mêmes que celles des autres recrues.

« Pendant ces quelques semaines d'entraînement, on vit, on mange et on dort dans les airs — ou presque. Au mess des officiers, on ne parle que de pilotage et on ne sait jamais si la personne avec qui on discute à un moment sera toujours là le lendemain. C'est extrêmement intense. Tout le monde est concentré et l'atmosphère de la base est très différente des mess d'officiers que l'on peut fréquenter ailleurs. Les recrues passent des heures en classe pour apprendre les principes de base du pilotage et mémoriser par cœur les protocoles à appliquer avant, après et pendant les vols. Dès que l'on quitte la classe, c'est pour s'enfermer dans un cockpit. Il n'existe aucune solution miracle pour réussir ; tout ce qu'on a à faire, c'est de travailler très dur, serrer les dents et espérer lire son nom sur la liste des admis, à la fin du mois. »

Pendant son séjour à Middle Wallop, Harry commença par piloter un avion d'entraînement, le Slingsby T67. Ce petit appareil était utilisé par l'Army Air Corps pour tester les talents de pilotage des recrues qui ne s'installeront aux commandes d'un hélicoptère qu'une fois qu'ils se seront montrés capables de gérer un avion. Le cockpit du Slingsby est fermé par une bulle de verre pour offrir aux candidats une vue panoramique de ce qui les entoure. De nombreux aspirants pilotes échouent parce qu'ils se concentrent trop sur les commandes et pas assez sur ce qui se passe autour d'eux.

Un jour, la rédaction reçut une information : Harry était sur le point d'effectuer le premier vol autonome de sa formation. Publier le premier une image de lui aux commandes de son appareil serait un scoop pour n'importe quel journal. C'était tellement important que cela valait le coup de venir perturber la formation du prince.

Nous nous rendîmes donc en voiture jusqu'à Middle Wallop pour voir si nous trouvions un endroit depuis lequel prendre nos photos, sans pour autant nous faire chasser par la police du ministère de la Défense ou les gardes du corps du prince. Fort heureusement, la base possédait son propre musée de l'aviation et une zone d'observation ouverte au public avec vue sur les pistes. Mais dès que mon photographe eut dégainé son plus long objectif, les gardes du corps de Harry, qui buvaient tranquillement du thé dans le bar du musée, nous aperçurent. Ils paraissaient détendus, comme à leur habitude, mais il était évident que nous n'aurions aucune chance de prendre une photo sans le consentement de Harry.

L'un des officiers se proposa d'aller demander au prince si nous pouvions prendre un ou deux clichés de lui avant de partir et de le laisser travailler en paix. Il revint rapidement nous annoncer que Harry était d'accord. C'était un compromis, certes, mais c'était notre seule chance d'obtenir quelques images sans nous mettre le prince à dos.

Comme l'avait promis Harry, après une heure d'attente, je vis le Slingsby jaune longer la piste à quelques mètres à peine de là où nous nous trouvions. Le grand cockpit de verre de l'appareil, si utile aux pilotes, fut également très pratique pour nous, et le photographe put prendre de bonnes photos quand le prince passa au plus près de nous. Nous pouvions voir clairement Harry aux commandes et, sans doute pour nous aider, il baissa son masque respiratoire pour qu'on reconnaisse facilement son visage. Je me souviens avoir pensé que c'était particulièrement gentil de sa part : il jouait le jeu et remplissait de bon cœur sa part du marché.

Après cette séance photo improvisée, Harry poursuivit sa route le long de la piste pour préparer son décollage. Le photographe qui m'accompagnait vérifia la qualité des images sur le petit écran de son appareil numérique et me fit signe qu'il avait tout ce qui lui fallait.

Nous n'étions évidemment pas le seul journal à avoir reçu l'information concernant le premier vol de Harry. Un second photographe, envoyé par un journal concurrent, avait pu obtenir les mêmes clichés que nous grâce à l'accord que nous avions passé avec les gardes du corps de Harry.

Alors que nous remballions notre matériel et nous préparions à repartir, l'autre photographe restait à sa place. Il avait pu prendre une photo de Harry dans son cockpit mais espérait visiblement faire mieux — peut-être avoir une image du prince en train de marcher vers l'appareil en tenue de pilote, comme Tom Cruise dans *Top Gun*. Seulement, il n'avait aucune chance de prendre un tel cliché depuis le seul point d'observation disponible. Lorsque Harry atterrirait et redescendrait de son avion, il le ferait loin de la tribune publique, dans l'un des immenses hangars de la base.

Malgré tout, le photographe refusa de partir. Je me souviens encore de ma colère en voyant que l'accord que j'avais personnellement passé avec Harry allait profiter à un journal concurrent. Quand on est correspondant royal, il faut savoir penser sur le long terme. Harry avait fait ce qui était convenu, mais la présence de l'autre photographe allait le laisser croire que je ne tenais pas ma part du marché.

Au bout de quelques minutes, les gardes du corps vinrent nous demander pourquoi nous n'étions pas encore partis et je leur expliquai ce qui s'était passé. L'officier qui avait négocié la séance photo impromptue pour nous répondit :

— Harry ne va pas aimer cela. Il pensait que vous partiriez tous dès que vous auriez eu vos photos et que vous le laisseriez s'entraîner tranquille.

J'étais particulièrement frustré, surtout parce que je n'avais pas l'autorité nécessaire pour chasser un photographe envoyé par un autre journal. Cependant, s'il s'obstinait à rester dans la tribune, Harry me tiendrait pour responsable et penserait que je n'avais pas tenu parole. Cela voulait aussi dire qu'il serait sans doute moins enclin à nous offrir ce genre d'occasion à l'avenir — et c'était bien compréhensible. Un marché est un marché.

Pendant le vol de Harry, je dus donc me résigner à avoir une « discussion animée » avec le photographe récalcitrant. Après quelques échanges tendus, l'homme finit par écouter la voix de la raison et accepta de quitter la base. Lorsque Harry atterrit, il ne vit aucun journaliste dans la tribune et il put découvrir notre beau papier illustré le lendemain.

Ce n'était d'ailleurs pas la première fois que je dus me battre avec des concurrents pour les pousser à jouer le jeu et faire de mon mieux pour que tout le monde obtienne satisfaction sans froisser Harry.

En avril 2007, le prince avait rejoint Chelsy et ses amis dans les Caraïbes pour voir l'Angleterre jouer lors de la Coupe du monde de cricket. Lorsque l'équipe nationale arriva à la Barbade pour son match contre les Indes orientales, Harry avait vite compris qu'il était la proie rêvée des photographes.

La Barbade a cela de particulier que toutes ses plages sont publiques. Le gouvernement a décidé cela il y a déjà de nombreuses années pour empêcher les célébrités et les gens riches d'acheter de grandes portions de la côte et d'entourer leur parcelle de clôtures barbelées. La Barbade est donc devenue le paradis des paparazzis, la destination idéale pour tous les chasseurs de têtes qui espèrent obtenir des images de stars en bikini pendant leurs vacances.

C'est pourquoi les célébrités qui ne veulent pas être photographiées évitent d'aller là-bas. Quand on voit dans un journal une image de chanteur ou de candidat de télé-réalité sur ces plages, on peut être certain que le séjour a été organisé exprès en toute connaissance de cause par un agent avide de publicité.

Ainsi, à cause du manque d'intimité, Harry et Chelsy ne purent pas visiter la région quand ils se rendirent là-bas pour le match de cricket. Ils furent coincés dans leur hôtel, sans même pouvoir prendre la voiture, de peur d'être suivis partout par une horde de paparazzis à moto. Au bout de quelques jours, Harry m'appela pour tenter de conclure un marché : il proposait de se laisser photographier sur la plage si on promettait de le laisser jouir en paix de la fin de son séjour. Il était certes tentant d'accepter et de profiter de l'occasion, mais je préférai lui expliquer clairement que je n'avais aucune autorité sur les photographes free-lance qui gagnaient leur vie à arpenter l'île en quête de visages célèbres. Au contraire, si Harry posait pour une série de photos sur la plage, il risquait de voir encore plus de paparazzis camper devant son hôtel dès le lendemain.

Ironiquement, Harry et Chelsy furent pris en photo quelques jours plus tard, en jet-ski, par des photographes locaux qui avaient été prévenus par les barmen qui les informaient. Les correspondants royaux restaient loin et avaient ainsi permis à ces chasseurs d'images de remplir leurs appareils d'images uniques du prince. C'était très frustrant, mais cela faisait partie du travail. Si jamais Harry reconnaissait votre visage au milieu d'un troupeau de paparazzis, c'est vous qui alliez subir sa colère.

Mais revenons à Middle Wallop. Nous avions les images que nous étions venus chercher et nous en étions plutôt satisfaits. En effet, combien de fois, dans une carrière de reporter, peut-on espérer prendre des photos du Prince Harry en tenue de pilote, aux commandes de son premier avion?

Fidèles à notre parole, nous sommes restés éloignés de la base pendant le reste de sa formation, le laissant étudier en toute sérénité.

Il y a eu de nombreux tournants, durant la carrière militaire de Harry, mais sa performance lors de cette formation a été l'un des plus importants. S'il avait échoué, il aurait très certainement décidé de quitter l'armée. Or, non seulement il fut admis à l'issue de la formation, mais il le fut haut la main.

À l'époque, une source au sein de l'Army Air Force confia :

« Harry est un pilote-né. Il a suivi la formation et a été l'une des recrues les plus douées de sa promotion. Il subissait beaucoup de pression, mais il a été capable de mettre sa nervosité de côté pour se concentrer sur ce qu'il avait à faire. Il a montré qu'il était parfaitement capable de piloter un appareil et a très vite assimilé les bases. Bien sûr, il a encore beaucoup à apprendre avant de devenir pilote de l'Army Air Force. Cependant, il a atteint son premier but : obtenir le feu vert pour continuer son entraînement. »

Son succès à Middle Wallop fut un grand pas pour un jeune prince bien décidé à se forger un avenir brillant dans l'armée. Cela signifiait qu'il avait réussi à entrer dans l'Army Air Corps et qu'il avait l'opportunité de devenir pilote d'hélicoptère. Après tant de mois d'incertitude, Harry savait enfin ce qu'il allait faire des deux ans et demi qui allaient suivre.

Il fut alors envoyé dans l'Army Air Corps pour entamer son véritable entraînement. Lorsque Clarence House annonça son admission, on laissa même sous-entendre qu'il pourrait un jour retourner en Afghanistan. Dans sa déclaration, le porte-parole précisa :

« Si le Prince Harry devient pilote de l'Army Air Corps,

il pourra, comme tout autre officier, être déployé lors de missions impliquant l'AAC. »

Bref, le rêve de Harry — retourner au front par tous les moyens — qui avait été rejeté quelques mois plus tôt paraissait enfin envisageable. Le prince guerrier était sur le point de se réinventer au sein de l'armée et de se donner les moyens de finir le travail qu'il avait commencé lors de son premier déploiement. Son succès soulagea énormément son secrétaire personnel, Jamie Lowther-Pinkerton. Le jeune officier qui avait menacé de quitter l'armée se préparait à présent à entamer un nouveau chapitre de sa carrière militaire. Harry le soldat allait pouvoir devenir Harry le pilote.

Bien sûr, le prince commençait à peine son entraînement, mais sa détermination à devenir pilote lui donna un nouveau souffle. Un an après son rapatriement précipité depuis l'Afghanistan, il allait entamer pour de bon sa formation de pilote. On eut l'impression qu'il avait enfin tourné la page de sa colère et de sa déception. Harry s'était donné une nouvelle mission. Une mission qui, tôt ou tard, le renverrait au combat.

Ce tournant essentiel de sa vie allait marquer Harry pendant longtemps, en particulier parce qu'il lui donnait un objectif sur lequel se concentrer pendant plusieurs années. Cela lui donnait également une bonne raison de rester dans l'armée et de poursuivre une carrière qui lui tenait toujours à cœur.

Chapitre 13

LE DRAME DU « PAKI »

Quelle différence une année peut faire ! Nous étions arrivés à Noël 2008 et Harry cheminait tranquillement aux côtés de son frère William pour rejoindre leur grand-mère, la reine, lors du rassemblement familial traditionnel organisé à Sandringham, dans le Norfolk.

Douze mois plus tôt, Harry était encore dans la province de Helmand, en Afghanistan. La presse était au courant de son déploiement, mais était muselée par son accord avec le palais ; et le public, lui, n'en savait rien. Même les milliers de royalistes convaincus qui font chaque année un pèlerinage à Sandringham pour Noël ne s'étaient pas rendu compte de l'absence du jeune prince sur les photos officielles de la famille en 2007. Tandis que tous les membres de la royauté profitaient des festivités, le jeune homme s'apprêtait à manger un plat de chèvre au curry préparé par les soldats gurkhas avec lesquels il servait.

Et voilà qu'un an plus tard, la foule massée devant l'église St. Mary Magdalene de Sandringham poussait des exclamations de joie au passage de son prince préféré. En effet, lors de ce genre de rituels familiaux, Harry est souvent l'attraction principale. Dès qu'il apparaît, le public crie son nom dans l'espoir d'être récompensé par un signe de la main ou un sourire malicieux. Quand on observe ce genre de scène de l'extérieur, on est même parfois un peu gêné de voir à quel point la popularité du jeune homme éclipse les autres membres de sa famille.

En 2008, Harry était plus apprécié que jamais au Royaume-Uni. Il était, aux yeux de tous, le prince rock'n'roll au grand cœur dont personne ne pouvait se lasser. Ses costumes déplacés, ses escapades alcoolisées ou les tumultes de sa vie amoureuse n'y changeaient rien. Le public restait en adoration devant le plus jeune fils de Diana.

Cette année-là, les gens avaient une raison de plus d'acclamer Harry. Tout le monde savait qu'il avait servi son pays au front et que c'était pour cela qu'il avait manqué les fêtes de Noël l'année précédente. Comme à son habitude, le jeune homme joua le jeu. Il traversa la foule en souriant, fit de grands signes de la main et se moqua gentiment de son frère William, qui affichait une belle barbe pour la première fois. Bref, il donna à voir un spectacle typiquement « Harry » : il tenait à la perfection le rôle du prince plaisantin que tous les patriotes venus agiter leurs drapeaux dans le Norfolk voulaient voir.

D'ailleurs, Harry avait une bonne raison de sourire. Il avait réussi ses premiers examens et n'avait plus que quelques semaines à attendre avant de commencer son entraînement de pilote d'hélicoptère militaire. Un nouveau chapitre commençait pour lui. Seulement, comme cela arrive souvent pour les membres de la famille royale, Harry ne se doutait pas qu'il se retrouverait de nouveau sur toutes les unes du monde à peine trois semaines plus tard. Les chaînes télévisées et les radios ressusciteraient tous les vieux doutes concernant ses erreurs de jugement et ses aptitudes à tenir son rôle de prince.

Pour une fois, il était facile de comprendre que Harry n'ait pas vu venir ce nouveau scandale. L'ouragan médiatique dans lequel il allait être emporté allait naître d'une bêtise faite plus de trois ans plus tôt. Comment le prince aurait-il pu penser qu'une maladresse si ancienne, qu'il avait déjà oubliée, reviendrait soudain le poignarder dans le dos ?

Le 10 janvier 2009, moins de deux semaines après les réjouissances du nouvel an, Harry reçut un coup de téléphone tard dans la soirée. Il s'agissait de Miguel Head, le conseiller en relations publiques que Harry et William avaient débauché des cabinets de communication du ministère de la Défense.

« Mig », comme on l'appelle affectueusement, était un homme aimable et très professionnel qui avait rencontré Harry à l'époque des négociations avec les médias lors de son déploiement en Afghanistan. Depuis des années, les jeunes princes cherchaient désespérément un chargé de relations publiques avec qui ils pourraient échanger et travailler en toute confiance. Jusqu'à la nomination de Mig à l'automne 2008, les affaires médiatiques de William et Harry étaient prises en charge par l'équipe du Prince Charles, à Clarence House. Cet arrangement avait bien fonctionné pendant les accords post-Diana ; mais, plus récemment, il y avait eu de nombreux impairs depuis que les princes avaient cessé d'être protégés, à la fin de leurs études.

Harry était particulièrement déçu des conseils que les hommes en gris lui donnaient — en particulier parce que l'équipe entière était employée par son père et devait lui répondre de tout. Il finit par désirer avoir un conseiller indépendant, qui ne s'occuperait que de son frère et lui, vers qui ils pourraient se tourner en cas de crise et dont ils pourraient suivre aveuglément les conseils.

Le choix de Mig fut un coup de maître de la part des jeunes princes. Il était bien plus accessible que certains membres du service de presse du Prince de Galles. Il était également plus proche de Harry et William en âge, ce qui dut les soulager après avoir dû travailler pendant des années avec des gens bien plus âgés qu'eux.

Mig avait aussi un parcours professionnel exemplaire. Il avait travaillé pour le ministère de la Défense suffisamment longtemps pour entretenir de bonnes relations avec les journalistes, et était considéré comme un homme avec qui les médias pouvaient collaborer.

En effet, l'équipe du Prince Charles avait, au fil des ans, acquis une réputation très controversée au sein des médias. Ses membres ne cherchaient pas à forger des relations durables avec les journalistes et, à l'image du Prince Charles lui-même, voyaient la presse comme un ennemi. Dès qu'un problème naissait, ils étaient souvent plus agressifs que conciliants. Un coup de téléphone au service de presse du palais provoquait bien souvent un rappel de la part d'un des avocats de haut vol du Prince de Galles. Et cette ambiance tendue avait été très remarquée par les rédacteurs en chef de Fleet Street qui n'aimaient ni qu'on leur dise sans cesse ce qu'ils devaient ou non publier, ni que des employés payés par le contribuable tentent de les museler sans raison valable.

La goutte d'eau fut la gestion du verdict final de l'enquête au sujet de la mort de la Princesse Diana. William et Harry se sentirent méprisés par leurs conseillers quand ceux-ci tentèrent de leur dire comment réagir à cette affaire qui les touchait de si près. Un mois plus tard, les princes publièrent une annonce à la recherche d'un chargé de relations publiques, mais ceux qui travaillaient avec les équipes du palais savaient déjà que le poste reviendrait à Mig. Puisque les deux frères étaient à l'époque engagés dans des carrières militaires, le conseiller du ministère de la Défense était particulièrement bien placé : il avait l'habitude de travailler avec l'état-major et les services médiatiques de l'armée.

Le premier événement qu'il couvrit pour les princes fut le trek à moto en Afrique du Sud et tout se passa au mieux. Plus récemment, il avait annoncé avec joie que Harry avait passé ses premiers examens pour accéder à l'entraînement de pilotage et confia au pays le désir du jeune prince de retourner au combat, un jour ou l'autre.

Mais le premier vrai test de Mig allait sortir de nulle part. Un samedi soir, tard, il reçut un appel du *News of the World*, le plus gros tabloïd du Royaume-Uni, publié tous les dimanches. La rédaction avait acheté une vidéo qui semblait avoir été tournée par Harry lui-même. Bien qu'elle fût ancienne, datant de 2006, quand Harry achevait ses études à Sandhurst, son contenu restait particulièrement sensible.

Sur la vidéo, on pouvait voir un groupe de cadets en train d'attendre leur avion pour un exercice d'entraînement à Chypre. Harry avait filmé tour à tour ses camarades en faisant un commentaire personnel. Au bout d'un moment, la caméra prit toute la pièce en panoramique et Harry remarqua l'un des membres de son peloton et lança :

— Et voilà notre ami Paki.

Le nouveau chargé de relations publiques du prince fut horrifié d'apprendre que Harry avait ainsi fait référence à un cadet venu de l'armée pakistanaise pour faire ses études à Sandhurst. Pire encore, la voix de Harry était parfaitement reconnaissable et la vidéo était clairement authentique.

Le *News of the World* annonça également qu'il avait obtenu une autre vidéo dans laquelle Harry disait à l'un de ses camarades cadets blancs qu'il « ressemblait à un enturbanné ».

Ce coup de téléphone allait déclencher le baptême du feu de Mig, qui n'était alors au service des princes que depuis quelques semaines. Il appela immédiatement Harry pour lui annoncer la mauvaise nouvelle : la vidéo allait faire la une du *News of the World*, le lendemain. Une source proche du prince révéla que sa première réaction fut de confirmer qu'il avait tourné la vidéo et d'assurer Mig qu'elle était trop vieille pour avoir la moindre importance. Néanmoins, Mig avait conscience que cette excuse ne suffirait pas à apaiser le scandale dont allaient s'emparer le tabloïd et ses millions de lecteurs dès le lendemain matin.

Mig conseilla donc au prince de publier immédiatement des excuses pour son commentaire déplacé. Depuis des années, le terme « Paki » est devenu inacceptable, considéré comme un mot péjoratif et raciste pour désigner les personnes d'origine pakistanaise. Mig savait que beaucoup de personnes considéreraient le dérapage de Harry comme une simple maladresse ; mais il était aussi convaincu que beaucoup de gens se sentiraient insultés. Une fois de plus, on allait faire resurgir le fantôme de l'uniforme nazi et se demander à haute voix si le prince avait des préjugés contre les minorités ethniques du pays. Non, cette histoire ne pourrait pas être ignorée ou considérée comme une vieille anecdote sans importance.

S'étant mis d'accord avec le prince sur la formulation d'un communiqué, Mig rappela le *News of the World*. Il fut bien obligé de confirmer l'authenticité de l'incident mais put également commencer à bâtir la défense de Harry. Le journal apprit que le prince avait été très proche du jeune Pakistanais et qu'ils étaient toujours en contact après avoir passé quarante-quatre semaines ensemble dans le même peloton à Sandhurst. Mig insista sur le fait que ce surnom n'avait rien eu de péjoratif. Au contraire, c'était une plaisanterie inventée par le jeune cadet concerné.

Quant au commentaire sur les « enturbannés », Mig informa le *News of the World* que ce terme était en fait très utilisé au sein de l'armée. Ce terme ne faisait pas référence aux personnes portant des turbans pour des raisons culturelles ou religieuses mais était de l'argot militaire pour désigner les insurgés talibans en Afghanistan.

De son côté, le journal accepta d'inclure dans son article la déclaration et les éclaircissements de Mig en citant une « source proche de l'affaire ». Mais quand le journal fut distribué, le lendemain, des millions de lecteurs virent une photo du prince en uniforme en première page accompagnée du titre : « La honteuse vidéo raciste de Harry ».

En quelques heures, l'histoire fit le tour de tous les bulletins d'information de Grande-Bretagne, puis fut relayée aux États-Unis, en Australie, au Canada et dans le monde entier. Une fois de plus, Harry fut entraîné dans une véritable tempête médiatique. La situation fut encore plus tendue car le Pakistan est un pays du Commonwealth que dirige la propre grand-mère de Harry.

Les pages du *News of the World* furent cruelles pour la famille royale. La reine, qui était toujours en congés à Sandringham, avait été prévenue des faits la veille. Le Prince Charles fut aussi horrifié qu'elle en apprenant la nouvelle, même s'il sentait également que sortir de l'oubli une vidéo aussi vieille de son fils était un acte assez retors.

Lorsque ce genre de scandale frappe, les membres de la famille royale adoptent en général un comportement distant. Les services de presse reçoivent l'ordre de ne rien dire ou faire qui puisse jeter de l'huile sur le feu. On conseilla donc à Harry de se faire discret pendant un temps. Les scandales royaux se répandent comme une traînée de poudre et finissent toujours par s'essouffler d'eux-mêmes. La meilleure stratégie que pouvaient adopter Mig et le prince était de laisser les choses suivre leur cours et espérer que l'affaire soit vite oubliée.

Comme le prince était un officier en service, l'armée dut réagir à ce scandale du « Paki ». Harry fut convoqué à ce que l'on appelle, dans le jargon militaire, un « interrogatoire au café ». Le ministère de la Défense fit savoir que le prince allait suivre un séminaire de « sensibilisation » suite à la publication de la vidéo.

Quant au cadet pakistanais, qui était à présent officier dans son pays natal, il refusa clairement de prononcer le moindre commentaire négatif au sujet de son ancien camarade de Sandhurst, en dépit de l'insistance des médias.

Ce qui fut particulièrement intéressant, dans ce scandale royal, fut — comme souvent — la réaction du public. Tandis qu'une partie des médias considéra Harry comme l'ennemi à abattre, la majorité des gens ordinaires parut passer l'éponge sur l'incident en disant : « Et alors ? » On suggéra qu'il y avait au fond peu de différence entre le fait d'appeler un Pakistanais « un Paki », et le fait d'appeler un Écossais « un Scot ».

Bien sûr, cela ne suffit pas à clore le débat ni à occulter le fait que ce terme péjoratif est né des abus racistes dont les immigrants pakistanais ont été victimes dans les années 1950 et 1960. Seulement, une fois de plus, le public ne voulait pas se saisir de cette vidéo pour accabler le prince. Il était populaire, il avait servi son pays au front, et c'était après tout une vidéo vieille de trois ans. Les politiciens et les personnalités publiques dont les carrières ont été détruites par des incidents similaires auraient sans doute aimé pouvoir bénéficier d'une telle bienveillance à leur encontre.

Harry parvint donc à se tirer de ce mauvais pas sans trop de séquelles. Le public savait qu'il n'était pas raciste, tout comme il savait qu'il n'avait jamais soutenu l'idéologie nazie. Tout cela n'était qu'une erreur de sa part, une erreur qui faisait enrager la brigade du politiquement correct, mais qui n'avait pas vraiment d'importance pour les gens du peuple. Il faut se rendre à l'évidence : la popularité de Harry dépasse le politiquement correct. Il est considéré comme le prince du peuple et ne sera pas aussi facilement mis au pilori par l'opinion publique.

Miguel Head parvint donc à survivre à cette première épreuve de force. Le scandale du « Paki » l'avait éclaboussé, mais il n'avait pas causé de véritable tort au jeune homme.

Dickie Arbiter, ancien chargé de communication de la reine, accorda de nombreuses interviews suite à cette histoire. Il résuma la situation pour la BBC :

— Ces remarques ont été faites il y a trois ans. Tous

ceux qui connaissent Harry savent qu'il est très différent aujourd'hui de ce qu'il était à l'époque de Sandhurst.

Dickie avait bien raison. Depuis le tournage de la fameuse vidéo, Harry avait fait la guerre, il avait servi son pays et était devenu adulte. Jamais le public n'aurait laissé ce genre de vieilles histoires saper le respect que le prince avait su gagner depuis.

Une fois de plus, les réactions face à l'erreur de Harry en dirent plus long que le faux pas en lui-même. La foule ne s'attendait pas à ce que Harry soit parfait en toutes circonstances, et lorsqu'il commettait des impairs, le public l'appréciait d'autant plus, car cela le rendait plus humain.

Quand on est chargé de couvrir les actualités de la famille royale, on est souvent interrogé sur Harry. Pour une raison qui demeure mystérieuse, il sait attiser la curiosité et enflammer l'imagination — beaucoup plus que les autres membres de sa famille.

Mais il existe un préjugé tenace à son sujet et une question revient toujours dans la bouche de ceux qui veulent en savoir plus sur ce prince :

— Alors, c'est vrai, ce qu'on dit ?

Inutile d'en dire plus, je sais toujours à quoi les gens font référence quand ils parlent ainsi.

Dès que les cheveux de Harry prirent leur teinte rousse, alors qu'il était encore tout petit, une rumeur particulièrement déplaisante et cruelle naquit à son sujet. Peu de temps après sa naissance, les détails de l'aventure extraconjugale de la Princesse Diana avec l'officier de cavalerie James Hewitt.

Aujourd'hui encore, je suis toujours surpris de voir tant de gens chercher à savoir si cette rumeur vieille de trente ans est vraie. C'est même d'ailleurs la première question que la plupart des gens me posent, quand on apprend que je suis de près la vie de Harry depuis des années. Il s'est pourtant passé tant de choses, depuis la mort de Diana.

Cela n'a pas empêché la machine à ragots royaux de tourner à plein régime au sujet d'une aventure que la Princesse de Galles avait eue alors que son mariage avec le Prince Charles battait déjà de l'aile.

L'un de mes amis, Ken Wharfe, a servi comme garde du corps auprès de Diana. Dans ses Mémoires, il raconte que la Princesse de Galles a toujours été très contrariée par tous ces sous-entendus et j'imagine aisément ce que Harry peut ressentir quand il lit toutes les théories du complot concernant sa naissance et l'identité de son père.

Dans son ouvrage, Ken s'attaque directement au problème :

« Une simple vérification des dates suffirait à prouver que Hewitt ne peut pas être le père de Harry.

« Je n'ai parlé de cette rumeur qu'une fois avec Diana et elle a fondu en larmes. Elle ne se souciait généralement pas des mensonges répandus à son sujet par les amis de Charles, mais la moindre attaque à l'encontre de ses fils la blessait profondément.

« Il est temps de mettre fin à cette absurdité une bonne fois pour toutes : les dates ne correspondent pas. Harry est né le 15 septembre 1984, ce qui signifie qu'il a été conçu autour de Noël 1983, quand son frère William avait dix-huit mois.

« Diana n'a rencontré James Hewitt qu'à l'été 1986.

« Ces cheveux roux que les commérages considèrent comme une preuve est, bien évidemment, un trait courant chez les Spencer. Tous ceux qui ont pu voir des photos de jeunesse de la sœur de Diana, Jane, le savent.

« La seule personne qui pouvait être certaine de l'identité du père de Harry reste Diana, et elle m'a dit :

« — Je ne sais pas comment mon mari et moi avons eu Harry, car à l'époque Charles était déjà retourné avec sa maîtresse. Mais une chose est sûre, nous avons eu notre deuxième fils ensemble. »

Bien que personne n'ait pu confirmer cela, je ne doute pas

que tous les enfants qui naissent dans les hautes sphères de la famille royale sont soumis à des tests ADN dès leur plus jeune âge. Et, même si ce n'est pas le cas, la déclaration de Ken Wharfe n'est pas contestable.

Harry et sa famille sont toujours confrontés à diverses légendes urbaines que l'on prend pour argent comptant. Dans ce cas précis, j'espère que les faits suffiront à convaincre enfin l'opinion et que le public finira par comprendre que la rumeur qui a suivi le prince toute sa vie n'a aucun fondement.

Le scandale de la vidéo de Harry s'apaisa rapidement et le jeune prince put se concentrer sur l'étape suivante de ses projets : essayer d'obtenir son diplôme de pilote.

Après la réussite de ses premiers examens, Harry partit en janvier 2009 pour la base de la RAF de Shawbury, dans le Shropshire, où il entama son entraînement intensif pour apprendre les bases du pilotage d'un hélicoptère — au lieu des avions dont il avait pris l'habitude.

Cette base isolée, dans le nord de l'Angleterre, permit au prince d'échapper aux photographes londoniens. Là, il put se concentrer pleinement sur sa formation. Pendant neuf mois, il allait accumuler quarante heures de vol, au cours desquelles il devrait apprendre à maîtriser les techniques du décollage, les bases du pilotage, l'atterrissage et divers protocoles d'urgence.

Le fait d'être posté à Shawbury avait également un autre avantage pour le prince. Pour la première fois depuis le trimestre qu'il avait passé à Sandhurst en même temps que son frère, William et lui allaient vivre au même endroit. En effet, à cette époque, William avait quitté l'armée pour rentrer dans la RAF. Il suivit donc les mêmes cours que son petit frère dans le but de devenir pilote de sauvetage.

William avait terminé avec succès ses études à Sandhurst, deux trimestres après de départ de Harry. Mais sa carrière dans l'armée ne lui apporterait jamais plus qu'un bref aperçu de ce qu'était la vie quotidienne des soldats britanniques. William s'installa sur la base de Shawbury parce qu'il avait besoin d'achever sa formation s'il voulait réaliser son rêve de devenir pilote de sauvetage.

Pour Harry, en revanche, son séjour dans la base de la RAF servait un projet bien plus important. S'il réussissait à terminer son entraînement, on lui apprendrait ensuite à piloter l'un des hélicoptères de l'Army Air Corps. C'était son unique chance d'être de nouveau déployé au front un jour, même si cela l'obligeait à rester longtemps en Grande-Bretagne pour apprendre son nouveau métier.

La base de Shawbury n'avait rien de particulier et, après y avoir passé quelques semaines, les deux princes décidèrent de trouver un endroit où habiter ensemble, assez près pour leur permettre de suivre leurs emplois du temps plutôt denses. Ils eurent la chance de découvrir une maison à moins de cinq kilomètres de la base, près du petit village de Cliva. C'était l'ancienne écurie d'un manoir. La demeure rénovée était assez grande pour accueillir confortablement les princes et leurs gardes du corps.

L'année 2009 avait peut-être mal commencé pour Harry avec la publication de la vidéo, mais il put finalement savourer une vie relativement normale pendant plusieurs mois, loin des caméras et de ses devoirs royaux. Il eut également l'occasion de passer du temps avec son frère, de se disputer sur les tours de vaisselle et la mauvaise cuisine de William.

Entourés par les collines et la beauté de ce paysage de campagne, William et Harry se sentirent chez eux, dans cette maison temporaire, et se rapprochèrent encore plus l'un de l'autre grâce à cette intimité retrouvée.

Les deux princes ont toujours été très proches, en particulier à cause de la tragédie de leur enfance. Après la mort de leur mère, ils avaient tous deux besoin de soutien et leur relation devint plus exclusive que ce que l'on voit d'habitude au sein des fratries. Ainsi, quand ils eurent la chance d'être assignés à la même base de la RAF, ils profitèrent autant que possible des quelques mois de tranquillité qu'on leur offrait.

Pendant cette période, alors qu'ils vivaient ensemble loin de Londres, ils purent librement parler de leurs sentiments personnels — en particulier de leur quotidien de princes amoureux depuis longtemps. William et Kate étaient passés par des hauts et des bas, mais ils entamaient à l'époque un nouveau chapitre de leur histoire. Ils ne pensaient peut-être pas encore au mariage, cependant, il était clair qu'ils avaient l'intention de rester ensemble aussi longtemps que possible.

Pour Harry, en revanche, les choses n'étaient pas aussi simples. Si son frère se dirigeait plus ou moins vers un projet de mariage encore flou, sa relation avec Chelsy, elle, prenait plutôt la direction opposée.

CHAPITRE 14

RUPTURE AVEC CHELSY

« Situation amoureuse : célibataire », pouvait-on lire sur le nouveau statut Facebook de Chelsy Davy. Trois mots qui confirmèrent les rumeurs. La première romance importante de Harry avait pris fin. Après de violentes disputes, de longues périodes d'éloignement et compte tenu de leurs deux carrières qui prenaient des directions radicalement opposées, les jeunes amoureux semblaient avoir fini par se dire adieu.

Bien sûr, l'actualisation du profil pouvait être fausse. À moins que ce ne fût une tentative désespérée pour passer du temps en couple loin des médias. Mais un simple coup de téléphone passé à l'un des amis intimes de la jeune femme me confirma la nouvelle. Tout était bel et bien terminé entre Harry et Chelsy.

Le timing de cette annonce était également révélateur. Nous étions à la fin du mois de janvier 2009 et le prince avait commencé son entraînement à la base de Shawbury deux semaines plus tôt. Il allait passer plusieurs mois sur place, plongé dans une formation intensive qui l'aurait empêché de passer plus d'un week-end en compagnie de sa petite amie.

Pendant ce temps-là, Chelsy travaillait dur pour passer ses examens à l'université de Leeds et pouvoir devenir avocate.

Le peu de temps libre dont elle disposait était certainement consacré à terminer ses dissertations ou étudier pour ses épreuves de droit. Même si Harry avait eu le temps de la voir, sa petite amie aurait été bien trop occupée pour s'engager dans l'une de ces escapades exotiques qui permettaient habituellement au couple de raviver la flamme.

Après cinq ans, nous prenions finalement conscience qu'en dépit des efforts des deux amoureux, cette histoire qui avait commencé dans l'insouciance de l'année sabbatique de Harry atteignait son inévitable terme. Certaines sources insistèrent sur le fait que le couple « s'aimait toujours tendrement », mais que toutes les bonnes choses doivent avoir une fin. Cependant, pour Harry, cette rupture fut amère — même s'il ne pouvait en être surpris, au fond de lui.

Le couple avait rencontré des difficultés dès le début. Ils vivaient à des milliers de kilomètres de distance, et les rares moments qu'ils avaient pu passer ensemble depuis leur rencontre avaient toujours plus ressemblé à des lunes de miel qu'à une relation réelle. Voguer sur le fleuve Orange en Namibie, passer des soirées autour d'un feu de camp en plein safari dans le Botswana, tout cela leur avait sans doute plu sur le moment, mais c'étaient des expériences qui n'avaient rien à voir avec celle d'une relation stable et durable.

Et surtout, il y avait le problème « royal » : on l'a dit, Chelsy n'avait jamais eu l'intention de devenir princesse. La simple idée d'épouser un membre de la famille royale la terrifiait. Ironiquement, l'indépendance farouche de Chelsy, trait de caractère qui avait tant plu à Harry dès le départ, devint la cause principale de leur séparation.

D'après plusieurs amis de la jeune femme, cette relation était condamnée depuis le premier jour. Tous les proches de Chelsy s'étaient bien sûr réjouis de la voir si amoureuse d'un jeune homme qui l'adorait et la traitait avec un profond respect. Mais ils avaient aussi eu conscience que le statut royal de Harry, et tout ce que cela impliquait, terrifiait la jeune Africaine si libérée.

L'enfance de Chelsy au Zimbabwe, au sein d'une famille de riches propriétaires terriens, ressemblait fort peu à celle qu'avaient connue Harry et son entourage. Ce n'est pas le parcours traditionnel que l'on attendait de la part d'un futur membre de la famille royale.

Tandis que les petites filles privilégiées de Chelsea jouaient à la princesse et grandissaient dans le luxe, au sein des riches familles aristocratiques d'Angleterre, Chelsy, elle, vivait sur une autre planète. Au lieu d'entrer en maternelle dans un établissement sélect, entourée par les enfants de l'élite britannique, elle passa ses premières années à éloigner les animaux sauvages qui s'invitaient dans les salles de classe.

Dans l'une des rares interviews qu'elle accorda au *Times*, en 2015, pour faire la promotion de sa nouvelle collection de bijoux, la jeune femme (qui avait alors trente ans) offrit au public un aperçu de son enfance :

— Dès ma naissance, j'ai vécu dans une ferme. Quand on est petit, en Afrique, la présence des lions et des girafes semble normale : ils font partie du paysage. J'étais souvent triste, le week-end, parce que mes amis de la ville organisaient des soirées pyjama pendant que j'étais coincée chez moi avec un troupeau d'impalas — « c'est nul ! » Dans mon école maternelle, il y avait des singes partout et ils venaient voler nos crayons. Tous les enfants jouaient avec les phacochères, dehors. J'ai encore une vidéo de moi, sur une moto à pédales, face à un troupeau de buffles que je regarde droit dans les yeux. Un des régisseurs avait une hyène apprivoisée et elle était adorable. Quand je repense à tout cela, maintenant, je comprends que mon enfance a été exceptionnelle. J'ai eu beaucoup de chance.

Évidemment, grandir dans un tel environnement a endurci Chelsy dès le plus jeune âge et lui a fait comprendre les dangers de la nature, dans le sud de l'Afrique. Un jour, alors qu'elle se promenait dans les terres sauvages de son père, un serpent boomslang, mortel et aussi grand qu'un homme, lui tomba sur la tête. Une autre fois, elle fut chargée par un éléphant qui cherchait à lui faire peur — ces créatures ont déjà tué des centaines de personnes trop inexpérimentées, qui cèdent au réflexe de s'enfuir en courant. Chelsy s'en souviendra, plus tard :

— J'étais terrifiée, mais il ne faut surtout pas fuir. Il faut rester sur place et faire face à l'animal.

Lorsqu'elle eut quatorze ans, alors que la situation politique au Zimbabwe devenait particulièrement tendue, Chelsy persuada ses parents de l'envoyer en pension en Angleterre. Cette décision transforma sa vie et lui fit finalement rencontrer le jeune prince avec qui elle allait vivre une histoire d'amour de cinq ans.

Même si le Zimbabwe avait connu des années de paix relative et de cohabitation ethnique sous le régime despotique de Robert Mugabe, le pays devenait de plus en plus hostile aux riches fermiers et propriétaires terriens blancs pendant l'adolescence de Chelsy. La célèbre réforme de la propriété chassa des dizaines de fermiers blancs de leurs terres et les obligea à fuir. Même Charles, son père, qui avait pourtant de nombreuses relations, fut contraint d'abandonner toutes ses terres arables. La ferme des grands-parents de Chelsy fut saisie et leur maison fut détruite.

— C'était si triste, confiera Chelsy. Ils avaient vécu toute leur vie dans cette ferme et on leur a tout arraché en une nuit. Tout le monde a vécu la même chose. C'était vraiment une époque très dure.

La situation politique se détériorait si vite que Charles et sa femme Beverley acceptèrent rapidement d'envoyer leur fille étudier à l'étranger. Ce fut un changement de taille pour l'adolescente qui avait passé presque toute sa vie à courir pieds nus dehors.

Sans relations ni proches au Royaume-Uni, les parents

de Chelsy l'accompagnèrent en Angleterre pour trouver une école qui lui conviendrait. Mais le guide des écoles qu'ils avaient apporté était si vieux que le premier établissement auquel ils téléphonèrent était fermé depuis dix ans.

Au final, ils choisirent l'école de filles de Cheltenham. Peu de temps après, Chelsy s'installa dans la renommée école Stowe, dans le Buckinghamshire — qui restait principalement une école de garçons. Installés dans le parc somptueux d'un ancien manoir, les locaux de Stowe durent paraître très surprenants à la jeune Chelsy. C'est l'une des écoles privées les plus luxueuses d'Angleterre et ses salles ont accueilli des élèves célèbres, dont le multimillionnaire Richard Branson.

Lors de son interview, Chelsy parle de son arrivée au Royaume-Uni et de l'impression qu'elle a eue d'être très différente des autres adolescents. Elle dit s'être sentie comme Crocodile Dundee.

— Vous auriez dû voir à quoi je ressemblais. C'était étrange. Je portais des tenues absolument ridicules et je ne savais rien de la mode. Au Zimbabwe, personne n'a de grande garde-robe et tout le monde s'en fiche. Les autres filles m'ont un peu effrayée : tout le monde était si mature, par rapport à moi. J'étais encore innocente, une enfant qui ne grandissait pas et qui avait été élevée dans une campagne sauvage. J'étais une gamine, alors que les filles de quatorze ans ne sont plus des gamines, en Angleterre. Je n'avais encore jamais porté de maquillage et toutes mes camarades de classe en mettaient. Je n'en revenais pas, je trouvais ça fou. Malgré tout, c'était aussi très excitant. Les gens devaient se dire : « Qui est cette fille bizarre, du Zimbabwe ? » Mais cela ne m'a pas empêchée de me faire de très bons amis.

Chelsy n'eut pourtant pas trop de mal à s'adapter, et la « fille bizarre du Zimbabwe » s'est vite fait sa place à Stowe, au milieu des enfants de l'élite. C'était une adolescente vive et le fait que ses parents et son frère Shaun vivent à plusieurs milliers de kilomètres de là l'obligea à nouer très vite des amitiés proches. Rapidement, son sens de l'humour et sa bonne humeur firent d'elle l'une des élèves les plus populaires de l'école. Et, si son éducation au Zimbabwe lui avait laissé quelques lacunes par rapport à ses camarades, elle se rattrapa bien vite.

Un ancien élève, qui avait un an de plus que Chelsy, se souvient :

« Elle était très différente des autres, mais elle a su tourner cela à son avantage. Quand quelqu'un arrive en cours d'année, tout le monde est intrigué par *le nouveau* ou *la nouvelle*. Mais le fait que Chelsy ait eu un accent africain très marqué et paraisse aussi décalée l'a rendue particulièrement populaire. Une bonne partie des garçons de sa promotion avaient un faible pour elle et la voyaient comme une fille mystérieuse — alors qu'en fait, elle était assez garçon manqué. »

Décalée ou pas, Chelsy apprécia d'étudier en Angleterre et réussit ses examens haut la main. Ce fut lors de son année de première qu'elle rencontra le Prince Harry par l'intermédiaire d'un ami commun. Plusieurs camarades de classe de Chelsy avaient des amis à Eton, et les futurs amoureux se rencontrèrent sans doute lors d'une fête ou d'un événement organisé par les deux écoles. Quoi qu'il en soit, elle fit aussitôt une forte impression au prince, qui s'était toujours senti mis à l'écart à cause de son nom.

D'une certaine manière, c'était la réalité. Il était un prince au milieu du peuple. Mais grandir en se sentant si différent avait eu un impact profond chez Harry. Il voulait se sentir normal, ne supportait pas que ses camarades et les élèves des autres écoles qu'il rencontrait parfois l'excluent du groupe.

Ainsi, Harry trouva en Chelsy une personne capable de comprendre ce que c'était d'être différent, de ne pas tout à fait se couler dans son environnement social. En sachant cela, on ne s'étonne donc pas qu'il lui ait proposé de sortir avec lui en avril 2004, lors de son séjour au Cap.

Après ses études à Stowe, Chelsy fut acceptée en première année de politique, philosophie et économie à l'université du Cap, ce qui lui permit de se replonger dans un environnement familier. Elle avait alors un groupe d'amis très proches, décidés à profiter au maximum de leur vie étudiante. Ses parents acceptèrent d'acheter une maison dans l'élégante banlieue de Newlands, au Cap, pour que Chelsy et son frère puissent y habiter ensemble.

Après ses retrouvailles avec Harry dans l'une de ses boîtes de nuit préférées, le couple devint vite proche et, quelques semaines plus tard, le prince l'invita à l'accompagner pour des vacances de polo en Amérique du Sud.

Un ami se souvient encore :

« Chelsy vivait au Newlands quand elle a commencé à sortir avec Harry. Leur relation est restée secrète pendant quelques mois et ne fut rendue publique que lorsque Chelsy alla le rejoindre en Argentine pour passer un peu de temps avec lui.

« Ils s'entendaient très bien, partageant le même amour du grand air et de l'Afrique. Chelsy, façonnée par son enfance dans la brousse, était comme une bouffée d'air pour Harry. Elle devait être très différente des autres jeunes femmes qu'il avait l'habitude de fréquenter. Elle était franche, amusante et courageuse. On voyait que Harry était fou amoureux d'elle.

« Au début, tout semblait normal, entre eux. Bien sûr, quand Harry venait la voir, il était toujours accompagné par ses gardes du corps. Mais à part ça, il avait tout d'un garçon ordinaire, et amusant. Je comprends pourquoi Chelsy l'aimait tant. Seulement, dès que leur relation fut rendue publique, je pense que Chelsy a été bouleversée par l'attention soudaine portée sur elle. Elle a beau être très séduisante, elle n'aime pas être prise en photo et n'a jamais cherché à attirer l'attention sur elle. Elle voyait en Harry une personne vulnérable, un peu maladroite et avec un grand cœur. Elle aimait le materner. Quant à lui, il appréciait de pouvoir passer du temps avec elle et son frère Shaun. »

Il n'était pas étonnant que Harry apprécie tant la confiance et la force de caractère de Chelsy. Et, si l'on doutait encore de son courage, elle raconta plus tard dans son interview un incident terrifiant qui aurait traumatisé une personne moins forte.

Après avoir terminé un examen pendant sa dernière année à l'université du Cap, Chelsy et une amie décidèrent de sortir boire un verre près de leurs maisons, pour une soirée de détente bien méritée. Elles s'étaient à peine installées depuis quelques minutes qu'un homme armé d'un pistolet fit irruption dans le bar et menaça tous les clients.

Se souvenant de cette terrible expérience, Chelsy se confia aux journalistes d'une voix posée, comme si rien ne pouvait lui faire perdre son sang-froid.

— Peu de gens, au Cap, peuvent se vanter de sortir vivants d'un braquage, dit-elle avant de décrire l'instant où l'assaillant arriva à sa table.

« Il plaqua son arme contre ma tempe et nous poussa jusqu'à la cuisine. Là, il nous força à nous allonger par terre et nous fouilla à la recherche d'objets de valeur. Il lança : "Au premier qui lève les yeux, je tire !" Je me souviens que je tenais la main de mon amie. Nous tremblions toutes les deux. »

La plupart des gens auraient mis des années à se remettre de ce type de traumatisme. Pas Chelsy. C'était une femme forte, capable de voir cette épreuve comme une épreuve périlleuse à laquelle elle avait su survivre.

Mais le fait de devenir l'un des centres d'intérêt préférés des médias était une autre affaire. Cette fois, il était plus délicat de relever la tête et de passer à autre chose.

Lorsqu'elle mit à jour son statut Facebook et annonça sa rupture avec Harry, Chelsy était arrivée au terme d'une longue réflexion et avait compris que sa relation avec le prince n'avait pas d'avenir. Dès qu'elle était revenue au Royaume-Uni, après avoir obtenu son diplôme au Cap, les difficultés que le couple traversait devinrent insurmontables. Et, lorsque Harry entama son entraînement de pilote en janvier 2009, il devenait clair que les amoureux ne parviendraient pas à rester ensemble.

Durant leur relation, Chelsy s'est souvent retrouvée sous le feu des projecteurs parce qu'elle fréquentait le prince, ce qui la mettait très mal à l'aise. Être suivie par des photographes et voir son visage étalé dans les journaux fut une torture pour elle. Elle faisait d'énormes efforts pour les éviter. Par exemple, quand Harry fut diplômé de Sandhurst et invita ses proches à la cérémonie des diplômes, en présence de la reine, Chelsy préféra garder ses distances. Ce ne fut qu'après le départ de la presse qu'elle fit le voyage jusqu'à la base et s'autorisa à participer au bal de fin d'année avec son petit ami.

La cérémonie se déroula de manière bien différente, lorsque William fut diplômé à son tour, quelques mois plus tard. Une fois de plus, la reine fit le déplacement. Cependant, on vit également arriver Kate Middleton et ses parents, qui ne se cachaient pas des journalistes. L'apparition de Kate lors de la cérémonie fut prise comme un signe : les fiançailles semblaient proches. Le mois suivant, alors que Kate fêtait son anniversaire, une meute de reporters et d'équipes de télévision se rassembla devant son appartement londonien. La scène n'était pas sans rappeler les quelques jours qui avaient suivi l'annonce des fiançailles entre la Princesse Diana et le Prince Charles.

Contrairement à Kate, Chelsy ne supportait pas qu'on la suive partout. Elle se sentait traquée comme une bête sauvage, ce qui provoquait de violentes disputes avec Harry.

On l'a dit, lors de leur mariage en 2008, Peter Phillips et Autumn Kelly autorisèrent le magazine people *Hello!* à couvrir l'événement. Au moment de la publication du numéro spécial consacré au mariage, Chelsy fut horrifiée de découvrir plusieurs pages consacrées à Harry et elle. Elle en voulut beaucoup à son petit ami d'avoir laissé son cousin les exposer à la presse de la sorte.

À l'université de Leeds, Chelsy fut également suivie et photographiée plusieurs fois, même quand Harry n'était pas avec elle. Elle le supplia de trouver un moyen d'empêcher la presse de camper devant son logement étudiant, mais le prince ne pouvait pas faire grand-chose pour elle. Tout cela était malheureusement habituel, pour une personne liée à un membre de la famille royale.

Être la petite amie d'un prince n'accordait pas à Chelsy le droit d'avoir une protection royale, et cela aussi jeta une ombre sur leur histoire d'amour. Harry était très frustré de ne pas pouvoir aider Chelsy qui, quand elle était contrariée, le blâmait pour ce qui lui arrivait.

Alors que les études de Chelsy à Leeds auraient dû rapprocher le jeune couple, ils commencèrent au contraire à s'éloigner irrémédiablement l'un de l'autre. À l'université, elle se fit de nouveaux amis, dont le plus grand nombre n'avait jamais rencontré Harry et ne faisait pas partie de son cercle. Cela le décourageait, quand il envisageait de rendre visite à sa petite amie. Ils passèrent donc de moins en moins de temps ensemble. Au final, Chelsy décida de le quitter, convaincue que rien ne pourrait arranger la situation.

Heureusement, cette rupture eut lieu à l'époque où Harry vivait avec son frère dans l'ancienne écurie rénovée du manoir, près de la base de la RAF de Shawbury. William put se montrer très présent pour son frère et l'entraînement intense qu'il devait suivre pour apprendre à piloter un hélicoptère lui changea également les idées.

Au départ, Harry était décidé à ne pas laisser partir Chelsy sans réagir, mais William le convainquit de lui laisser un peu de temps. Lorsqu'il s'était séparé de Kate, sur fond de tempête médiatique, le temps qu'ils avaient passé loin l'un de l'autre leur avait permis de comprendre qu'ils étaient faits pour vivre ensemble. Harry espérait secrètement que la même chose arriverait dans son cas : peut-être qu'une pause était ce dont ils avaient besoin pour repartir d'un bon pied.

Au mois de mai, cette année-là, le palais organisa une séance photo pour Harry et William afin de donner aux médias des nouvelles de leur entraînement à la base de Shawbury. Lors de cette interview, Harry confia à la BBC que ses premières semaines d'entraînement avaient été particulièrement intenses.

— Pour devenir pilote, on commence par quatre ou cinq semaines au sol pour suivre des cours et passer des examens. Je n'ai jamais aimé les examens, et je savais dès le départ que j'allais avoir du mal à le supporter.

Pendant la séance photo, les deux princes restèrent côte à côte dans l'un des hangars de la base. Comme souvent, quand les deux frères donnent une interview ensemble, Harry se mit bientôt à se moquer gentiment de William. Expliquant à quel point il était heureux d'en avoir fini avec la théorie et de pouvoir enfin prendre les commandes d'un hélicoptère, il précisa :

— J'ai terminé les cours et j'ai pu me plonger dans le travail plus physique que j'adore. C'est difficile, mais je reste meilleur que William — et c'est tout ce qui compte.

Cette plaisanterie fit éclater de rire William, qui saisit la première occasion pour se venger. Un journaliste lui demanda s'il avait aidé Harry à préparer ses examens, ce à quoi William répondit :

— Bien sûr, je l'ai beaucoup aidé. Il a toujours besoin d'aide. C'est notre quotidien, à la RAF : on passe notre temps à aider les gars de l'armée.

Évidemment, qui disait interview officielle, disait interdiction de mentionner Chelsy. Mais en dépit de ces précautions, Harry donna aux reporters un aperçu de son état d'esprit du moment.

Lorsqu'on lui demanda s'il s'était uniquement engagé dans cette formation de pilote pour retourner au combat, Harry déclara :

— Bien sûr. J'ai toujours voulu devenir pilote, et j'ai toujours aimé les hélicoptères, que je préfère aux avions (même si j'ai l'impression que les avions sont un peu plus faciles à prendre en main). J'apprécie beaucoup cette formation, qui reste le meilleur moyen pour moi de retourner au front un jour, comme tout le monde le sait. Est-ce que le travail de pilote m'offrira un peu plus de sécurité sur le terrain ? Je n'ai pas la réponse. Je suis certain que vous êtes au courant de la pression que je subis concernant les conditions à remplir pour un second déploiement : si je repars, je ne pourrai pas faire le même travail sur place que la dernière fois. C'est pour cela que j'ai décidé de changer de poste, et de relever le défi qui m'a toujours attiré, devenir pilote d'hélicoptère.

On demanda ensuite à Harry s'il pensait pouvoir repartir au combat dans cette nouvelle configuration.

— Oui, tout à fait, répondit-il, à moins qu'on cesse d'envoyer des hélicoptères en Afghanistan — mais je ne pense pas ! Comme je le disais, pour le moment, je me contente de prendre plaisir à piloter et j'espère pouvoir un jour faire partie des meilleurs. Repartir en Afghanistan serait une chance extraordinaire et, si je veux pouvoir y arriver, je dois devenir pilote. Je me mettrai aux commandes de tous les appareils qu'on me confiera et je retournerai là-bas dès que je serai assez bon. Dans cinq ans, peut-être.

Il devenait évident que Harry se concentrait pleinement sur sa carrière ; signe, sans doute, qu'il préférait ne pas trop penser à Chelsy.

Finalement, on demanda aux deux princes comment se passait leur cohabitation, tant chez eux que sur la base. Tous deux sourirent et Harry répondit :

— Disons que c'est la première et la dernière fois que nous habiterons sous le même toit, lui et moi.

Ce à quoi William ajouta :

— C'est une expérience plutôt intense, émotionnellement. En prenant en compte que je cuisine pour lui et que je le nourris tous les jours, je dirais que mon frère s'en sort plutôt bien. Il fait un peu de vaisselle mais laisse toujours le plus gros dans l'évier jusqu'au matin — et c'est à moi de finir.

Harry protesta, affirmant que son frère mentait au sujet du partage des tâches et tous deux éclatèrent de rire. Si la rupture avec Chelsy avait marqué Harry, il sut en tout cas ne rien en montrer pendant l'interview. De toute évidence, il se concentrait sur son entraînement de pilote et ses chances de repartir un jour en Afghanistan.

Cependant, loin des caméras, William avait énormément soutenu son frère pendant sa rupture. Le lien qui les unissait, et qui était flagrant quand ils riaient ensemble ou se moquaient affectueusement l'un de l'autre, était plus puissant que jamais. Avec l'aide de William, Harry avait trouvé la force de mettre ses problèmes sentimentaux de côté pour se concentrer sur sa formation.

CHAPITRE 15

SANDHURST

— Vous m'appellerez « Monsieur » et je vous appellerai « Monsieur ». La seule différence, c'est que vous, vous le penserez! aboya l'instructeur.

Retour sur l'arrivée de Harry à Sandhurst, en 2005. Si le prince s'était lancé dans sa carrière militaire sans trop de difficultés, sa première rencontre avec le sous-officier chargé de faire de lui un soldat allait lui rappeler l'ampleur de la tâche dans laquelle il s'était engagé.

Les oreilles encore assourdies par les ordres de l'instructeur, il commença à déballer ses affaires, plaçant soigneusement ses bottes et son treillis dans la petite commode de bois, près de son lit. La moindre erreur, la moindre maladresse, et l'officier cadet Wales — son nom dans l'armée, comme on l'a dit — devrait affronter la colère de ses nouveaux maîtres.

Pour n'importe quel cadet, la première journée passée dans la célèbre Académie militaire royale de Sandhurst constitue une véritable épreuve. Mais, quand on est un héritier du trône, on a d'autant plus conscience que les quarante-quatre semaines à venir marqueront un tournant majeur dans sa vie.

Ça y est, dut songer le jeune homme de vingt ans en mémorisant de son mieux les instructions détaillées concernant le rangement de ses affaires. Il faisait son premier pas dans l'armée. Il était enfin arrivé, ce jour dont il avait rêvé depuis son enfance. Aux yeux de Harry, le défi dans lequel il s'engageait — s'entraîner pour être un jour officier de l'armée britannique — était l'un des plus importants de sa vie. Si, comme bon nombre des deux cent cinquante cadets qui étaient arrivés à la base le même jour, Harry échouait, il savait qu'il serait considéré comme un raté pour le reste de sa vie, car peu d'autres possibilités de carrière s'ouvraient à lui.

Ne pas arriver à remplir les exigences physiques, émotion- nelles et mentales imposées par Sandhurst serait une profonde humiliation. D'autant plus que, si Harry était renvoyé parce qu'il n'arrivait pas à atteindre le niveau requis, sa honte rejaillirait sur sa famille, en particulier sur sa grand-mère, reine et commandante en chef des armées.

Quelques minutes plus tôt, Harry avait été vu dans un costume bleu fraîchement repassé, une cravate assortie et une chemise à carreaux, en train de descendre de voiture en compagnie de son père, le Prince Charles. Tous les photographes présents avaient immortalisé ce moment. Le jeune homme avait dit au revoir à son père, avant de grimper nerveusement les marches d'Old College, le bâtiment qui deviendrait sa nouvelle maison.

Bien sûr, Harry avait déjà approché le mode de vie de l'armée au sein des cadets d'Eton, et il avait toujours été ravi de pouvoir défiler en uniforme, s'entraîner au tir ou camper en pleine nature durant les mini-exercices de fin de trimestre. Mais Sandhurst n'avait rien à voir avec ces jeux de petits soldats, ces soirées passées à manger de la viande en conserve ou ces quelques heures cachés sous des haies.

Ici, les élèves allaient devoir maîtriser tous les talents que l'on pouvait attendre de jeunes officiers de l'armée britan- nique. Harry allait être poussé aux limites de son endurance physique. Même les pieds mouillés, couverts d'ampoules et les muscles affaiblis par le manque de sommeil, on exigerait qu'il fasse preuve d'autorité et qu'il sache travailler en équipe avec ses hommes.

Aucune de ses expériences passées n'aurait pu le préparer à ce qui l'attendait à Sandhurst. Mais le jeune prince n'avait pas peur des épreuves physiques. Harry était résistant, il savait qu'il saurait trouver la volonté d'avancer jusque dans les moments les plus durs de son entraînement. Non, ce qui le terrifiait, à son arrivée à Sandhurst, c'était les exigences intellectuelles attendues de lui. Tout au long de sa formation, on lui demanderait de rédiger des dissertations, de suivre des cours d'histoire militaire, des conférences sur les relations internationales et autres aspects politiques de la vie d'un officier de l'armée. Pire encore, Harry allait devoir passer d'importants examens d'anglais et de mathématiques. Le moindre échec le condamnerait, dans le meilleur des cas, au redoublement dans une nouvelle classe de cadets fraîchement recrutés. Dans le pire des cas, le prince risquait le renvoi pur et simple.

Ses craintes n'étaient pas infondées. À Eton, il avait été dernier de sa classe à la fin de sa première année et fut le seul étudiant admis en première avec seulement deux A, un B en art et un D en géographie.

Pour être admis à l'académie, il avait déjà dû passer la sélection du Regular Commissions Board. Une partie de cet examen soumettait les aspirants cadets à un « test d'intelligence ». Lors de ce test prévu pour confirmer les capacités d'un candidat à devenir officier, Harry avait dû remplir plusieurs questionnaires à choix multiples. Ces questionnaires, analysés par un programme, permettent d'évaluer les capacités de raisonnement, la culture générale et l'intelligence. Les candidats participaient également à des exercices de planification, des discussions de groupe et devaient faire un court exposé devant les autres élèves.

Un officier nous explique :

« Le test d'intelligence porte bien son nom. Il sert à évaluer le potentiel de tous les soldats, de ceux qui désirent s'engager dans l'armée à ceux qui espèrent devenir officiers. Cela donne une indication assez précise du QI d'une personne. Nous avons vu des gens qui avaient toujours eu de bonnes notes à l'école obtenir des scores très faibles, et vice versa. »

Un score de 10 sur 10 indique que la personne est un génie, tandis qu'un score de 0 ou 1 prouve qu'elle peut à peine formuler ses pensées. Harry obtint un score de 4 sur 10 — l'un des plus bas de sa promotion. Donc, avant même d'avoir passé une journée à Sandhurst, il savait qu'il était vraiment à la limite inférieure du niveau académique qu'on exigeait de lui. Jamais encore il n'avait fait face à une telle pression.

Techniquement parlant, les cadets de Sandhurst ont déjà un grade plus élevé que les sous-officiers qui les instruisent. Ainsi, les hommes chargés de les guider, de leur apprendre les bases du combat et de les malmener sont contraints d'appeler leurs étudiants « Monsieur ». C'est une des étrangetés de la vie d'aspirant officier mais, très vite, on s'y habitue et cela fait simplement partie de la vie quotidienne de l'académie.

Sandhurst ne sélectionne que les meilleurs pour les postes d'instructeurs. Les sergents qui guident les cadets sont souvent des soldats expérimentés qui ont fait leurs preuves au combat et ont déjà derrière eux une carrière militaire de plusieurs années. Le sergent major du régiment de l'académie est considéré comme le sous-officier le plus gradé et le plus important de l'armée britannique.

Lorsque Harry rencontra pour la première fois le sergent assigné à son peloton, il n'avait sans doute jamais entendu qui que ce soit lui parler de cette manière. Il n'avait subi de remontrances que de la part de ses parents, ou à l'école. Partout ailleurs, le statut de Harry avait obligé tout le monde à l'appeler « Votre Majesté » ou, plus simplement, « Monsieur ».

Étrangement, après le premier effet de surprise, Harry

fut enchanté de voir comment les choses allaient se passer à Sandhurst. Ce qui l'attirait dans l'idée d'une carrière militaire, c'était justement le fait qu'à l'armée, on le traiterait comme les autres. Alors qu'il commençait à peine à s'habituer à sa nouvelle vie de cadet, Harry n'aurait absolument pas aimé qu'on le distingue de ses camarades à cause de ses titres.

Il fut sans doute heureux de constater qu'une fois les portes de Sandhurst passées, il n'était plus le Prince Harry. À partir de cet instant, il devint simplement le cadet Wales, une recrue comme une autre, traitée de la même manière.

Cependant, la pente qu'il allait devoir gravir était peut-être plus escarpée que celle qui se dressait face à ses camarades. Un ancien instructeur, qui se souvient encore du premier jour du prince à Sandhurst, m'a raconté :

« Avant l'arrivée de Harry, tous les instructeurs ont été appelés pour un briefing avec le commandant. On nous ordonna de traiter le prince de la même manière que tous les autres élèves. On ne devait pas "prendre de gants" lors de l'entraînement de l'officier cadet Wales. Le commandant nous expliqua que les gardes du corps de Harry seraient toujours avec nous lors des entraînements hors de la base, mais qu'ils sauraient se fondre dans le décor et que nous oublierions vite leur présence.

« Les instructeurs avaient déjà l'habitude de rencontrer des membres de la famille royale. Le lien entre l'armée et la Couronne reste très fort et nous avons tous croisé plusieurs fois des princes ou des héritiers du trône au cours de nos carrières militaires. Mais c'était bien la première fois qu'on nous ordonnait d'ignorer le statut de l'un d'entre eux et qu'on nous prévenait que le premier surpris à montrer de la complaisance envers le Prince Harry serait réprimandé. »

Lorsque le grand jour arriva, les instructeurs furent tous étonnés par l'apparence du prince. Le même témoin raconte :

« La première fois que je vis Harry, je le trouvai extrêmement jeune. Les cadets entrent à Sandhurst après avoir terminé l'université. Certains passent directement de l'école à l'académie, mais ils sont plutôt rares.

« Harry n'avait que vingt ans et il ne paraissait même pas son âge. Nous avions tous lu des articles au sujet de ses frasques durant les mois précédents : l'uniforme nazi, sa petite amie, son accrochage avec des photographes. Mais quand il arriva, il paraissait assez timide, très humble et les pieds sur terre. Certains d'entre nous s'attendaient peut-être à rencontrer un jeune homme arrogant, imbu de lui-même et comptaient sur l'occasion de le remettre à sa place. Or, nous avons compris dès le premier jour que ce jeune cadet avait décidé de se faire discret et de suivre les instructions à la lettre. »

Tous ceux qui ont suivi la formation d'officier de Sandhurst savent que les cinq premières semaines sont particulièrement difficiles à supporter.

Après la plus longue année sabbatique de l'histoire, Harry allait devoir prendre l'habitude d'être réveillé aux aurores tous les matins. L'esprit encore embrumé par le sommeil, il allait devoir s'assurer que sa petite chambre était immaculée, que ses vêtements étaient parfaitement pliés et ses bottes cirées pour la « vérification » quotidienne. Puis il devrait se mettre au garde-à-vous dans le couloir, devant sa porte, pendant l'inspection détaillée de la pièce par son instructeur.

À ce stade, les cadets sont soumis à des règles très strictes. Les plus petits réconforts — affiches ou photos des proches dans les chambres — sont interdits. Pendant cette période, les cadets n'ont pas le droit de quitter la base, ni de boire de l'alcool. Tout au long de la journée, ils enchaînent entraînements physiques, exercices dans la cour des défilés et marches épuisantes, tout en entendant les instructeurs crier dans leur dos. Il faut être très résistant pour supporter tout cela. Pendant ces cinq premières semaines, on compte plus d'abandons que durant tout le reste de la formation d'officier.

L'ancien instructeur raconte encore :

« C'est très rude pour les cadets, et ce n'est pas pour rien. Nous voulons les mater, les habituer à atteindre un niveau élevé de maîtrise de leurs émotions et leur apprendre à assumer leurs responsabilités. Harry a trouvé ce baptême très dur à supporter, mais en toute honnêteté, c'est le cas de toutes les recrues. Les cadets n'ont pas un seul moment de repos. Les quelques minutes de liberté qu'on leur accorde le soir, dans leurs chambres, sont passées à préparer leur uniforme pour le lendemain, à polir leurs bottes et à nettoyer leurs armes. Dès le début, Harry chercha à se faire des amis pour mieux supporter le rythme. Grâce à son humour, il n'eut aucune difficulté à se lier avec ses camarades.

« Nous avons tous été surpris de voir avec quel naturel il se coula dans cette nouvelle vie. Certains d'entre nous craignaient qu'il ait du mal à faire confiance aux autres à cause de son statut royal. Mais il avait clairement le don de s'entendre avec tout le monde et, en quelques jours à peine, il devint l'un des cadets les plus populaires de sa promotion. Les recrues qui se replient sur elles-mêmes, qui ne se font pas d'amis et qui restent à l'écart ont en général plus de difficultés à supporter ces cinq semaines. Harry était l'opposé de tout cela. Il faisait le pitre quand les instructeurs avaient le dos tourné, et ses camarades se lièrent très vite à lui.

« Étant l'un des plus jeunes de sa promotion, il avait une certaine immaturité et, pour le dire simplement, il se faisait souvent remarquer par les instructeurs. Il était assez maladroit, à son arrivée, sans doute parce qu'il n'avait pas assez confiance en lui. Plusieurs fois, il fut réprimandé et on entendait de loin son sous-officier crier. Lorsqu'il commettait des erreurs lors de l'inspection quotidienne de sa chambre, on lui demandait de la ranger de nouveau pour le soir. Ce genre de punition est rude car, puisque les recrues doivent également préparer leurs affaires pour le matin, ils dorment peu dans ces cas-là. Et cela arriva plusieurs fois à Harry. »

Pendant ces longues semaines de baptême du feu, la

vie fut difficile pour le prince, notamment parce qu'il dut couper tout contact avec Chelsy. Ses camarades l'entendaient souvent parler de sa petite amie du Zimbabwe. Il disait qu'elle lui manquait, qu'il avait hâte de la revoir. À cette époque, Harry était tout dévoué à Chelsy. Même s'ils vivaient à des milliers de kilomètres l'un de l'autre, les deux amoureux étaient en contact permanent, et pas un jour ne se passait sans qu'ils se parlent.

Lors de son premier week-end de permission, Harry s'arrangea pour que Chelsy le rejoigne à St. James's Palace. Seulement, pour lui comme pour tous ses camarades, l'opportunité de revoir ses proches passa au second plan tant il avait de sommeil à rattraper. Contrairement à leurs habitudes, Chelsy et lui ne sortirent donc pas faire la fête. Ils profitèrent simplement du week-end pour être ensemble et parler des semaines infernales que Harry venait de passer.

Après cette première étape, la vie du prince à Sandhurst s'adoucit un peu ; en particulier parce que ses camarades et lui allaient enfin avoir la chance de mettre en pratique une partie de leurs nouvelles compétences. Un voyage fut organisé aux Brecon Beacons, au pays de Galles, pour que les jeunes cadets fassent une longue course d'orientation. Là, ils prouvèrent leur capacité à lire une carte et à se signaler aux différents points de contrôle placés sur le chemin.

Mais ce ne fut que lors d'un autre exercice sur le terrain que Harry put être photographié en uniforme pour la première fois. Quelques semaines à peine après le début de l'entraînement, les cadets effectuèrent un voyage d'une heure en voiture pour s'adonner à trois jours d'exercice militaire dans la forêt d'Ashdown, dans le Sussex. Cette région, rendue célèbre par les livres de Winnie l'Ourson, était le lieu idéal pour organiser un entraînement sur le terrain. Une fois de plus, les élèves de Sandhurst durent retrouver leur chemin durant de longues courses d'orientation dans la campagne du Sussex.

Mais ce nouvel exercice prit place dans une zone ouverte au public, au milieu de gens qui promenaient leurs chiens, faisaient du vélo ou de la randonnée. Bien évidemment, un autre groupe de personnes sillonnait la forêt d'Ashdown : des dizaines de photographes étaient venus pour tenter de prendre la première photo du prince depuis son entrée à Sandhurst.

En effet, les médias étaient particulièrement curieux de savoir à quoi ressemblaient les premiers pas de Harry dans l'armée. Or, depuis son arrivée à l'académie avec son père et la séance photo soigneusement organisée par l'équipe du Prince Charles, on n'avait plus vu le jeune homme. Les journaux attendaient désespérément une photo de Harry rampant par terre en plein exercice, sous la supervision de ses instructeurs. Et, dans sa sagesse, le personnel de l'académie avait fermement refusé d'adapter le programme d'entraînement minuté des cadets pour éviter une rencontre fortuite avec le public lors de cette sortie. Lorsque les instructeurs comprirent que la forêt grouillait déjà de photographes, il était trop tard pour faire marche arrière.

Harry était déjà sur le terrain, avec son peloton, à la vue de tous. Il était inévitable qu'il finirait dans les journaux du lendemain. Cela ne dérangea pas les gardes du corps du prince : ils avaient l'habitude de la curiosité médiatique à l'égard de Harry et, après tout, n'étaient pas là pour empêcher les reporters de le prendre en photo.

Cependant, les instructeurs furent pris de panique lorsqu'ils comprirent qu'une foule de photographes était déjà à l'affût. Un reporter présent ce jour-là témoigne :

« C'était assez surréaliste. Il y avait des dizaines de soldats en tenue de camouflage, portant des fusils d'assaut ; et dès qu'ils virent deux types avec des appareils photo, ils devinrent hystériques.

« Nous avons tous été surpris de voir ces soldats entraînés, endurcis par le combat, terrifiés par un simple appareil photo.

Ils se sont tous activés pour tenter de faire repartir Harry au plus vite. Ils ont même essayé de modifier le tracé de la course d'orientation, ce qui plongea l'exercice entier dans le chaos le plus total. Nous n'avons pas compris pourquoi ils étaient si surpris. Ce n'est pas comme si l'entrée de Harry à Sandhurst avait été gardée secrète… À quoi est-ce qu'ils s'attendaient ? »

De son côté, Harry prit sur lui. Ignorant la panique de ses instructeurs, il garda la tête froide et poursuivit l'exercice comme prévu. À un moment, alors qu'un reporter du *Daily Mirror* s'approchait de lui et de son peloton, en pleine campagne, pour tenter d'interviewer le jeune prince, celui-ci lui lança sèchement :

— Ce n'est pas un jeu, vous savez.

Le lendemain, les journaux publièrent une myriade de photos de Harry et de son nouveau peloton. Il avait tout d'un prince guerrier. Encore maintenant, je m'étonne parfois de la colère du personnel de Sandhurst à la vue de ces images. Depuis la fin de son entraînement, le prince a sans doute été photographié des milliers de fois dans son uniforme de soldat. Mais, suite à l'incident de la forêt d'Ashdown, Sandhurst a écrit aux rédacteurs en chef des grands journaux britanniques pour leur demander de rester à l'écart et de laisser Harry suivre sa formation normalement.

Bien entendu, tout cela aurait pu être évité si le palais avait anticipé l'appétit des médias et avait publié de lui-même des images de Harry en plein entraînement. Comme souvent, les conseillers médiatiques de la Couronne avaient décidé dans leur arrogance de ne pas diffuser d'images avant la fin de son cursus. Il était donc logique qu'une « chasse aux photos » soit organisée, récompense à la clé, pour obtenir des clichés du prince pris pendant les quarante-quatre semaines qu'il devait passer à Sandhurst. Et beaucoup de photos furent prises, en effet. Harry fut aperçu dans les journaux en train de plonger dans une carrière du Devon ou encore en train de manger chez McDonald's en revenant d'un exercice. Un journal prétendit même, dans un scoop visant à dénoncer la sécurité relâchée de Sandhurst, avoir obtenu une vidéo du prince sur la base.

La vérité était simple : Harry était la coqueluche des médias, et aucun colonel qui s'improvisait consciller médiatique n'avait le pouvoir d'empêcher que des photos soient publiées. Que ce soit justifié ou non, le pays entier voulait connaître dans les moindres détails la formation militaire du prince. Quand il se rendit au pays de Galles pour une série d'exercices de combat, le récit parut sous le titre « Killer Wales » ; et quand il manqua un autre exercice à cause d'ampoules infectées sur les pieds, les journaux titrèrent : « J'ai un mot du médecin ».

Au final, la présence de Harry à Sandhurst fut un important coup médiatique pour l'armée : elle permit de mettre en lumière l'entraînement militaire le plus réputé au monde. Après l'épisode de la forêt d'Ashdown, les photographes de presse acceptèrent de garder leurs distances et ne prirent de clichés que de loin, sans interrompre l'entraînement de Harry. Une autre raison aussi fit de la présence du prince un atout pour l'armée.

L'ancien instructeur m'explique encore :

« On vit l'entrée de Harry à Sandhurst comme un coup d'essai pour préparer l'arrivée du Prince William. Il faut avouer qu'au début le personnel ne se doutait absolument pas de la curiosité que les deux princes allaient éveiller pour Sandhurst. De nombreuses déclarations incorrectes furent publiées, mais Clarence House se chargeait de la presse. Lorsque William arriva, le personnel savait déjà à quoi s'attendre. Harry avait ouvert la voie pour que son aîné puisse faire tranquillement son entrée à l'académie, deux trimestres plus tard. »

Quand William commença sa formation à Sandhurst, Harry entamait son dernier trimestre. Il se consacrait pleinement aux exercices et avait déjà su impressionner ses instructeurs. En dépit de ses craintes concernant la facette académique de la formation, Harry avait réussi à passer tous ses examens et était en bonne voie pour terminer honorablement son cursus.

Les conseillers royaux furent soulagés de voir que Harry avait su faire mentir la critique. Certains avaient pensé qu'on le traiterait avec des gants, à l'académie, mais il fut très vite clair que le prince ne bénéficiait d'aucun privilège. Il n'était peut-être pas le meilleur élève de sa promotion, mais ses instructeurs restaient impressionnés par ses qualités innées de meneur.

Il était apprécié par les autres cadets et les sous-officiers, qui étaient peu à peu tombés sous le charme de son humour et de sa gentillesse. Harry se fit aimer par ses instructeurs parce qu'il avait une fascination naturelle pour la vie militaire. Il passait souvent ses moments de repos à leur poser des questions au sujet de leurs carrières, des lieux de leurs déploiements et des chemins qu'ils avaient suivis pour arriver à Sandhurst. L'enthousiasme du jeune prince pour l'armée était contagieux et son autodérision avait fait de lui le cadet le plus populaire de sa classe.

Aux yeux des hommes en gris du palais, les dix mois que Harry venait de passer à Sandhurst étaient un succès. Cependant, leur satisfaction allait être de courte durée. À moins d'une semaine de la cérémonie finale à laquelle allaient assister la reine et des journalistes du monde entier, le prince allait une fois de plus se retrouver au cœur d'un scandale retentissant.

Après leur dernier exercice, un soir, Harry et quelques-uns de ses amis décidèrent de se détendre un peu. À cette étape de la formation, les cadets pouvaient rentrer à la base à l'heure qu'ils voulaient, sans plus être soumis au couvre-feu de 22 heures. Le petit groupe de cadets avait bien mérité de boire quelques pintes de bière hors de la base, conscients qu'ils n'avaient rien d'autre à préparer que le défilé pour la cérémonie du lendemain. Ils prirent donc une voiture et se rendirent dans un bar, non loin de Sandhurst.

Ils étaient de bonne humeur et ne comptèrent pas leurs verres. Au bout de ces quarante-quatre semaines, les jeunes hommes avec qui Harry était sorti étaient devenus des amis très proches. Ils voyaient le prince comme l'un d'entre eux : un cadet prêt, comme eux, à devenir officier de l'armée britannique. Harry leur faisait confiance, en particulier parce qu'ils avaient traversé d'intenses épreuves ensemble et s'étaient soutenus depuis leur arrivée à Sandhurst.

— Il est encore tôt, suggéra l'un des cadets au bout d'un moment. Si on allait en boîte ?

Harry jeta un rapide coup d'œil à sa montre, puis aux gardes du corps qui le suivaient à la trace dès qu'il quittait la base.

— Où est-ce qu'on pourrait aller, dans le coin, à une heure pareille ? demanda-t-il.

Les jeunes amis n'avaient pas prévu de rester dehors aussi tard, mais l'alcool et la bonne humeur les encourageaient à repousser autant que possible l'heure du retour. Au bout de quelques minutes, ils convinrent qu'un endroit, au moins, leur servirait encore à boire au milieu de la nuit.

— On n'a qu'à aller au Spearmint Rhino, suggéra un des cadets. Tu viens, Harry ?

J'imagine que, certains jours, les gardes du corps du prince regrettent de ne pas avoir leur mot à dire concernant les décisions qu'il peut prendre. Ce soir-là, par exemple, ils eurent sans doute envie d'intervenir, mais ils connaissaient suffisamment bien Harry pour savoir qu'ils n'avaient aucune chance de le convaincre de rentrer. Quand il a bu et est entouré de gens de confiance, Harry n'écoute pas la voix de la raison.

Ainsi, à 3 heures du matin, le petit groupe arriva à la porte de la célèbre boîte de strip-tease londonienne et se prépara à entrer. Le Spearmint Rhino est considéré comme l'un des clubs de strip-tease les plus luxueux de tout le Royaume-Uni. Les danseuses élancées qui voltigent sur la scène en se déshabillant sont habituées à se frotter (littéralement) aux hommes d'affaires les plus riches du pays.

Comment une personnalité aussi célèbre que Harry pouvait-elle espérer se fondre dans la masse sans être reconnue ? En quelques secondes à peine, la nouvelle avait fait le tour du club. Les filles savaient toutes que le Prince Harry était là, au milieu des autres clients. Toutes les danseuses tentèrent d'attirer son attention, d'une manière ou d'une autre. Comme dans la plupart des clubs de ce genre, les filles sont chargées d'arrondir les bénéfices de la boîte en discutant avec les clients pour leur vendre des « danses privées ». Pour 10 livres, elles enlèvent leur haut pour une chorégraphie seins nus. Et pour 20 livres, elles conduisent le client dans une alcôve privée pour une danse entièrement nue.

Vêtue d'un minishort moulant jaune et d'un soutien-gorge assorti, la jeune Mariella Butkute se glissa bien vite à la table de Harry pour s'asseoir sur ses genoux. Le prince, qui ne s'attendait pas à cela, rougit et parut se figer quand la belle Lithuanienne lui murmura quelques mots à l'oreille. Que pouvait faire Harry ? S'il la repoussait, elle ne perdrait sans doute pas une minute pour aller raconter toute l'histoire à un journal. Et s'il la laissait passer un moment sur ses genoux, elle ne perdrait certainement pas une minute non plus pour raconter l'histoire à un journal. Quoi qu'il fasse, il était déjà trop tard. À ce moment-là, il dut comprendre que le simple fait d'être entré dans le club allait le propulser de nouveau sur les unes de tous les tabloïds du pays.

Le lendemain matin, mon téléphone sonna. J'étais chez moi, en train de travailler à un article sur le succès de Harry à Sandhurst quand j'entendis une voix familière à l'autre bout du fil.

— Salut, Duncan. C'est Merts. Tu ne vas pas croire ce que je viens d'apprendre.

David Mertens, l'un des plus anciens employés de la rédaction, a toujours nourri une passion intarissable pour les scoops proposés par les lecteurs qui téléphonent au journal.

— On vient de recevoir un appel. Le Prince Harry aurait été vu au Spearmint Rhino, hier soir, m'annonça-t-il. On pense qu'il aurait même payé pour une danse privée.

Au ton de sa voix, je compris qu'il était convaincu de la fiabilité de la nouvelle. Pourtant, la plupart du temps, ces tuyaux « trop beaux pour être vrais » sont des canulars. Sur le moment, je me souviens avoir pensé que ce devait être une erreur. Harry n'était pas aussi inconscient et, de plus, il devait avoir été très occupé à préparer son défilé. Mais mon instinct était faux.

Lorsque je téléphonai au palais pour vérifier le scoop, un de mes confrères du *Sun* s'était déjà rendu au club, avait discuté avec le personnel et avait confirmé l'histoire. De toute manière, je n'eus pas besoin d'attendre longtemps la réponse du directeur de communication du Prince Charles : trois autres journaux avaient déjà appelé. Le service de presse du palais n'eut d'autre choix que confirmer la nouvelle. Il refusa d'émettre le moindre commentaire mais ne tenta pas non plus de nous empêcher de publier nos articles.

Quelques minutes à peine après la mise sous presse des journaux du lendemain, les « détails sordides » de la « nuit honteuse » de Harry au club furent repris par les chaînes de télévision et les stations radio du monde entier. Une fois de plus, la réputation de prince fêtard et de séducteur de Harry fut analysée par des critiques et des « experts » de tous les pays. Certains prétendaient que le prince était stupide ; d'autres, que les actions de Harry étaient « indécentes » et « sexistes ». Une grande partie du public remarqua qu'en passant la soirée au Spearmint Rhino, Harry était devenu le premier membre de la famille royale à entrer dans un club de strip-tease.

Chaque faux pas du jeune prince est systématiquement suivi par une vague de critiques, et celui-ci ne fit pas exception. Dès le lendemain, on prétendit que ses frasques avaient « fait enrager » ses supérieurs de Sandhurst au moment même où ils s'apprêtaient à recevoir la reine pour la cérémonie de remise des diplômes. Harry et ses compagnons reçurent, aux dires du public, de sévères remontrances.

Cependant, ce qui s'était réellement passé cette nuit-là était bien différent de ce que l'on affirmait en interprétant à la légère le comportement de Harry. Lorsque Mariella, la danseuse, fut interviewée au sujet de sa rencontre avec son client royal, elle donna une toute nouvelle version des faits. Loin d'accuser le prince d'avoir reluqué les filles en buvant inconsidérément avec ses amis, elle raconta que Harry avait eu l'air d'un poisson hors de l'eau, au milieu du club.

« Je n'arrivais pas à croire que j'étais assise sur les genoux d'un prince. Il s'est d'ailleurs comporté en parfait gentleman — c'était de loin le client le plus poli et le mieux élevé que j'aie jamais eu. »

Elle expliqua ensuite avoir tenté de convaincre Harry de payer pour une danse privée, mais qu'il avait fermement refusé.

« Quand je l'ai vu, de loin, je ne l'ai pas reconnu. Une des filles m'a dit qui il était. Je suis directement allée le voir et l'ai embrassé sur les deux joues. Je lui ai demandé s'il voulait une danse, mais il m'a répondu non, car il avait une petite amie dont il était très amoureux.

« — Elle est très belle, m'a-t-il dit. Si vous dansez pour moi, j'aurais l'impression de la tromper. »

Mariella lui assura alors que Chelsy ne lui en voudrait sans doute pas pour si peu, mais Harry n'en démordit pas.

« Il a continué à discuter avec moi. C'est un homme très

mignon et c'est agréable de parler avec quelqu'un de si gentil. Il m'a demandé pourquoi je travaillais au club.

« — Pourquoi est-ce que vous n'essayez pas de trouver un meilleur travail ?

« Je lui ai répondu que j'aimais mon métier et que je gagnais bien ma vie. Il avait vraiment quelque chose d'unique. »

Mariella confia également qu'il parla beaucoup de sa formation à Sandhurst.

« Il m'a dit qu'il avait aimé son entraînement, mais que sa petite amie lui manquait beaucoup. Il a aussi dit que la pire chose, quand on était prince, était de ne pas pouvoir aller quelque part sans attirer l'attention de tout le monde. Je lui ai répondu :

« — C'est la vie, chéri. »

Le récit de Mariella prouve bien que Harry n'a pas décidé d'aller dans ce club pour voir des femmes nues mais par curiosité — même si l'on peut considérer cette décision comme imprudente. Il voulait simplement accompagner ses amis et goûter un peu à leur vie normale.

On a critiqué le prince à raison pour être entré dans un club de strip-tease, mais on ne peut pas considérer ce faux pas autrement que comme une légère erreur de parcours. Quand on prend du recul, cette soirée passée au club n'est finalement qu'un événement sans importance. Seulement, au fil des ans, cet incident fait partie de ce qui a donné au prince une réputation de fêtard invétéré. C'est d'ailleurs assez injuste, étant donné qu'il n'a bu qu'une bière au club, a refusé toute danse privée et s'est surtout montré curieux de savoir pourquoi une femme choisissait de gagner sa vie en se déshabillant devant des inconnus.

Une fois de plus, une année de dur labeur et de comportement infaillible du prince venait d'être ternie par un unique incident mineur.

Lorsque Harry termina son entraînement, le monde entier put voir à quel point il avait changé. Son passage à

Sandhurst avait commencé à façonner l'homme que le prince allait devenir. Il était entré à l'académie en colère, naïf et assez immature. Mais lorsqu'il défila avec ses camarades devant l'Old College de Sandhurst pendant la cérémonie de remise des diplômes, il était devenu un jeune officier confiant et sûr de lui de l'armée britannique.

En 2016, Harry prit le temps de réfléchir à l'impact que l'académie avait eu sur lui, durant une visite à un groupe de mentors bénévoles. Il leur dit :

— J'étais à un stade de ma vie où j'avais sans doute besoin qu'on me guide de manière un peu plus ferme. J'avais perdu ma mère très jeune et, soudain, je me suis retrouvé entouré par énormément d'hommes dans l'armée.

Repensant à l'instructeur qui s'était moqué de lui dès son premier jour à Sandhurst, Harry ajouta :

— Il savait plaisanter et me provoquer aux bons moments. C'est lui qui m'a donné assez confiance en moi pour aller de l'avant, pour apprendre qui j'étais et trouver la force d'aider les autres.

CHAPITRE 16

LE PRINCE GUERRIER

— Si les insurgés arrivent vraiment à passer un mur de deux cents Gurkhas pour l'atteindre [le Prince Harry], alors ils auront gagné le droit de lui couper la tête, grommela le colonel.

Depuis longtemps, on murmurait que le prince, une fois déployé au front, serait rejoint par une équipe d'élite des forces spéciales pour assurer sa sécurité face à l'ennemi. Par son témoignage, l'officier anonyme mit une fois pour toutes fin à ces rumeurs.

S'adressant à la presse lors d'un briefing précédant le déploiement secret du prince en Afghanistan, le colonel précisa que Harry serait traité comme un simple membre des forces armées partant servir son pays. Il ne serait pas plus protégé que les autres et commanderait ses hommes comme tout officier, mettant en pratique son entraînement militaire. Il irait au combat pour remplir une mission précise, et voilà tout.

Ce déploiement allait devenir le secret le plus célèbre de l'histoire de Fleet Street. Chaque média national était au courant du départ de Harry au front et acceptait de ne rien publier à ce sujet tant que le prince ne serait pas revenu sain et sauf.

Ce compromis mettait très mal à l'aise une partie des correspondants royaux, en particulier ceux venant des médias les plus à gauche. Mais, en vérité, c'était le seul moyen de permettre au prince de servir son pays au front sans mettre davantage en danger les hommes avec qui il combattrait.

Tout le monde avait conscience de la menace qui pesait : si les talibans apprenaient qu'un héritier du trône britannique était présent au milieu des 9 000 soldats déployés en Afghanistan, ils décideraient certainement d'accélérer leurs attaques. Même s'ils ne savaient pas à quoi pouvait ressembler Harry, ou le lieu précis de son déploiement, le risque couru par le reste des troupes à cause de sa seule présence fut jugé trop important.

Même les journalistes qui n'aimaient pas l'idée de garder une telle information sous silence furent contraints d'accepter l'accord proposé par le palais. Le premier média qui aurait dévoilé la vérité aurait certainement été censuré et condamné par ses pairs. Personne ne voulait être responsable d'avoir gâché les chances de Harry au front ou, pire, de donner aux insurgés des raisons supplémentaires d'attaquer les troupes britanniques.

C'était un marché sans précédent et qui ne sera certainement jamais répété. Étonnamment, le stratagème parut fonctionner. Harry partit en Afghanistan en décembre 2007 et les médias britanniques n'en dirent rien — pendant un temps, du moins. En échange de leur coopération, le palais et le ministère de la Défense faisaient circuler un certain nombre de rapports venus du front qui pourraient être publiés dès que l'annonce du déploiement du prince serait rendue publique.

Assis dans le hall des départs improvisé de la RAF à Brize Norton, dans l'Oxfordshire, Harry était troublé. Le jour qu'il avait attendu toute sa vie était enfin arrivé : il allait finalement avoir la chance de prendre part au combat, aussi anonyme que tous les autres soldats déployés. Les membres de la famille royale ont toujours été chéris par les forces armées et aucun dîner d'officiers ne se termine sans que l'on porte un toast à la reine. Chaque membre de la famille est nommé colonel en chef d'une série de régiments et aucun soldat britannique ne manquerait une occasion de rencontrer un héritier de la Couronne.

Mais, cette fois-ci, ce que Harry s'apprêtait à faire allait le distinguer du reste de ses proches. Il n'avait jamais voulu que sa fascination pour l'armée soit cantonnée au rôle de cérémonie qu'on lui avait attribué dès sa naissance. Il voulait être dans l'armée, servir avec ses hommes et gagner sa réputation de bon officier indépendamment de sa popularité en tant que prince.

Son attente à Brize, les pieds posés sur son sac, dut lui paraître interminable. Il allait monter dans le même avion que les autres soldats. Après six heures de vol, les troupes se poseraient à Chypre le temps de refaire le plein puis repartiraient en direction de l'aéroport de Kandahar, en Afghanistan. Là, Harry devait s'embarquer dans un avion Hercules qui, dans la nuit, emporterait les soldats au Camp Bastion, la base américano-britannique installée au cœur de la province de Helmand, dans le sud de l'Afghanistan.

Alors que l'avion entamait sa descente, on ordonna aux troupes d'enfiler leurs gilets pare-balles et leurs casques. C'était l'instant qu'il avait tant attendu depuis qu'il avait, tout petit, rencontré des soldats lors de visites officielles. Toutes les ampoules, toutes les nuits blanches, toute la pression de Sandhurst, la fatigue de l'entraînement prédéploiement et la déception de voir son départ pour l'Irak annulé... Tout cela l'avait conduit à ce moment.

Comme un footballeur qui avait attendu toute sa vie pour enfin enfiler son maillot et s'élancer sur le terrain, Harry sentit qu'il avançait enfin à la rencontre de la destinée pour laquelle il avait tant travaillé. Les insurgés afghans avaient très peu d'armes capables d'atteindre un appareil en vol mais, quand les avions Hercules étaient assez bas pour atterrir sur l'immense base campée au milieu du désert, tous les passagers devenaient des cibles de choix pour les lance-grenades ennemis. Pour la première fois de sa vie, Harry sentit la puissante montée d'adrénaline déclanchée face à un ennemi mortel.

Comme tout soldat déployé en zone de conflit pour la première fois, le prince ressentit un mélange d'excitation et de peur en voyant approcher la piste d'atterrissage. On lui avait dit que son travail, au front, serait celui d'un contrôleur aérien avancé — une mission qui l'obligerait à s'approcher de l'ennemi. Il servirait dans une Base opérationnelle avancée (BOA), bâtiment de terre improvisé niché au cœur de la province de Helmand. Là-bas, le prince ne retrouverait aucun des conforts de vie auxquels il était habitué. Les BOA étaient des installations rustiques. Harry s'y nourrirait de rations militaires et des quelques ravitaillements locaux que les hommes pourraient apporter. Il aurait pour mission de gérer une radio, d'ordonner des frappes aériennes sur des cibles ennemies au sol à quelques centaines de mètres à peine de sa base.

Lorsqu'il communiquerait avec les pilotes, il ne pourrait plus être le Prince Harry. Il serait connu sous le nom de code Widow Six Seven ; un surnom guerrier qui faisait déjà battre son cœur. À vingt-trois ans à peine, le jeune officier de la Household Cavalry allait enfin mettre son courage à l'épreuve. Et son déploiement n'allait pas être sans danger. Comme leur nom l'indique, les BOA sont des postes avancés d'où les troupes alliées partent pour affronter l'ennemi. Chaque jour, des soldats quitteraient la BOA pour effectuer des patrouilles le long des pistes poussiéreuses et nues qui traversaient le désert. Ces missions essentielles avaient pour but de rassurer les Afghans des environs et envoyer un signal toujours renouvelé aux insurgés : les troupes britanniques étaient là pour les traquer.

Fin 2007, quand Harry arriva pour la première fois en Afghanistan, les forces britanniques étaient désespérément affaiblies, manquant d'hommes à cause de la guerre qui faisait toujours rage en Irak. Un an plus tôt, les talibans, qui avaient résisté aux attaques des forces alliées depuis 2001, avaient commencé à employer des armes plus terrifiantes. Peu nombreux et insuffisamment armés, ils avaient trouvé un nouveau moyen pour frapper leurs ennemis au cœur. Au lieu de prendre le risque d'affronter les troupes britanniques de face, ils utilisaient de plus en plus de bombes artisanales et de pièges.

Ces Engins explosifs improvisés (EEI) avaient déjà tué des dizaines de soldats britanniques durant les mois précédents. Dans de nombreux cas, les insurgés utilisaient des mines antichars abandonnées suite à la guerre contre la Russie pour semer le chaos dans les convois britanniques, et ces attaques sur les routes devenaient de plus en plus courantes.

Harry avait été très bien entraîné, certes, mais comme tous les autres soldats en poste en Afghanistan, il savait que le danger rôdait tout autour de la BOA. Chaque pas hors de la base risquait de déclencher une explosion tandis que l'ennemi restait bien caché, hors d'atteinte.

Moins de vingt-quatre heures après son arrivée au Camp Bastion, Harry fut envoyé à la BOA : c'était une petite base à l'extérieur de Garmsir, extrémité sud de la zone sous contrôle de l'OTAN dans la province de Helmand, à l'époque. Harry rejoignit les quelques Gurkhas qui géraient la base installée face à un « no man's land » qui formait un espace tampon où les attaques ennemies et les embuscades n'étaient pas à redouter. Tout humain aperçu dans cette zone était considéré comme une menace et les soldats faisaient le guet à tour de rôle pour surveiller les environs.

Pendant ce temps-là, au Royaume-Uni, les médias britanniques tenaient parole. Pendant les premiers jours, alors que Harry s'habituait à sa nouvelle vie au front, son arrivée en Afghanistan avait été gardée secrète.

Le jour de Noël, quand la famille royale au complet se rendit à l'église St. Mary Magdalene du domaine de Sandringham, dans le Norfolk, la foule de curieux venue assister au spectacle ne se doutait pas que le Prince Harry manquait à l'appel.

Depuis leurs naissances, Harry et William avait passé tous leurs Noëls à Sandringham avec leur grand-mère et le reste de la famille royale. C'était une tradition aussi indissociable de Noël pour les Britanniques que les choux de Bruxelles, les cadeaux ou la sieste du grand-oncle Keith dans un fauteuil après son troisième brandy.

Cependant, si les spectateurs n'avaient pas remarqué l'absence du jeune prince devant l'église, sa chaise vide à la table royale lors du repas de Noël émut la famille entière. Avant de manger, la reine prononça une prière pour son petit-fils et pour demander qu'il rentre sain et sauf du front. Cette inquiétude était partagée par les familles des milliers de soldats britanniques qui passaient les fêtes de fin d'année au combat, à des centaines de kilomètres de leurs proches.

Étonnamment, Harry, lui, se sentait plutôt heureux ce jour-là. Il était profondément soulagé de pouvoir passer un Noël sans devoir se plier aux traditions et au protocole royal. Bien sûr, sa famille et sa petite amie lui manquaient, mais il s'était fait un nouveau groupe d'amis avec qui trinquer pour cette journée, si importante dans le calendrier chrétien.

Au lieu de dîner à Sandringham, Harry fit un repas avec quelques soldats gurkhas avec qui il avait sympathisé depuis son arrivée à la base. L'un des hommes avait pu acheter une chèvre à un fermier de la région et prévoyait de cuisiner un savoureux curry népalais à la broche.

Une source, qui partagea ce repas avec le prince, se rappelle : « Il faisait terriblement froid, mais tout le monde était de bonne humeur. Un des Gurkhas avait miraculeusement réussi à obtenir une chèvre, et la simple pensée de passer une journée sans devoir manger de rations remonta le moral de tout le monde.

« Le Prince Harry était fasciné par les Gurkhas. Il s'était rapidement rapproché d'eux et avait fini par tous les connaître par leur prénom. Le matin de Noël, ils tuèrent la chèvre sous le regard curieux de Harry. Même si nous étions au milieu d'une zone de guerre, personne n'avait peur. Cette journée était spéciale et ce curry fut meilleur que tout ce que nous avions mangé depuis que nous avions quitté nos maisons.

« Harry semblait apprécier cette atmosphère détendue, si différente de ce qu'il connaissait chez lui. Ce dut être le premier Noël qu'il put passer loin des traditions rigides de Sandringham. Il passa des heures avec les Gurkhas, leur demandant de lui raconter des histoires. Il avait l'air sincèrement fasciné par ce qu'ils lui confiaient.

« Beaucoup de soldats déployés sont démoralisés, à Noël. Leurs familles leur manquent et ils regrettent de ne pas être chez eux. Mais Harry paraissait vraiment heureux de ne pas être rentré pour les fêtes. Il racontait des blagues, faisait des plaisanteries et sut remonter le moral de tout le monde. »

La vie au front était rude et, de toute évidence, le jeune prince appréciait cela.

À l'exception des soldats qui ont pu servir avec lui, peu de gens imaginent ce qu'il a pu ressentir en réalisant enfin son rêve d'enfant : servir au combat. Le seul autre témoignage sur son quotidien nous vint d'un journaliste chargé par deux fois de voyager en Afghanistan pour contacter Harry. Un Irlandais du Nord nommé John Bingham.

Bingham était un jeune journaliste talentueux travaillant pour la Press Association (PA), à l'époque de l'accord médiatique concernant le déploiement de Harry. On décida d'envoyer un reporter et un photographe de la PA en Afghanistan pour interviewer le prince et prendre quelques photos. En échange, les photos et le contenu de l'entretien seraient communiqués à tous les médias dès le retour du prince. C'était une mission dangereuse, mais Bingham s'empressa de l'accepter. L'année précédente, il avait déjà suivi des troupes britanniques en Afghanistan pour renvoyer des nouvelles du front à la PA. Cette première expérience faisait de lui le choix le plus évident quand son rédacteur en chef fut chargé de trouver un reporter à envoyer sur le terrain.

Le compte rendu de Bingham au sujet de ce qui s'est réellement passé pendant le premier déploiement de Harry en Afghanistan est le témoignage le plus fiable que nous ayons. Le prince admet lui-même que l'une des erreurs les plus courantes concernant son séjour en zone de guerre est de croire qu'il est resté en retrait pour sa sécurité, que son déploiement tenait plus de la stratégie médiatique que d'un réel désir de servir son pays.

Lorsque j'ai parlé avec Bingham, je compris vite qu'il était également très frustré par ce malentendu, lui qui avait été témoin du quotidien de Harry sur le terrain.

« Au fil des ans, me dit-il, j'ai cessé de compter le nombre de gens venus me dire que Harry était bien évidemment resté hors de danger pendant son séjour au front. »

En réalité, les bases où fut assigné le prince pendant son déploiement étaient régulièrement attaquées. Il se passait rarement un jour sans que les insurgés lancent des roquettes et tirent sur la base, me confia Bingham.

« J'étais le seul journaliste présent, uniquement accompagné par un photographe de la Press Association, où je travaillais à l'époque. J'ai donc été le seul à voir à quel point le prince se sentait chez lui, même loin des boîtes de nuit londoniennes.

« Il avait vingt-trois ans et était officier de la Household Cavalry, mais servant en tant que contrôleur aérien, responsable au sol de nombreux mouvements aériens et, parfois, — d'attaques aériennes. Aux yeux des pilotes et des contrôleurs aériens stationnés dans d'autres régions d'Afghanistan, il n'était qu'une voix parmi les autres, connue sous son nom de code : Widow Six Seven.

« Je me souviens particulièrement d'une matinée, début janvier 2008. Le prince était déjà en Afghanistan depuis deux semaines, déployé en secret de peur de mettre ses camarades en danger.

« Lorsque nous sommes venus pour notre premier reportage, nous avons appris que Harry avait déjà ignoré les appels à la prudence de ses supérieurs. On nous avait dit qu'il serait posté dans une base d'opérations au milieu du désert, vivant dans des conditions qualifiées d'*austères*, par euphémisme, faisant un travail important mais sans courir de vrai danger. Au lieu de cela, le prince avait réussi à obtenir un poste plus *avancé*.

« Nous l'avons d'abord rejoint dans une base à l'extérieur de Garmsir, qui était alors l'extrémité sud de la zone contrôlée par l'OTAN à Helmand. À cette époque, Garmsir avait tout d'une ville fantôme, avec ses enfilades de boutiques abandonnées, de maisons désertées. On y voyait même des billets de banque sans valeur flotter dans la brise. La base était encore plus austère que le reste de la ville : c'était un ensemble délabré de bâtiments en ruine, sans portes, sans fenêtres et — par endroits — sans toits. En plein hiver afghan, il y faisait très froid, surtout la nuit, quand les températures descendent sous les -10 °C.

« De toute évidence, Harry adorait cela. Quand il ne travaillait pas, il passait son temps avec les Gurkhas qui géraient la base. Certains plats qu'ils préparaient, je dois le dire, étaient formidables : il suffisait parfois de jeunes coqs décharnés, tués à l'aide des poignards kukri des Gurkhas, pour déguster des currys népalais parfumés. »

Quant à la mission de Harry, on a souvent minimisé le rôle qu'il a pu jouer au sein des forces armées déployées. Pourtant, il a contribué à repousser les talibans tentant d'attaquer sa base, cela ne fait aucun doute. Bingham se souvient encore d'un détail marquant :

« La vidéo en noir et blanc est de mauvaise qualité, mais on ne peut l'oublier une fois qu'on l'a vue. Elle montre la silhouette d'un homme en train de courir pour se mettre à couvert tandis qu'un jet descend, prêt à frapper. Quelques instants plus tard, les champs et la base en ruine disparaissent sous un nuage de poussière. »

Le Prince Harry n'emploierait sans doute pas ce mot-là, mais il s'agissait d'une vidéo de son premier « homicide ».

Bingham raconte :

« J'ai regardé les images comme une séance surréaliste de jeu vidéo, sur un écran d'ordinateur, à quelques kilomètres de la base du sud de la province de Helmand. Les soldats, avec leur humour noir habituel, appelaient ces vidéos *Taliban TV.* »

Pour Bingham, le déploiement de Harry était loin de se limiter à une simple stratégie médiatique. Cette nuit-là, son photographe et lui avaient dû se mettre à couvert tandis que des talibans lançaient des missiles sur la base, depuis une tranchée située à moins de 500 mètres de là. Pour lui, ce fut une expérience terrifiante, mais qui n'avait rien d'exceptionnel pour Harry.

« La base subissait des attaques tous les jours, explique le reporter. Cet incident n'a pas été mis en scène pour nous impressionner : Harry se trouvait bien en zone de guerre et le danger l'entourait de tous côtés. Le deuxième jour après notre arrivée, nous sommes montés sur une colline qui avait été transformée en poste d'observation. Les choses se sont compliquées quand une fusillade a éclaté pendant notre redescente. Harry était déjà de retour à la base quand nous sommes enfin arrivés, et il s'est contenté de dire en riant : "Je vois que vous vous faites des amis." »

Même au cœur du combat, Harry ne perdait jamais son sens de l'humour. Il parlait souvent publiquement de son désamour pour la presse, ce qui était compréhensible ; mais à chaque fois qu'il était en présence de reporters, il savait se montrer accueillant, presque comme s'il savourait chaque occasion de rire à leurs dépens.

La brève rencontre de Bingham avec le prince lui laissa une impression inoubliable.

« J'étais assez surpris et impressionné par la bonne humeur de Harry en Afghanistan, me dira-t-il plus tard. Je vis rapidement qu'il avait fait l'effort de retenir le nom de tout le monde sur la base, depuis les cuisiniers jusqu'aux plus jeunes soldats, aux capitaines et aux officiers de rang supérieur. Il paraissait dans son élément. Personne ne se souciait de son statut royal et il agissait avec un naturel surprenant, comme s'il était juste l'un de ces hommes envoyés en mission dans un environnement difficile. »

Les notes et les photos rapportées à la Press Association suite à ce voyage allaient finalement remplir les pages de tous les journaux du monde entier. C'était lors de cette rencontre que Harry fut filmé en train de tirer avec une mitraillette de gros calibre, sur la base. À un moment, il se tourne vers la caméra et sourit. Ce geste a poussé une partie du public — y compris moi — à penser que la séquence avait été uniquement tournée pour les médias. Cependant, Bingham expliqua plus tard que ce n'était pas le cas.

En parlant de ce qui avait mené Harry à ouvrir le feu, ce jour-là, il raconte :

« Cette vidéo montrant Harry en train de tirer à la mitraillette peut avoir l'air mise en scène, mais ce n'était pas cela du tout. Nous étions avec lui, sur la base, quand quelqu'un cria que des insurgés venaient de s'engager sur le no man's land. On entendait au loin des coups de feu venant d'armes légères. Harry a immédiatement couru à son poste pour riposter. Il n'a même pas eu le temps d'enfiler son gilet pare-balles ou son casque. S'il souriait, à l'image, c'est parce qu'il avait réussi à atteindre la mitraillette avant ses camarades et qu'il les avait battus de vitesse. »

La vidéo a été montrée aux commandants du ministère de la Défense avant de recevoir le feu vert pour être communiquée aux médias. Quand ils virent ces images du prince dans un simple T-shirt marron, sans ses équipements de protection, ils s'inquiétèrent des réactions du public. Au final, ils acceptèrent de diffuser la vidéo, mais cela montre bien à quel point l'état-major tenait à s'assurer que les premiers combats de leur soldat VIP se passent bien.

En effet, le déploiement de Harry avait été méticuleusement planifié. Les mois passés à négocier en secret avec les médias n'étaient que la partie émergée de l'iceberg. Le secrétaire personnel du prince, Jamie Lowther-Pinkerton, avait travaillé dur pour que Harry soit autorisé à se battre et une stratégie précise avait été mise en place pour s'assurer que le jeune homme soit au cœur de l'action. Cependant, comme c'est souvent le cas dans le feu de l'action, l'enthousiasme débordant de Harry fut rapidement visible dès son arrivée en Afghanistan.

Lors de la seconde visite de Bingham, quelques semaines plus tard, la mission de Harry avait changé.

« Lorsque nous sommes retournés en Afghanistan, cinq semaines plus tard, le prince avait de nouveau rejoint la Household Cavalry et prenait part à un convoi de véhicules blindés Spartan dans le désert qui entoure Musa Qala, plus au nord.

« On nous déposa en pleine nuit par Chinook à un point de rendez-vous, avec un chargement de courrier et quelques caisses de ravitaillement. Alors que la poussière soulevée par l'hélicoptère retombait, une silhouette familière émergea nonchalamment de l'ombre pour nous accueillir, portant un kukri dans son dos.

« Si le confort offert par la base de Garmsir était très limité, ici, il était inexistant. La nuit, comme tous les autres soldats, le prince prenait ses tours de garde sur la tourelle de son char. Le reste du temps, il dormait dans une tranchée qu'il avait lui-même creusée. Une fois de plus, j'eus l'impression qu'il avait ignoré les appels à la prudence de ses supérieurs. Quand son groupe avait installé son quartier général dans une base, à l'extérieur de Musa Qala — qui venait d'être repris par les alliés —, Harry quitta Garmsir pour rejoindre ses hommes. Seulement, en moins de deux semaines, il obtint l'autorisation de faire partie d'un MOG (Movement Operating Group), sorte de convoi armé nomade.

« La nuit du retour anticipé de Harry d'Afghanistan, je me rendis au ministère de la Défense pour interviewer le général Richard Dannatt — à présent Lord Dannatt — qui était à la tête des armées pour avoir son avis sur ce déploiement princier. Quand il cita la base dans laquelle Harry avait été installé à son arrivée, je mentionnai le plaisir que le jeune homme avait clairement pris à sillonner le désert. L'espace d'un instant, le général me dévisagea en silence, l'air surpris. »

Ainsi, même le chef des armées ne semblait pas savoir à quel point Harry s'était mis en danger. Il n'avait pas été prévu que le prince quitte la sécurité relative des BOA mais, de toute évidence, la soif de combat de Harry l'avait poussé à se faire accepter tour à tour dans différentes équipes sur le terrain.

Les images prises lors de la seconde visite de Bingham en Afghanistan étaient mémorables. Une vidéo montrait Harry en train de conduire une vieille moto rouillée dans le désert. Ces clichés stupéfièrent le public, qui ne comprenait pas ce que le prince faisait, ni comment il avait acquis ce qui n'était manifestement pas un engin militaire.

Bingham me raconta un jour les détails de cette anecdote en riant. Il me dit que l'événement était arrivé un jour où la troupe de Harry attendait de s'infiltrer dans une zone contrôlée par les talibans. Les soldats campaient dans une tranchée, sous les étoiles, attendant de recevoir l'ordre d'avancer. Au matin, quand les journalistes se réveillèrent, ils virent un petit groupe de soldats britanniques faire rouler une vieille moto pour tenter de la démarrer. Ils l'avaient trouvée à l'aube, abandonnée à quelques mètres du campement.

Aujourd'hui encore, personne ne sait comment elle s'était retrouvée là. Un habitant de la région s'était sans doute approché avec avant d'apercevoir les soldats. Dans sa panique, il avait dû abandonner la moto et s'enfuir dans la nuit.

Dès que les soldats démarrèrent l'engin, Harry se précipita pour monter dessus. Pour le plus grand plaisir de ses camarades, le jeune prince leur fit une démonstration de ses talents de motard. La scène fut filmée et devint l'une des images emblématiques du passage de Harry au front. Un journal publia les images sous le titre « Easy Rider ».

Le prince ne se doutait pas que le silence complice des médias allait être brisé de manière spectaculaire. L'équipe de la Press Association rentra en Angleterre et prépara articles et photos en attendant le feu vert du ministère de la Défense et du palais. Mais au même moment, dix semaines à peine après le début du déploiement du prince, un magazine australien et un site Internet américain dévoilèrent le secret que les journalistes britanniques avaient gardé pendant des semaines.

En quelques heures, Harry fut évacué du front et ramené au Camp Bastion. On ne pouvait pas le laisser participer aux combats, à présent que son déploiement était connu du monde entier.

Il fallut attendre des années pour que Harry se confie enfin sur ce qu'il avait ressenti lorsqu'il avait dû laisser ses hommes en arrière, en Afghanistan. Dans une interview accordée à *Good Morning America* en 2016, il raconta :

« J'avais fait tout mon possible pour être envoyé là-bas. Tout ce que je voulais, c'était faire mes preuves. Quand je fus arraché ainsi à mon équipe, une partie de moi pensa : "Je suis un officier, j'abandonne mes soldats et je n'ai même pas mon mot à dire." J'étais brisé. J~ ne savais pas ce qui allait arriver à mes hommes et, quand je montai dans l'avion pour repartir, le départ fut retardé le temps qu'on charge le cercueil d'un soldat danois dans l'appareil. »

En dépit de la frustration qu'il ressentit, ce que Harry avait vécu pendant son déploiement allait le marquer pour le restant de ses jours. Quel meilleur moyen de comprendre la chose militaire que servir son pays en direct ? Ces dix semaines sur le front lui permirent sans doute de se sentir plus proche des hommes et des femmes qui risquent leur vie chaque jour, parce que c'est leur métier.

De fait, Harry n'avait pas été particulièrement protégé au combat, et il avait aussi mis sa vie en danger. Le rôle qu'il avait tenu pendant ce premier séjour en Afghanistan était le même que ce que des milliers de soldats britanniques déployés ont connu ; et cela créera toujours un lien particulier entre le prince et ses camarades de l'armée. Il était à présent capable de les regarder en face, de partager respect mutuel et compréhension, des sentiments qui seront sans doute précieux à Harry à présent qu'il se consacre à son rôle de prince à plein temps. Sa volonté de soutenir les troupes, en particulier les soldats blessés ou les familles des tués, provient de cet engagement sincère dans le métier.

Étonnamment, ces dix semaines, qui auraient sans doute dû être les plus horribles et difficiles de la vie du jeune homme, furent les plus fascinantes. On peut même dire que la vie au front convenait au prince. Son humour et son charme naturel avaient su le rapprocher de tous ceux qu'il avait rencontrés en Afghanistan. Il ne se plaignait jamais d'être loin de sa famille ou de ses amis, et passa tout son temps à tenter de plonger au cœur de l'action.

Le Harry naïf qui s'était envolé de Brize Norton lors d'une froide matinée de décembre 2007 était devenu trois mois plus tard un jeune soldat mûr, riche d'une expérience unique. Celle-ci lui serait d'ailleurs précieuse, des années plus tard, quand il retournerait au combat pour y tenir un rôle différent. Sa connaissance du combat au sol, à quelques mètres à peine de l'ennemi, allait lui donner une approche que peu de pilotes d'Apache ont.

Le jeune prince guerrier apprit également à mieux se connaître pendant ce court déploiement qu'après toutes ses années passées à l'école.

CHAPITRE 17

MARIAGE ROYAL

— Tu es prêt ? demanda Harry à son frère quand on vint leur annoncer qu'il était temps de quitter le palais St. James.

William avait l'air nerveux. Blanc comme un linge, il répondit par un petit hochement de tête.

La peur se manifeste de bien des façons : sueurs froides, estomac noué, bouche sèche ou encore tremblements nerveux. Le Prince William était victime d'au moins un ou deux de ces symptômes, ce jour-là. Ainsi, lorsqu'il monta les marches de l'abbaye de Westminster, au matin du 29 avril 2011, il eut plus que jamais besoin du soutien de son petit frère.

Il n'était pas surprenant que le futur roi l'ait choisi pour être à ses côtés pendant cette journée qui allait rester l'une des plus importantes de sa vie. De son côté, Harry était ravi d'être le témoin de son mariage avec son grand amour, Kate Middleton.

Mais, face à la splendeur de l'abbaye, ce jour-là, les deux princes furent bouleversés par la solennité de l'événement. Bien sûr, ils avaient passé des mois à répéter consciencieusement ce moment, mais rien n'aurait pu les préparer à ce qu'ils vivraient le jour même.

Avant même d'entrer dans le bâtiment où l'attendait le chef du clergé britannique, l'archevêque de Canterbury, pour le marier, William eut un avant-goût de ce à quoi il allait devoir faire face. Les rues qui longeaient le Mall et la route du palais St. James à l'abbaye de Westminster étaient bondées de gens venus célébrer l'union royale. Une bonne partie du public avait même campé sur place pour s'assurer d'avoir la meilleure vue possible du futur époux et de son témoin. Dès que la limousine de William apparut, des acclamations fusèrent de partout et des drapeaux britanniques s'agitèrent dans la foule. Cette date resterait l'un des événements publics les plus importants de l'histoire britannique.

Dès que le jeune couple avait fixé le mariage un vendredi, le gouvernement avait décidé de rendre le jour férié à titre exceptionnel, ce qui permit à des millions de Britanniques de rester devant leurs télévisions pour suivre la cérémonie. Lorsque les deux princes approchèrent de l'abbaye, ils comprirent vite que l'événement allait dépasser de loin la simple réjouissance populaire nationale. Devant l'édifice, la moindre parcelle avait été prise d'assaut par des équipes de télévision du monde entier pour y installer leur matériel de tournage. Les spots puissants des techniciens illuminaient les marches de l'abbaye comme un stade de football.

Les plus importantes chaînes de télévision avaient même dépensé des dizaines de milliers de livres pour louer les toits des bâtiments voisins afin d'avoir le meilleur angle possible. On avait rarement vu un événement médiatique d'une telle ampleur. La moitié de Green Park, près de Buckingham Palace, avait été fermée et transformée en vaste studio de diffusion mobile. Des vans à antennes satellite, des tentes de fortune et des chapiteaux envahissaient chaque centimètre carré. Une chaîne américaine avait même envoyé plus de cent vingt personnes pour couvrir le mariage. Toutes ces unités de tournage mobiles positionnées à l'avance à des endroits stratégiques envoyaient un message clair : le monde entier voulait suivre chaque détail de la cérémonie, minute par minute.

On estime que plus de deux milliards de personnes, dans le monde entier, suivirent devant leur téléviseur le futur roi prononcer ses vœux. Même pour William et Harry, qui avaient l'habitude de parader devant les caméras depuis leur naissance, ce mariage royal dépassait tout ce qu'ils avaient pu envisager.

Choisir sa femme restera probablement la décision la plus importante de William. Quels que soient les défis qu'il aura à relever à l'avenir, son choix d'épouse demeurera l'un de ses actes les plus décisifs.

Par le hasard de sa naissance, le destin de William a toujours été tracé d'avance. Il ne pourra jamais vraiment mener une vie qui soit sienne, et devra trouver un moyen d'avancer, un pas après l'autre, en espérant être à la hauteur des attentes écrasantes d'un pays tout entier. Contrairement à Harry, William n'a jamais eu la liberté de prendre du bon temps, de faire la fête ni de flirter. Harry a peut-être souffert, depuis sa jeunesse, de voir sa vie amoureuse étalée sur les unes des magazines comme les rebondissements d'une série B, mais il n'a pas connu la même pression que son frère dans ce domaine.

Certes, William a eu des aventures. Au fil des ans, l'héritier du trône a fréquenté de très belles jeunes femmes, venant pour la plupart de riches familles aristocratiques. Dès la fin de son adolescence, le prince n'avait qu'à regarder une femme pour que tous les médias déclarent qu'il avait trouvé le grand amour. Aucune de ces rumeurs ne fut d'ailleurs démentie, car la pudeur et la réserve naturelles de William ne permettaient pas à ses conseillers de connaître le fin mot de l'histoire. Quant aux jeunes femmes sur lesquelles se braquaient pendant un temps les projecteurs, elles surent toutes savourer leur quart d'heure de gloire.

D'ailleurs, certaines d'entre elles mettaient un point d'honneur à assister aux mêmes fêtes et aux mêmes événements mondains que William, dans l'espoir d'attirer son attention. Partout où il allait, le prince voyait des femmes tirées à quatre épingles le suivre des yeux et tout faire pour se rapprocher de lui. Tous les adolescents du pays durent, un jour ou l'autre, envier au prince sa cour de prétendantes. Alors que n'importe quel jeune de dix-sept ans cherche à se faire remarquer en portant l'après-rasage de son père, en enfilant son jean préféré et en s'aspergeant de laque empruntée à sa sœur avant de sortir, William, lui, redoutait toute cette attention.

C'était en réalité un cauchemar pour le prince, qui avait conscience que les regards du monde entier seraient un jour braqués sur la femme dont il tomberait amoureux. Il était peut-être né dans une riche famille, profitant d'un statut extrêmement privilégié, mais il se sentait bien souvent pris au piège. Heureusement, sa quête amoureuse s'acheva d'une manière totalement inattendue.

La saga des premières amours de William et Kate est bien connue. Il n'est cependant pas surprenant de voir que le prince a choisi de ne rien précipiter, et de bien réfléchir avant de décider de se marier. Il tenait à ne prendre qu'une chose en compte pour choisir sa future épouse : ses sentiments. Sa famille et tous ceux qui le côtoyaient de près le connaissaient assez bien pour savoir qu'un mariage arrangé serait impossible.

William voulait mener une vie normale, et décida très jeune de ne suivre que son cœur — non la raison, et encore moins la tradition royale. Ainsi, quand une jolie brune a attiré son attention lors d'un défilé de mode de charité pendant sa première année à l'université de St. Andrews, William ressentit enfin ces battements de cœur qu'il avait tant attendus. Kate était, bien sûr, d'une beauté renversante. Mais elle était également discrète, un peu sous-estimée par ses amies qui, elles, parlaient fort et n'avaient pas froid aux yeux.

Plus William apprit à connaître Kate, plus il comprit qu'elle était différente de toutes les autres femmes qu'il avait connues. Certes, elle avait été scolarisée dans l'une des pensions les plus huppées du pays, mais elle n'y avait jamais vraiment trouvé sa place et préférait jouer au hockey plutôt que rester assise avec ses amies à parler de garçons. Oui, Kate cachait sous sa réserve une forte personnalité et une confiance en elle qui charmèrent William.

Cependant, le prince préféra ne pas presser les choses. Leur amour devenait de plus en plus fort, mais William semblait bien décidé à tenir sa résolution de Klosters : attendre d'avoir « vingt-huit ou trente ans » avant de se marier.

En 2007, tout le monde crut assister à la fin du conte de fées. William venait de passer plusieurs semaines loin de sa petite amie pour se concentrer sur sa formation militaire. Fin 2006, quand il fut diplômé de Sandhurst, les regards du monde entier se braquèrent sur le couple royal qui se retrouva lors de la parade, en présence de la reine et des parents de Kate. Le public fut persuadé que les jeunes amoureux étaient sur le point de se fiancer et les médias leur accordaient toute leur attention.

Mais William était convaincu que c'était encore trop tôt ; il n'avait pas envie de prendre une décision aussi importante si jeune. Il hésita donc, passant de plus en plus de temps loin de Kate pendant son entraînement d'officier de la Household Cavalry. Fin mars 2007, tout le monde pouvait voir que leur relation avait changé.

William et Kate ne vivaient plus comme un couple normal, loin des regards. En mars, pendant les courses de Cheltenham, ils s'étaient retrouvés entourés de photographes avides, à tel point qu'ils avaient du mal à quitter les tribunes pour atteindre le parking, en fin de journée. Certaines photos de William, au volant, tentant de se frayer un chemin à travers la foule de reporters, montrent clairement à quel point il était en colère d'être harcelé comme cela. En avril, le couple voyagea à Zermatt en compagnie de quelques amis, mais des sources avouèrent plus tard qu'il commençait à y avoir quelques tensions entre le prince et sa compagne. On raconta même que William et Kate eurent de violentes disputes et que la jeune femme finissait parfois en larmes.

Ils décidèrent alors de faire une pause et autorisèrent même Clarence House à confirmer leur séparation. Fort de cette expérience, William put, plus tard, conseiller Harry quand sa relation avec Chelsy prit fin.

Moins de deux mois après leur rupture très médiatisée, William et Kate étaient de nouveau ensemble. Leur séparation avait permis à William de comprendre à quel point il tenait à elle. Il invita Kate à l'accompagner lors d'un bal d'été sur sa base de Bovington, dans le Dorset, et à partir de ce symbole de leur réconciliation, leur couple est resté fort. William et Kate surent qu'ils allaient passer leur vie ensemble mais ils furent d'accord pour attendre le bon moment avant de se marier.

Kate patienta longuement, espérant que son compagnon se déciderait enfin à demander sa main et, enfin, trois ans après leur rupture, le moment que tout le monde attendait arriva.

Harry avait vu le couple de son frère se renforcer, son amour devenir plus intense. D'une certaine manière, il enviait la tendresse avec laquelle William parlait de Kate. Pendant l'entraînement que les deux frères avaient suivi ensemble à la base de la RAF de Shawbury, ils avaient beaucoup parlé de leurs petites amies respectives.

Les problèmes de Harry, à l'époque, étaient à l'opposé de ceux de son frère. Quand Chelsy avait peur de trop s'engager, Kate, elle, était lasse de voir William reculer sans cesse leurs inévitables fiançailles. Quand William et Kate avaient décidé de surmonter les obstacles, la romance de Harry et Chelsy sombrait de plus en plus. Et, lorsque le futur roi confia enfin à son frère que « le moment était venu », Harry était déjà célibataire.

À la fin de l'été 2010, William sollicita une discussion en tête à tête avec Harry. De toute évidence, il avait quelque chose de très important à lui dire, et son excitation à l'idée de dévoiler son secret était évidente. Durant le mois d'octobre, William avait prévu de faire découvrir à Kate le lieu qu'il préférait au monde : la magnifique réserve naturelle kenyane où il avait passé son année sabbatique.

Cela n'avait rien d'inhabituel, pour qui connaissait William. Le prince et Kate avaient déjà beaucoup voyagé ensemble, pendant leurs vacances. Ils avaient skié dans les Alpes, s'étaient baignés aux Caraïbes et avaient admiré la faune africaine dans la réserve que possédaient des amis intimes de William, les Craig. Chaque année, ils avaient l'habitude de s'offrir au moins trois voyages exotiques et quelques week-ends romantiques dans le domaine royal écossais de Balmoral.

Mais, quand son frère lui annonça son projet de vacances en amoureux, Harry sentit que les choses étaient différentes, cette fois. D'après certaines sources royales, Harry fut la première personne mise au courant de la bonne nouvelle.

Une source raconte :

« William avait décidé de demander Kate en mariage lors de leur voyage au Kenya, cette année-là. Il mourait d'envie d'en parler à son frère et avait attendu de le voir en tête à tête, plusieurs semaines avant ses vacances.

« William était excité comme un enfant quand il se confia à Harry.

« — Il est temps, lui dit-il.

« Harry sut évidemment tout de suite de quoi parlait son frère. Tous deux s'embrassèrent, puis William ajouta :

« — Je veux que tu sois mon témoin.

« Tout heureux, William expliqua alors à Harry ce qu'il avait prévu de faire. Il comptait emporter avec lui l'inestimable bague de fiançailles de sa mère. Pendant le voyage, il avait organisé un vol en hélicoptère jusqu'à un bungalow isolé, sur les plateaux du second plus haut sommet du Kenya. Là, Kate et lui profiteraient de la simplicité de la cabane de bois pour écouter et admirer les animaux sauvages en liberté autour d'eux. »

D'après la source, Harry partagea l'enthousiasme du futur marié et fut surpris par sa planification minutieuse.

« Le seul conseil que Harry donna à son frère fut de faire porter discrètement une bouteille de champagne au bungalow pour la partager quand Kate aurait accepté. Il plaisanta même en disant à William de prendre aussi une bouteille de brandy pour lui, si jamais elle disait non. »

William tenait absolument à ce que Kate ignore tout de ses projets et, naturellement, Harry jura de garder le secret. Les deux frères décidèrent de ne rien révéler à personne, pas même à leurs amis les plus proches ou à leurs gardes du corps, pourtant réputés pour leur discrétion. Les seules personnes qui seraient mises au courant seraient la reine, le Prince Charles et le père de Kate, Michael Middleton.

De toute manière, William était contraint par les protocoles royaux d'obtenir l'autorisation de la reine avant de demander sa compagne en mariage. Cette tradition a été scrupuleusement suivie depuis des générations et, de toute manière, le prince avait hâte de prévenir sa grand-mère. La reine et lui ont toujours été très proches et son avis comptait plus que celui de n'importe qui. Il put lui parler discrètement de son projet en août, alors que la souveraine était venue passer quelques jours à Balmoral. Apparemment, leur conversation est toujours restée intime, personne ne sait ce qui s'est dit. Cependant, il ne fait aucun doute que Sa Majesté a dû être enchantée d'apprendre la nouvelle. Sa Majesté aimait tendrement la petite amie de William. Au fil des ans, Kate avait eu l'occasion de rencontrer la reine plusieurs fois et des sources au palais confirment que les deux femmes se sont toujours appréciées.

Une de ces sources précise :

« La reine est très fière de tous ses petits-enfants, mais elle nourrit une affection toute particulière pour William. Ils ont peut-être de nombreuses années d'écart, mais ils partagent le même poids des responsabilités. Quand William prit la décision d'épouser Kate, il alla retrouver la reine à Balmoral pour lui annoncer la nouvelle bien avant de mettre un genou en terre devant sa compagne. Bien entendu, sa grand-mère était ravie et lui donna sans attendre sa bénédiction. Elle lui souhaita même bonne chance pour sa demande. Aux yeux de la reine, Kate était la femme idéale pour William, en particulier parce que leur couple avait eu l'occasion de se renforcer au fil des ans, malgré les difficultés. Et puis, surtout, la reine savait à quel point les jeunes gens s'aimaient. »

Avant de partir au Kenya, William rendit également visite au père de Kate, Michael, pour lui demander sa permission. Michael l'accorda sans hésiter, appréciant le respect des traditions dont faisait preuve le prince, et jura lui aussi de garder le secret.

Les fiançailles royales furent annoncées en novembre, déclenchant une véritable hystérie médiatique. À l'époque, William et Kate n'avaient pas encore dévoilé la date ou le lieu du mariage. On savait seulement que ce serait « au début de l'été », l'année suivante.

Très vite, des paris furent lancés concernant le lieu qui accueillerait la cérémonie. On pensa surtout à la maison de la reine, le château de Windsor, dans le Berkshire, ainsi qu'à la cathédrale St. Paul où s'étaient mariés Charles et Diana. Mais, au final, William et Kate décidèrent de prononcer leurs vœux à l'abbaye de Westminster, au centre de Londres, là où William serait un jour couronné roi.

Le jeune couple avait toujours été très discret, tenant à son intimité. Sans doute William et Kate auraient-ils préféré un mariage plus intime, dans une petite église, en présence de leur famille proche et de leurs amis. Tandis que William s'approchait de l'abbaye, le jour J, sa promise et lui rêvaient peut-être de s'échapper avec leurs deux témoins pour se marier à l'étranger, sous le regard bienveillant d'un gérant d'hôtel accueillant. Malheureusement pour eux, comme pour tous les membres de la famille royale, il était de leur devoir de partager cette journée unique avec le monde entier, lors d'une cérémonie publique d'une ampleur rarement égalée.

Lorsque William et son frère entrèrent dans l'abbaye, les acclamations qui résonnaient dehors disparurent, remplacées par un silence serein et paisible. De chaque côté de la nef, le couple avait fait installer des arbres pour apporter une calme beauté naturelle au lieu saint. Cependant, en dépit de l'atmosphère reposante offerte par les arbres, il était impossible pour les jeunes princes de ne pas remarquer les rangées de visages célèbres qu'ils longèrent en rejoignant l'autel.

On avait invité plus de mille personnes à la cérémonie, témoins privilégiés du début de ce nouveau chapitre de l'histoire britannique.

L'abbaye était remplie de stars du grand écran, de sportifs ainsi que de beaucoup de membres des organismes caritatifs soutenus par la Couronne et de gens liés à la carrière militaire de William. David et Victoria Beckham avaient été installés sur l'un des nombreux bancs alignés du côté gauche de la nef. Près d'eux, on pouvait apercevoir Elton John et David Furnish, arrivés en avance et qui feuilletaient le fascicule détaillant le service déposé sur chaque siège.

Au milieu de cette foule, on retrouvait également des amis du couple ; la plupart installés entre des membres du gouvernement, des représentants de l'Église et des dignitaires britanniques venus du monde entier. On remarqua aussi la présence du sultan de Brunei, l'un des hommes les plus riches de la planète. Tandis que les princes traversaient la nef, le sultan était traité comme tous les autres convives : il était installé sur l'un des bancs temporaires de l'abbaye. Nul trône, ce jour-là, pas de place d'honneur pour assister à l'événement.

J'eus la chance de recevoir une invitation et de faire partie des rares journalistes admis dans le Coin des Poètes, à quelques rangées de l'autel. Depuis nos sièges, nous avons pu constater quel rôle essentiel Harry joua ce jour-là. Un témoin doit ordinairement sourire aux invités, se souvenir de faire un signe de la main à la grand-tante Maureen et, surtout, ne pas oublier les alliances. Mais Harry n'était pas un témoin comme les autres. Sa mission première était d'accompagner son frère jusqu'à l'autel en faisant en sorte que William ne s'écroule pas sous la pression monstrueuse qui s'abattait sur lui.

Les yeux du monde entier étaient littéralement posés sur lui tandis qu'il passait la Grande Porte ouest de l'abbaye pour prendre place devant l'autel. Chacun de ses gestes était analysé en temps réel par des experts du langage corporel, et les équipes médiatiques, ne voulant rater aucun détail croustillant, avaient embauché des gens capables de lire sur les lèvres pour repérer la moindre hésitation ou la moindre toux suspecte. Si Harry avait besoin, à un moment ou à un autre, de dissimuler le malaise de son frère, l'incident aurait été remarqué et on en aurait parlé dans toute la planète. William, quant à lui, avait le devoir de garder la tête haute, de faire croire que ce jour était la réalisation de ses rêves et que tout se déroulait exactement comme il l'aurait voulu.

Bien entendu, ce n'était pas du tout le cas, et qui aurait pu blâmer un jeune marié d'être un peu nerveux lors de la cérémonie ? D'autant plus que le jeune marié en question était observé et jugé par deux milliards de personnes. Non, ce n'était pas le mariage dont William avait rêvé, mais il avait conscience qu'il était de son devoir de faire face à cette torture médiatique comme s'il avait décidé lui-même de s'y soumettre.

Heureusement pour William, qui portait son splendide uniforme de colonel de l'Irish Guard, son frère avait anticipé l'épreuve. L'instant le plus stressant, pour tout jeune marié, est celui où l'on attend devant l'autel l'arrivée de l'épouse. C'est le célèbre point de non-retour, où les secondes deviennent des minutes et les minutes, des heures. Harry savait que ce serait l'instant le plus difficile pour son frère : être obligé de rester debout sans bouger, devant l'autel de l'abbaye de Westminster, avec des dizaines de caméras braquées sur soi aurait été très stressant pour William. Il aurait été incapable de garder son calme. Une fois de plus, le moindre signe de nervosité aurait été interprété comme un doute, voire un regret. Un sourcil levé, une toux nerveuse, un froncement quelconque auraient subi une analyse pointilleuse à l'excès.

Conscient de tout cela, Harry s'était arrangé pour atteindre l'autel avec son frère avant de l'entraîner dans une pièce fermée, près du Coin des Poètes. Là, après avoir satisfait les caméras lors de leur entrée dans le lieu saint, les deux princes allaient pouvoir attendre calmement le signal qui leur annoncerait l'arrivée de Kate.

Ainsi, quelques minutes à peine avant la célébration du mariage de la décennie, Harry conduisit son frère dans cette petite pièce et referma la porte sur eux. Nous ne saurons jamais ce qui fut dit pendant le court moment qu'ils passèrent ensemble ; mais c'était parfait pour laisser à William le temps de se calmer et de prendre de profondes inspirations avant de reparaître devant la foule.

De là où j'étais assis, je pouvais très bien voir les deux princes se rendre dans la petite pièce. Jamais je n'avais vu William si nerveux. Le rouge soutenu de sa tunique ne cachait absolument pas la pâleur de son visage, déformé par une peur qu'il tentait désespérément de cacher. Harry, qui portait aussi l'uniforme de cérémonie de son régiment, l'Army Air Corps, parvint à lancer à son frère un sourire rassurant au moment de refermer la porte sur eux. Il est évident que c'est Harry, avec son calme apparent, qui sauva William ce jour-là. Personne n'aurait pu mieux l'aider que lui.

C'était dans cette même abbaye de Westminster que, treize ans plus tôt, les deux garçons avaient assisté le cœur brisé aux funérailles de leur mère. Lors de cette triste journée de 1997, c'était le fait de traverser cette épreuve ensemble qui leur avait permis de tenir bon. La mort de Diana avait rapproché les frères. Il était donc dans l'ordre des choses, d'une certaine manière, qu'ils s'appuient une fois de plus l'un sur l'autre pour faire face à un nouvel événement dont l'ampleur devenait étouffante.

Certes, nul ne saura ce qu'ils se sont dit, en attendant l'arrivée de Kate; mais ils ont réussi à se réconforter mutuellement et à puiser des forces dans la certitude que leur mère devait les regarder. William dut pourtant prendre conscience du cruel paradoxe entre son amère sensation de solitude et la présence de mille personnes dans la nef, l'attention de millions d'autres tournée sur lui.

Lorsque les deux princes ressortirent de la petite pièce pour rejoindre l'autel, William paraissait beaucoup plus paisible. À partir de ce moment-là, il allait devoir compter sur sa montée d'adrénaline pour tenir. Bien sûr, il serait soutenu par son épouse.

Tandis que le prince passait devant la reine et les membres de la famille royale pour prendre sa place, de puissantes acclamations et un tonnerre d'applaudissements venus du dehors résonnèrent dans l'immense abbaye. Ça y était. Kate venait d'arriver et le mariage de la décennie allait pouvoir être prononcé. Tous ceux présents dans la nef avaient conscience que l'histoire s'écrivait sous leurs yeux. La pompe et la cérémonie d'une telle occasion créèrent dans le bâtiment une atmosphère incomparable, que l'on ne peut ressentir nulle part ailleurs.

Alors que les invités attendaient impatiemment l'arrivée de la future épouse, une personne, au milieu de la foule, ne partageait peut-être pas l'excitation générale. Serrant dans ses mains son fascicule, Chelsy Davy était debout, noyée dans la splendeur du décorum. L'ex-petite amie de Harry avait été invitée à la fois parce qu'elle était restée proche de William et Kate, et parce que Harry et elle étaient encore amis. Au moment où les mille regards se tournèrent vers la majestueuse épouse royale, Chelsy dut certainement se demander : « Et si… ? »

Sa rupture avec Harry était surtout due à son incapacité à supporter la pression princière. Si Chelsy avait eu besoin qu'on lui rappelle ce à quoi elle avait renoncé, elle n'aurait pas pu connaître de meilleure occasion que celle-ci : tout ce qui l'avait terrifiée lorsqu'elle sortait avec Harry était là, sous ses yeux. Le petit garçon manqué qui avait passé son enfance à courir pieds nus au milieu des animaux, dans le ranch africain de son père, n'aurait jamais imaginé assister un jour à un tel spectacle.

Moins de vingt minutes plus tôt, en attendant l'arrivée de William, j'avais aperçu la jeune femme, assise à trois rangées de l'autel. Elle était seule et, bien que vêtue d'une robe particulièrement élégante, elle ne paraissait pas du tout à son aise. Je la vis prendre le livret distribué à tous les invités et se mettre à jouer nerveusement avec, presque comme si elle cherchait à se vider la tête pour supporter l'attente.

Si les choses s'étaient passées différemment, si son histoire avec Harry s'était poursuivie, elle aurait pu se retrouver à son tour au centre d'un tel événement. Pourtant, Chelsy l'admettait elle-même : elle détestait qu'on la prenne en photo. En dépit de sa beauté, elle s'était toujours sentie gênée quand l'attention se portait sur elle. En se détournant de Harry, elle s'était détournée d'une curiosité médiatique qu'elle n'aurait jamais pu supporter.

Kate a à cœur de mener la vie la plus normale possible avec William, mais elle gère avec brio la célébrité qui va de pair avec la position d'épouse de prince. Bien sûr, personne ne peut s'habituer à se retrouver du jour au lendemain sous le feu des projecteurs, cependant Kate n'en a jamais autant souffert que Chelsy. Évidemment, tout ne lui plaît pas dans son nouveau rôle. Ses amis et sa famille sont également des cibles pour les médias. Des photographes la suivent sans cesse dans la rue. Et les magazines people ne peuvent s'empêcher de lui lancer des piques plus ou moins méchantes. Mais, l'un dans l'autre, Kate a toujours été prête à supporter tout cela par égard pour l'homme qu'elle aime.

Depuis son banc, sur le côté de l'autel, Chelsy regarda sans doute la cérémonie avec une pointe d'amertume. Tout le monde aime voir deux amis qui se disent enfin oui. Mais pour elle, ce qui se passait ce jour-là avait une signification bien plus profonde. D'après un de ses amis, elle admit plus tard que ce mariage la rendit malade.

Cet ami précise :

« Chelsy aura toujours des sentiments particuliers pour Harry, mais le mariage de Kate et William eut l'effet d'une douche froide, pour elle. En voyant l'ampleur de l'événement, Chelsy fut convaincue que Harry et elle n'étaient pas faits pour vivre ensemble. Ils partagent peut-être de nombreuses passions, mais ce mariage a rappelé à Chelsy qu'ils venaient tous les deux de mondes très différents.

« Au fond de lui, Harry espérait peut-être que le mariage de son frère adoucisse Chelsy. Hélas, cette journée a eu l'effet inverse. Jamais la jeune femme n'aurait supporté d'être jetée en pâture aux touristes de cette manière. Elle est très pudique et vit en retrait, savourant les choses simples. Ce genre de cirque l'aurait étouffée. »

Ce jour-là, bien sûr, peu de personnes firent attention à Chelsy. Dans l'excitation générale, on s'appliqua plutôt à chercher activement une nouvelle prétendante pour le

jeune témoin célibataire, si splendide dans sa tenue d'officier. L'attention fut portée — à tort — sur la jeune sœur
de Kate, Pippa. Tout comme Harry, elle était célibataire,
à l'époque ; et la photo d'elle penchée sur les marches de
l'abbaye de Westminster pour ajuster la robe de sa sœur
allait bien vite faire le tour du monde.

Pippa, demoiselle d'honneur, allait prendre le bras de
Harry au sortir de l'église, comme le veut la tradition.
Cependant, la vue des deux jeunes gens côte à côte et
souriants déclencha une foule de spéculations. Ce fut aussi
gênant pour le prince que pour la demoiselle d'honneur de
Kate, mais cette diversion eut au moins pour effet d'offrir
une certaine paix à Chelsy pendant la journée.

Pippa fut sublime dans son rôle de témoin, qu'elle tint à
la perfection aux côtés de sa sœur. Pour beaucoup, ce fut sa
première apparition publique sur la scène mondiale. Pippa
était certes déjà bien connue en Grande-Bretagne, grâce à
sa beauté et à tous les jeunes hommes riches qu'elle comptait
parmi ses amis ; mais, aux yeux du reste du monde, ce fut ce
mariage qui fit d'elle une star. En quelques heures, on cessa
de parler de Harry et Chelsy. Peu de temps après, Chelsy
allait trouver un nouveau petit ami et Harry tournerait enfin
la page pour tenter sa chance auprès d'autres jeunes femmes.

Le mariage de Kate et William, mémorable pour bien
des raisons, marqua définitivement les adieux de Harry et
Chelsy. Tant que rien ne viendra bouleverser sa vie, la jeune
femme restera convaincue que sa romance avec le prince
n'était pas faite pour durer une vie entière.

CHAPITRE 18

LES AUTRES CONQUÊTES DE HARRY

La merveilleuse journée de mariage de William et Kate concentra une fois de plus tous les regards du monde sur la famille royale britannique. Cette romance de conte de fées entre l'héritier du trône et sa première « vraie » petite amie captivait l'attention de spectateurs de tous les pays. Une preuve de plus que la fascination du public pour la Maison de Windsor était plus forte que jamais.

Le « musée vivant », comme on appelle parfois la famille royale, s'en trouvait dépoussiéré, et la silhouette éblouissante de Kate se rendant à l'autel convainquit même les plus féroces républicains qu'aucun événement public n'aurait pu mieux définir le Royaume-Uni. Ce fut un véritable triomphe pour une famille dont le rôle avait sérieusement été remis en cause quelques années plus tôt. Depuis la mort tragique de la Princesse Diana, ses fils ont su prendre leur place, et les jours sombres entachés par le scandale du divorce du Prince Charles étaient bel et bien terminés.

Mais, tandis que le fils aîné de Diana prononçait ses vœux, garantissant la continuation de sa lignée, tout le monde commença à se demander : « Et Harry ? » Tant que sa relation avec Chelsy Davy fleurissait, le couple paraissait inséparable, partageant le même amour de la nature, des voyages et des soirées endiablées. Oui, aux yeux du public, ils semblaient faits l'un pour l'autre. Cependant, lorsque Kate rejoignit son compagnon à l'autel pour devenir sa femme, Harry et Chelsy n'étaient plus ensemble. Le jeune prince était redevenu célibataire et on ne put que le remarquer en le voyant se tenir aux côtés de son frère, en cette journée d'avril 2011. Pour tous ceux qui suivent assidûment les péripéties de ce feuilleton royal, Harry était un des personnages les plus attachants de la famille. À tel point qu'on avait hâte, en ce jour plus que jamais, qu'il trouve son âme sœur.

Les rumeurs qui naquirent au sujet de Pippa et Harry étaient fausses, car ils n'ont jamais rien partagé d'intime, bien que bons amis. Même si leurs frère et sœur respectifs avaient autorisé une quelconque relation, force est d'admettre qu'ils n'avaient rien en commun, à l'exception de leurs devoirs de cérémonie. Ainsi, il n'est pas étonnant de constater que le voyage de noces du Prince William, en juin, et l'arrivée du couple au Canada aient pu passer inaperçus dans l'hystérie qui se réveilla en Angleterre. En effet, quelques semaines à peine après le mariage, Harry, qui avait envie de trouver une nouvelle petite amie, se rapprocha de l'ex-compagne du champion de Formule 1 Jenson Button.

Inutile d'expliquer ce qui a plu au prince chez l'ancien mannequin de lingerie de vingt-cinq ans devenue actrice. En plus de sa beauté à couper le souffle, Florence Brudenell-Bruce avait tout ce qu'il fallait pour convenir à un membre de la famille royale. Elle avait fait ses études dans une école privée huppée et avait obtenu un diplôme d'histoire de l'art. De plus, Flee (comme ses amis la surnommaient) était issue de la haute société, comptant parmi ses ancêtres James Thomas Brudenell, septième comte de Cardigan et célèbre héros de guerre britannique. Son père, Andrew, marchand de vins, était un ancien élève d'Eton, comme Harry, et la famille était si liée à la monarchie que la jeune femme était en fait une parente très éloignée du prince.

Contrairement à Chelsy, Flee ne paraissait pas le moins du monde gênée de se retrouver sous le feu des projecteurs — en fait, elle avait même l'air d'apprécier cela. Pendant sa liaison avec Button, elle avait parlé ouvertement de son couple et ne s'était jamais plainte de voir son image étalée sur les pages des magazines. Sans doute est-ce pour cela que l'annonce de sa relation avec Harry fut accueillie si chaleureusement par tous les correspondants royaux. Après des années de relations tumultueuses avec Chelsy, le jeune prince avait-il enfin trouvé l'« élue » ?

Ce fut le *Sun* qui publia la nouvelle en premier, après que l'on eut aperçu l'Audi A3 noire de Harry devant l'appartement à 2,5 millions de livres de Flee, au cœur de Notting Hill. Les conseillers royaux ne tentèrent pas de démentir, ce qui laissait penser que la liaison n'était pas qu'une passade. Quand on les voyait ensemble, Harry et Flee semblaient tout à fait assortis. C'était un beau couple et tout le monde espérait qu'ils suivraient un jour l'exemple de William et Kate. Mais cette romance éclair s'acheva aussi vite qu'elle avait commencé. Quelques semaines à peine après le début de l'engouement médiatique pour la nouvelle petite amie du prince, le couple se sépara, mettant fin aux espoirs de voir un nouveau conte de fées s'installer au sein de la famille royale.

Les sentiments de Harry pour la jeune collectionneuse d'art étaient peut-être sincères mais, après la rupture, des amis de Flee confièrent qu'elle ne supportait pas de voir son petit ami flirter avec d'autres femmes. Quelques semaines après leur premier baiser, Flee commençait déjà à remettre en question son couple, principalement — d'après ses proches — parce que Harry recevait beaucoup d'attention de la part de la gent féminine. Une source proche de Flee confiera :

« Elle avait l'impression qu'il avait les yeux qui traînaient et elle ne supportait pas de ne jamais savoir qui il voyait quand elle n'était pas là. Du coup, elle l'a quitté. Elle ne voulait pas s'impliquer dans une aventure qui n'avait pas d'avenir. C'était une sorte de flirt de vacances : ils ont passé de bons moments ensemble, mais Flee n'avait pas envie d'aller plus loin. »

La même source précise que les choses ont commencé à mal tourner quand le couple se rendit ensemble au festival de musique de Kimberley, dans le Norfolk, cet été-là :

« À un moment donné, Harry s'est rendu dans une zone du terrain surnommée la Grange aux Tracteurs pour flirter avec une jolie blonde. Flee l'a vu parler avec elle. Elle a été à la fois jalouse et déçue. »

Puis, Harry, qui avait alors vingt-six ans, fut surpris entouré par des jeunes femmes en bikini après le mariage d'un ami à Majorque.

Une autre amie de Flee pensa que la rupture fut en partie causée par ce qu'elle appela le « syndrôme Chelsy » :

« Harry avait passé beaucoup de temps avec Chelsy et, même s'il a dit clairement à Flee qu'il n'y avait plus rien entre son ex et lui, il était évident qu'il avait encore des sentiments pour elle. De temps en temps, Harry parlait d'endroits où il aurait aimé emmener Flee en vacances. Malheureusement, la plupart du temps, c'étaient des endroits qu'il avait déjà visités avec Chelsy. Flee vit cela comme une sorte de mise en garde et ne s'est jamais sentie très à l'aise avec le prince. »

Moins de deux ans après sa rupture avec Harry, Flee renonça à toute possibilité d'une seconde chance en épousant le multimillionnaire Henry St. George lors d'une cérémonie fastueuse, dans le sud de la France. L'intérêt du public pour la relation du prince et de la jeune femme, quant à lui, s'évanouit aussi vite qu'il était né. Cependant, il laissa une question en suspens. Comment Harry allait-il pouvoir trouver quelqu'un avec qui il aurait envie de s'engager, après avoir connu Chelsy ?

Lorsque William et Kate se rencontrèrent, ils étaient encore étudiants à St. Andrews, en Écosse. Comme William n'avait pas terminé ses études, il restait à l'époque protégé des médias par les accords post-Diana. Ce fut entre autres grâce à cette paix que leurs sentiments purent mûrir. Mais pour Harry, les accords passés après la mort de la mère des deux princes avaient pris fin depuis longtemps quand, à la fin de sa vingtaine, il se retrouva célibataire. Essayer de trouver l'amour n'est jamais une tâche aisée, même sans la pression constante de la curiosité du public.

Le sujet des amours du prince passionna la presse au moins autant que cela frustra Harry et ses conseillers. Certes, le jeune homme a toujours accepté de voir les détails de sa vie sentimentale divulgués à cause de sa position dans l'ordre de succession ; mais cela lui a toujours posé problème quand il s'agissait d'entretenir une relation sur le long terme.

Plusieurs années après sa rupture avec Flee, Harry parvint enfin à se confier sur ses problèmes sentimentaux. Lors d'une interview pour le début des jeux Invictus consacrés aux soldats blessés, Harry expliqua à une chaîne de télé américaine qu'il se concentrerait en priorité sur son travail et non sur ses amours jusqu'à ce que son neveu George soit assez âgé pour le faire paraître « vieux jeu ». Il précisa que la famille royale était « consciente de son statut extrêmement privilégié » mais que l'intérêt public porté à sa vie sentimentale rendait la quête d'une petite amie presque impossible pour lui.

Il admit aussi être devenu si « paranoïaque » qu'il osait à peine parler aux femmes, à cause de l'attention que cela porterait sur elles.

— Quand je parle à une femme, dit-il, cette personne est immédiatement considérée comme ma future femme et des gens courent frapper à sa porte. Si un jour je rencontrais quelqu'un, je ferai tout mon possible pour que notre relation soit assez solide avant de laisser le monde entier envahir notre intimité — puisque c'est inévitable. En toute honnêteté, je n'ai pas eu beaucoup d'occasions de sortir et de rencontrer des gens, dernièrement. En ce moment, je me consacre au travail. Cependant, si jamais quelqu'un devait se faufiler dans ma vie un jour ou l'autre, ce serait formidable. Quand les gens rentrent de leur travail dans la City, ou n'importe où ailleurs, ils peuvent aller au pub avec leurs amis pour se détendre. Moi, je fais cela de moins en moins, parce que je n'ai pas de vraie détente. Je ne sais jamais qui je peux croiser dans la rue ou si on va me suivre pour essayer de prendre un selfie dès que je sors de chez moi. Ma vie privée est donc réduite au minimum.

Que les gens compatissent ou non avec la frustration de Harry, il faut savoir qu'une autre force, plus incontrôlable encore que les médias, commençait à l'époque à sévir. Le développement des réseaux sociaux rendait à son tour la quête sentimentale de Harry quasi impossible. La presse peut se restreindre, et elle le fait souvent, quand le public considère qu'elle dépasse les limites. Mais sur les réseaux sociaux, rien n'empêche la publication de remarques méchantes, infondées, et parfois simplement cruelles.

La première fois que Harry fut confronté à cela, il venait d'entamer une nouvelle relation après sa brève liaison avec Flee.

Faire partie d'une chenille humaine n'est sans doute pas un moyen très conventionnel pour attirer sur soi l'attention de la presse britannique. Mais, en même temps, quand les deux pattes de la chenille placées juste devant vous dans le costume sont les jambes d'une princesse, on a de grandes chances de se retrouver dans tous les journaux nationaux du lendemain.

En avril 2010, la fille aînée du duc d'York, la Princesse Beatrice, accepta de participer à une tentative de record du monde. Accompagnée par vingt-huit autres coureurs, elle participa au marathon de Londres dans l'espoir de figurer au Guinness World Records pour « le plus de personnes à courir les 42 kilomètres attachées ensemble ». Dans la chenille, juste derrière Beatrice, se trouvait une manne-quin nommée Cressida Bonas, fille de Lady Mary-Gaye Georgiana Lorna Cruzon, célèbre « It » girl des années soixante et mariée quatre fois.

Même sans le costume de chenille, le passé de la jeune femme et son amitié avec les cousines de Harry, Beatrice et Eugenie auraient suffi à lui faire croiser un jour ou l'autre le chemin du prince, considéré .. l'époque comme le célibataire le plus en vue. En mai 2012, l'inévitable se produisit : Cressy, comme on la surnommait, fut présentée à Harry alors qu'elle socialisait avec la haute société anglaise dans le domaine d'un ami, dans le Hampshire, à l'occasion du festival Valley.

En dépit de la célèbre dispute qui avait opposé la Princesse Diana et Sarah, duchesse d'York — elles ne s'étaient plus parlé durant l'année qui avait précédé la mort de Diana —, Harry avait toujours eu de l'affection pour ses cousines. Du même âge ou presque, ils avaient toujours joué ensemble lors des réunions familiales. De plus, Harry n'ayant jamais eu de sœur, il devint très proche de Bea et Eugenie au fil du temps.

Les filles du duc et de la duchesse d'York sont connues pour leur vie sociale animée qui les amène à côtoyer les enfants de l'élite financière du pays, tout comme ceux des familles titrées. Harry fut immédiatement fasciné par la jolie blonde élancée qui se tenait près de sa cousine lors de la fête. Cela faisait plus de six mois qu'il était célibataire et il fut incapable de détacher ses regards de la mystérieuse jeune fille aux airs bohèmes, près d'Eugenie.

— Harry, voilà Cressy. Elle faisait partie de la chenille, lança la princesse en riant, heureuse de jouer les entremet-teuses.

Après quelques minutes de discussion, Eugenie s'effaça,

convaincue d'avoir touché juste. Bien entendu, Cressida savait tout du cousin de son amie : ses scandales médiatiques, sa vie de pilote et son goût pour les belles femmes. Mais elle dut aussi avoir conscience qu'elle-même avait tout ce qu'il fallait pour attirer l'attention du prince. Elle était blonde, bien éduquée et issue d'une famille historiquement liée à la Couronne. En fait, Eugenie avait peut-être soigneusement organisé cette rencontre, sachant que Harry ne pourrait pas résister à l'insouciance naturelle de son amie.

Contrairement à bon nombre de personnes proches de la famille royale, Cressy était extravertie. Elle aimait se détendre et était largement capable de tenir la dragée haute à Harry. Mannequin travaillant pour Burberry, elle était allée à Stowe, l'ancienne école de Chelsy, avant de passer par l'université de Leeds où avait étudié le premier grand amour du prince. Tous deux avaient beaucoup de points communs, et leur amitié se mua rapidement en romance. Fait inhabituel pour Harry, ils se montrèrent même ensemble en public au bout de deux semaines à peine, lors de la première du film *The Dark Knight Rises*.

Comme au début de chaque relation sérieuse, le prince tomba fou amoureux de Cressy en quelques jours. Dès qu'il avait une journée de libre, pendant sa formation de pilote, il se dépêchait de la rejoindre. Ce fut la première véritable histoire d'amour qu'il eut après Chelsy et cela lui fit redécouvrir la chaleur de sentiments oubliés depuis trop longtemps.

Au bout de quelques semaines, Cressy fut la compagne officielle du prince lors de l'anniversaire de Sam Branson, fils de Richard Branson, magnat des magasins Virgin. Le couple s'installa dans la même chambre sur l'île familiale de Necker avant que Harry parte pour Las Vegas avec ses amis. De toute évidence, leur histoire d'amour était déjà stable, puisqu'elle survécut au fait que le prince se soit déshabillé pendant une partie de billard dans la suite qu'il partageait avec ses amis, là-bas. Même les visages de nombreuses autres femmes étalés sur les unes des journaux ne suffirent pas à étouffer leur romance naissante.

Quand Harry fut déployé en Afghanistan pour la seconde fois, en tant que pilote d'Apache, Cressy resta sagement en arrière, attendant avec impatience chaque e-mail ou texto lui confirmant qu'il allait bien. Cette séparation ne fit que les rapprocher davantage et, au retour de Harry, après quatre mois passés au front, leur relation était devenue plus solide que jamais.

Les Princesses Beatrice et Eugenie invitèrent Harry et Cressy à faire du ski avec elles et leurs parents, Andrew et Fergie. Ce pèlerinage annuel à la station suisse huppée de Verbier était un rituel auquel Fergie et son ex-mari se soumettaient sans faillir. Même depuis leur divorce, il y a plus de vingt ans, le duc et la duchesse d'York sont restés proches. Contrairement à beaucoup de couples divorcés, ils partent souvent en vacances ensemble et, quand elle est au Royaume-Uni, la duchesse réside avec plaisir dans la maison familiale, au cœur du Grand Parc de Windsor.

La soirée fut peut-être « calme » aux yeux de Harry, mais quand Cressy et lui rejoignirent les York pour le repas célébrant les cinquante-deux ans du duc, l'intensité de leurs sentiments était évidente. Assis dans l'élégante salle du Pot Luck Club, buvant du champagne et savourant des steaks saignants, Harry et Cressy semblaient oublier la présence des autres convives. À un moment, Cressy se lova sur les genoux du prince et l'embrassa. D'après des témoins, on aurait dit « des ados amoureux au fond d'une salle de cinéma ». Tout ceci se passa quelques semaines à peine après le retour de Harry d'Afghanistan et le public fut d'accord pour voir dans cette démonstration d'affection une preuve de l'intimité du couple. Ni l'un ni l'autre ne parut perturbé par la présence d'une quarantaine de témoins dans le restaurant. Ils n'avaient pas non plus l'air embarrassés d'être à la table voisine de celle où l'oncle de Harry sirotait de l'eau minérale avec son ex-femme.

Un autre convive révélera plus tard :

« Tout le monde était de bonne humeur mais, à la fin du repas, on remarqua que la petite amie de Harry perdait toutes ses inhibitions. Elle sauta sur ses genoux et ils commencèrent à s'embrasser comme des ados au fond d'une salle de cinéma. Ils ne se lâchaient pas et on était presque tenté de crier :

« — Prenez une chambre !

« De toute évidence, ils en étaient à ce stade de la relation où on est incapable de se tenir. C'était vraiment une scène surréaliste : un homme aussi célèbre que le Prince Harry, en train de se bécoter dans le coin d'une salle de restaurant. Ils se fichaient des regards ; même de celui du Prince Andrew, qui était assis à un mètre d'eux. »

Les gestes affectueux de Harry pendant ce séjour dans les Alpes ne s'arrêtèrent pas là. Le lendemain, tandis que le couple attendait que le reste du groupe descende d'un télésiège, le prince prit Cressy dans ses bras et l'embrassa de nouveau. Cet instant romantique fut immortalisé par un photographe free-lance français et l'image fut reprise par tous les journaux britanniques. Une fois de plus, il semblait que Harry soit tombé fou amoureux sans avoir peur de le montrer à tout le monde.

Les membres de la famille royale se laissent rarement aller à ce genre de démonstration publique sans savoir exactement comment leur geste sera interprété. De plus, Harry était particulièrement bien placé pour savoir qu'embrasser sa petite amie comme ça, au milieu de cette station de ski suisse, attirerait l'attention des journalistes. Verbier, comme une bonne partie des stations alpines huppées, grouille de paparazzis qui gagnent leur vie en vendant des photos de célébrités sur les pistes. Ce jour-là, en embrassant ainsi Cressy au pied du télésiège, Harry faisait une sorte de déclaration au monde : il était amoureux et il avait enfin réussi à se débarrasser du fantôme de Chelsy. Les images étaient similaires à celles qui avaient été prises de William et Kate, pendant leurs vacances d'hiver en Suisse en 2008.

De toute évidence, les sentiments de Harry pour Cressy étaient profonds et sincères. Le couple passa les semaines et les mois suivants ensemble, dès que le prince obtenait une permission pour quitter sa base. À force de voir la jeune femme aux côtés de Harry, le pays commença à croire qu'il avait enfin trouvé l'« élue ». On les photographia dans les gradins d'un stade, pendant un match de rugby à Twickenham, et, de temps à autre, devant des boîtes de nuit. Mais un événement particulier créa une véritable hystérie, laissant croire que des fiançailles étaient peut-être envisagées.

En mars, Harry convainquit sa petite amie de passer à l'étape suivante de leur relation et l'invita pour la première fois à assister à un événement officiel avec lui. Dans le monde de la royauté, ceci est toujours un moment révélateur pour le ou la petit(e) ami(e). Lorsque Kate était venue assister à la cérémonie des diplômes de William à Sandhurst, par exemple, le pays entier fut convaincu que le couple finirait pas officialiser leur union.

Donc, lorsque Cressida arriva à la Wembley Arena avec ses amis pour voir son compagnon inaugurer la soirée de charité des jeunes, WE Day UK, ce fut une révélation pour les médias. On vit même le prince embrasser Cressy dans les gradins du concert, au milieu de douze mille autres jeunes — pour le plus grand bonheur des groupies royales. Il paraissait évident que cette démonstration d'affection durant ce qui était après tout un engagement officiel, bien qu'inhabituel, pour le jeune prince, revêtait un sens particulier.

Durant les semaines qui suivirent, tous les journaux britanniques et tous les sites people de l'autre côté de l'Atlantique enchaînèrent les prédictions, attendant impatiemment l'annonce des fiançailles. Un journal alla même jusqu'à prétendre que Harry et Cressy pensaient organiser une « réunion de fiançailles » avec certains membres de la famille royale.

En juillet, Harry fut aperçu avec Cressy au festival musical de Glastonbury, ce qui relança les spéculations. Cependant, les amis intimes de la jeune femme commençaient déjà à sentir que la réalité n'était pas aussi rose pour le couple. En fait, plus Harry et Cressy apprenaient à se connaître, plus ils se rendaient compte qu'ils n'avaient pas grand-chose en commun. Harry aimait les plaisirs simples, tandis que Cressy avait tout d'une jet-setteuse.

L'une de ses amies se souvient de cette époque :

« Au début, leur relation était surtout physique et Cressy est complètement tombée sous le charme de Harry. Il était très attentionné, voulait toujours être sûr qu'elle aille bien et, la plupart du temps, il avait tout du petit ami idéal. Mais, après quelques mois, il devint de plus en plus clair qu'ils n'avaient pas grand-chose en commun. Sur le papier, Cressy avait peut-être toutes les qualités requises pour plaire à Harry, seulement ils n'étaient en fait pas si bien assortis que ça. Ils s'entendaient très bien, évidemment. Cependant, Cressy était de plus en plus frustrée de voir que Harry ne montrait aucun intérêt pour certaines choses qui lui tenaient à cœur.

« Cressy nourrit une passion pour l'art et la culture. Elle a une magnifique collection et a été élevée dans un bain artistique. C'est très important à ses yeux. Mais Harry n'a jamais compris cela. Il aime les gens, il adore s'amuser et est plutôt extraverti. En dépit de son apparence, Cressy est très différente : au fond d'elle, elle est assez timide, douce. Cette facette de sa personnalité ne s'accordait pas avec celle de Harry.

« Quand les journaux commencèrent à spéculer au sujet de leurs fiançailles, Cressy comprit que leur relation s'essoufflait. Il ne s'agissait pas que de la pression, du fait d'être en permanence un objet de curiosité pour le public

— une frustration pour tous les deux. Non, ça allait plus loin. Ils n'avaient simplement pas assez de points communs pour que leur relation tienne la distance. »

La source m'a également confié que Cressy eut du mal à quitter Harry, qui commençait à devenir dépendant d'elle.

Cette amie ajoute :

« Quand ils sont allés à Glastonbury ensemble, on pouvait clairement voir leurs différences. Harry portait un chapeau mou et des chaussures en daim tandis que Cressy avait enfilé une salopette et portait un chapeau bleu ciel. Elle était dans son élément, au festival, et lui, en dépit de ses efforts, restait décalé. »

Un mois à peine après leur apparition à Wembley, une source anonyme confirma leur rupture :

« Je suis très triste de voir qu'ils ont décidé de se séparer. Ils restent en bons termes, mais ils ont décidé de repartir chacun de leur côté. »

Depuis, on a parfois prétendu que c'était la pression médiatique perpétuelle qui avait fini de briser le couple Harry-Cressy. La biographe royale Ingrid Seward, qui est une amie de longue date de la mère de Cressy, révéla que la jeune femme, qui n'avait alors que vingt-cinq ans, avait eu beaucoup de mal à supporter d'être constamment dévisagée dans la rue par des inconnus. Alors qu'elle participait au festival littéraire de Henley, Mme Seward confirma que Mlle Bonas avait confié à quelques amis proches la vraie raison de sa rupture avec Harry : au bout de deux ans, elle n'avait plus la force de faire face à tous les commentaires négatifs qu'on faisait sur son passage où qu'elle aille.

« Elle disait que c'était affreux, raconta Ingrid Seward. À chaque fois qu'elle sortait dans la rue, les gens la critiquaient. Ils sortaient leurs téléphones et la prenaient en photo avant de dire : "Regardez ses cheveux !" ou "Regardez ses vêtements, ses bottes, elle n'a même pas attaché ses lacets !" Cressida était une jolie jeune femme, tout ce qu'il y a de plus normal, et elle n'a pas supporté cela. Elle ne pouvait pas s'empêcher de se demander : "Qu'est-ce que je leur ai fait ? Qu'est-ce qu'ils ont contre moi ?" »

D'après Mme Seward, Cressy était également profondément blessée par des commentaires à son sujet lus sur les réseaux sociaux. Pour quelqu'un de timide par nature, se faire insulter sur Internet n'est pas une expérience dont on se remet aisément.

À une occasion, au moins, Cressy fut terrifiée en se rendant compte que quelqu'un la suivait. Elle conduisait seule et avait la très nette impression d'être pistée. Lorsqu'elle parvint enfin à rentrer chez elle, elle téléphona à Harry en larmes et le supplia de l'aider. Bien qu'on n'ait jamais vraiment su si la jeune femme avait réellement été traquée, l'incident bouleversa Harry, qui se sentait impuissant, incapable de protéger sa petite amie.

Une fois de plus, il semblerait bien que ce soit la pression médiatique qui détruisit cette histoire. À notre époque, où tout le monde se croit libre d'écrire n'importe quoi sur les réseaux sociaux, les amours des membres de la famille royale sont plus que jamais mises à l'épreuve. Cela n'allait pas être la première fois que Harry se sentirait impuissant ; mais cela nous permet de comprendre plus facilement sa réaction, quelques années plus tard, lorsqu'une autre de ses relations fut rendue publique.

CHAPITRE 19

PREMIÈRE MISSION
EN SOLO

Devant les caméras se trouvaient deux des plus célèbres visages de la planète : le prince rock'n'roll dans le couloir 3 et l'homme le plus rapide du monde dans le couloir 5. Cette séance photo officielle ne ressemblerait à aucune autre et, pour le groupe de reporters envoyés sur le terrain, elle serait inoubliable. Tandis que la silhouette familière d'Usain Bolt, du haut de son mètre quatre-vingt-quinze, dézippa son haut de survêtement, son adversaire saisit sa chance et se lança sur la piste.

Le Prince Harry ne prit même pas la peine d'enlever sa veste doré, vert et noir, tant il était pressé de prendre de l'avance et de passer la ligne d'arrivée. Lorsque le champion olympique comprit ce qui se passait, il était déjà trop tard pour rattraper le prince — même pour lui. Sous l'objectif des caméras, Harry passa la ligne d'arrivée en premier avant de mimer la célèbre pose héroïque de son adversaire, un grand sourire aux lèvres.

Ce fut une victoire amusante, bien que pas très honnête. La vidéo montrant Harry et Bolt en train de courir ensemble sur la piste baptisée en hommage à la légende jamaïcaine fit le tour des journaux télévisés du monde entier.

Une fois que tous les reporters présents eurent repris leur sérieux, Harry avoua qu'il avait fait cela pour gagner un pari. Quand il avait confié à l'un de ses amis qu'il allait courir face à l'homme le plus rapide du monde, il avait parié en plaisantant qu'il était capable de gagner. Ce qu'il n'avait pas dit à son ami, c'était qu'il avait prévu d'y arriver en orchestrant un faux départ digne des plus grandes mascarades de l'histoire.

— Il a triché ! s'écria plus tard Bolt en riant, devant nos micros. S'il veut une deuxième manche quand je viendrai à Londres pour les jeux Olympiques d'été, dites-lui que je suis prêt.

Ces images inoubliables remplirent une double page dans presque tous les journaux britanniques dès le lendemain. Cependant, cette anecdote en révèle plus au sujet de Harry qu'un simple goût pour la tricherie bon enfant. Aucun autre membre de sa famille n'aurait pu faire une chose pareille sans paraître profondément ridicule.

Après tout, le prince était en Jamaïque pour représenter sa grand-mère, la reine, dans le cadre de son jubilé de diamant. Ce voyage était on ne peut plus sérieux pour Harry — sa première mission diplomatique en solo, à l'étranger — et il ne pouvait se permettre aucun faux pas. Quand les membres de la famille royale voyagent ainsi à travers le monde, ils représentent à la fois la reine et le peuple britannique. Si leur mission diplomatique se déroule bien, cela peut apporter beaucoup au pays : amélioration du commerce et des relations internationales, par exemple.

Le voyage de Harry avait été soigneusement organisé par le palais et le bureau des Affaires étrangères. L'itinéraire de visite du prince passait par Belize et les îles des Caraïbes avant de descendre au sud, jusqu'au Brésil. Chaque conversation, chaque poignée de main et chaque promenade officielle allait être analysée pour voir si le « prince play-boy » était capable de se montrer sérieux quand il s'agissait de représenter son pays.

En coulisse, les hommes en gris du palais avaient peur que Harry ne soit pas capable de remplir cette première mission sans éveiller de nouvelle controverse. Le prince avait, bien sûr, participé à de nombreuses visites diplomatiques depuis son enfance, en présence de ses parents, et avait appris très jeune à bien se comporter devant les caméras. Il était d'ailleurs doué pour cela et avait toujours su attirer tout particulièrement l'attention des médias.

Le reste de sa famille n'a jamais suscité un tel intérêt lors de sorties officielles. Mais Harry, qu'il soit en train de jouer au polo sur Governors Island, à New York, ou qu'il rencontre des patients devant un hôpital de Cardiff, était toujours suivi par une foule de journalistes répondant à la demande du public.

Cependant, un voyage complet à l'étranger est très différent des rapides séances photo ou des petites visites officielles auxquelles le prince avait pu participer. Tant de choses peuvent mal tourner, en plusieurs jours. D'ailleurs, il ne faut pas oublier qu'une situation qui risque de déraper finit la plupart du temps par le faire. Les visites diplomatiques royales se passent rarement bien. Il y a toujours un moment où l'on surprend une remarque déplacée. Toujours une opportunité de photo improvisée et maladroite qui se retourne de manière plus ou moins spectaculaire contre le protagoniste. La liste des incidents qui ont, au mieux, embarrassé la famille royale et, au pire, causé de graves incidents diplomatiques est presque infinie.

Au fil des décennies, les remarques déplacées du Prince Philip sont devenues légendaires. L'époux de la reine décroche probablement la palme des pieds dans le plat pendant les voyages diplomatiques à l'étranger. En 1965, alors qu'il visitait une exposition d'art « primitif » éthiopien, il murmura :

— On dirait ce que ma fille rapporte parfois de ses cours d'art plastique.

En 1984, alors qu'une femme lui offrait une figurine, au Kenya, il demanda :

— Vous êtes vraiment une femme ?

Deux ans plus tard, alors qu'il était en visite officielle en Chine, il lança à un groupe d'étudiants britanniques venus passer une année dans la ville de Xian dans le cadre d'un échange :

— Si vous restez là trop longtemps, vous allez finir par avoir les yeux bridés.

En 1994, à un habitant des îles Cayman :

— N'êtes-vous pas tous des descendants de pirates ?

En 1998, à un étudiant revenant d'un trek en Papouasie-Nouvelle-Guinée :

— Alors, comme ça, vous avez réussi à ne pas vous faire manger ?

Et, pendant une réception à l'occasion d'un voyage au Nigeria, le duc fit remarquer au président du pays de l'époque que sa tenue traditionnelle « donnait l'impression qu'il allait se mettre au lit ».

Même le Prince Charles n'a pas toujours su échapper au scandale diplomatique, à cause de remarques inattendues qui lui ont échappé lors de différents voyages. En 2014, pendant une visite au Canada, le père de Harry a rencontré des proches de victimes de l'Holocauste. On l'entendit alors comparer le président russe, Vladimir Poutine, et Adolf Hitler. Ce commentaire provoqua une crise diplomatique que le bureau des Affaires étrangères eut bien du mal à apaiser, à une époque où les relations avec la Russie étaient déjà particulièrement tendues.

Et, pendant une visite aux Émirats arabes unis en 2007, le Prince de Galles s'était attiré les foudres de l'opinion publique en suggérant — apparemment — que la chaîne de fast-food McDonald's devait être interdite. Il discutait avec une nutritionniste et on l'entendit demander :

— Est-ce que vous avez fait des progrès du côté de McDonald's ? Vous avez essayé de l'interdire ? C'est la clé, si vous voulez mon avis.

Ce fut donc avec la nervosité qu'on imagine que les conseillers royaux décidèrent, début 2012, d'envoyer Harry en mission diplomatique à l'étranger. Tout le monde, au palais, savait que le prince serait suivi partout par une meute de journalistes prêts à s'emparer du moindre faux pas.

Si Harry sentait déjà la pression monter, les remarques de la Première ministre de Jamaïque, Portia Simpson Miller, prononcées juste avant l'arrivée du prince, lui donnèrent de bonnes raisons de craindre ce voyage. Toute l'équipe du palais trembla.

La femme politique annonça, en janvier, son intention de répudier la reine de la tête de la Jamaïque pour transformer le pays en république. On eut alors peur que Harry soit dépassé. En effet, cette visite, qui s'annonçait tendue, aurait été délicate pour n'importe quel diplomate accompli.

Un autre piège potentiel attendait également le prince de vingt-sept ans à la fin de son voyage. Sa mission devait s'achever par une visite au Brésil, où il représenterait les intérêts du commerce britannique. On craignit que les tensions entre le Royaume-Uni et l'Argentine concernant les îles Falkland provoquent des manifestations pendant le séjour de Harry.

Ainsi, le palais et le bureau des Affaires étrangères suivaient l'évolution de la mission du prince avec une anxiété croissante.

Une source du palais se confie :

« La première mission diplomatique en solo est une sorte de baptême du feu pour tous les membres importants de la famille royale. Nous étions certains que le charme de Harry et son aisance devant les caméras sauraient séduire les foules, mais nous étions profondément inquiets de voir comment il allait gérer les aspects les plus délicats de sa mission. Faire l'idiot pour amuser les autres est une chose, mais entraîner son pays dans une crise diplomatique ou politique internationale juste parce qu'on n'a pas été assez attentif à ce que l'on a dit ou aux plaisanteries déplacées qu'on a faites, c'est grave.

« Avant son départ, Harry a été longuement briefé par les équipes des Affaires étrangères. Il a pris ces sessions de conseil très au sérieux et a posé de nombreuses questions concernant les pièges potentiels qu'il allait rencontrer. En fait, son inexpérience l'a sans doute aidé : il avait tellement peur de commettre des erreurs qu'il a tenu à connaître les tenants et les aboutissants de chacune des visites au programme. Je pense que cela l'a mieux préparé que les autres membres de sa famille, qui ont déjà accompli au moins une dizaine de voyages diplomatiques au fil des ans.

« Ce qui était particulièrement admirable, c'était la détermination de Harry à faire de sa mission un succès. À l'époque, il était encore plongé dans son entraînement de pilote militaire, et sa formation avait été son seul centre d'intérêt durant les mois qui précédèrent son voyage. Mais, comme 2012 était l'année du jubilé, la famille royale dut visiter autant de pays possibles pour y représenter Sa Majesté et la pression était énorme. Harry eut la sagesse de ne pas trop en faire, craignant de ne pas paraître sincère. Il accepta tout naturellement de ne pas s'impliquer dans des discussions politiques à l'étranger et de se contenter de ce qu'il faisait le mieux : charmer les gens grâce à son naturel. »

En dépit de la foule de conseillers prêts à briefer le prince avant son départ, il décida de se fier davantage aux avis de quelqu'un d'autre. La source confia qu'en trois occasions au moins, avant son départ, le prince alla rendre visite à sa grand-mère. La reine, qui fut couronnée dans sa jeunesse, savait mieux que personne quel genre de pression son petit-fils subissait. Les conversations qui eurent lieu entre elle et Harry demeurèrent bien entendu privées, mais il paraît évident que Sa Majesté lui conseilla de se détendre, de mener sa mission diplomatique à son propre rythme et de se contenter de rester lui-même.

Ce fut peut-être avec ces paroles en tête que Harry décida de s'amuser et de tricher sur la piste Usain Bolt, en Jamaïque. Personne, et certainement pas ses conseillers, ne s'attendait à ce qu'il improvise une farce qui restera dans « l'anthologie Harry ». Cette « course » contre l'homme le plus rapide de la Terre était à n'en pas douter une idée du prince et il sut instinctivement quoi faire pour la rendre mémorable.

Peut-être que ses conseillers et son secrétaire particulier auraient tenté de le dissuader, s'il leur avait confié ses plans à l'avance. Ce fut la première fois, en plus de vingt-cinq ans, que l'on vit un membre de la famille royale se tourner en dérision d'une manière aussi spectaculaire et en présence des médias.

La dernière fois, ce qui se passa entra également dans l'histoire de la Couronne britannique, mais pour d'autres raisons. En 1987, les oncles de Harry, Edward et Andrew, ainsi que la Princesse Anne et Sarah Ferguson avaient accepté d'apparaître dans une édition royale de la célèbre émission télé *It's a Knockout* (adaptation anglaise d'*Intervilles*). Tentant de renvoyer une image moderne, les « jeunes » membres de la famille royale de l'époque avaient accepté d'enfiler des tenues de bal médiévales pour affronter les épreuves en compagnie d'autres célébrités vêtues en châtelains, en damoiselles et en ménestrels.

Ce jeu télévisé à l'humour gras était probablement l'une des émissions préférées de l'époque, mais il n'apporta que des cauchemars à la famille royale. Devant dix-huit millions de téléspectateurs, les participants royaux se couvrirent de ridicule. Leurs efforts pour paraître « normaux » se retournèrent si brutalement contre eux que l'incident demeure encore aujourd'hui l'un des épisodes les plus désastreux de l'histoire moderne de la famille royale.

On prétend que le Prince Philip était furieux contre son fils Edward, qui avait pris cette initiative et avait guidé le groupe, décrivant son action comme « imprudente et embarrassante ». Lors d'un bref échange avec un dirigeant de la BBC, le duc d'Édimbourg s'emporta contre son fils qui « ridiculisait toute la famille ».

Son avis fut partagé par un grand nombre de groupies royales. Philip Ziegler, célèbre biographe de la Couronne, déclarera :

« Il aurait certainement été possible pour [la reine] de s'opposer plus fermement à une décision aussi maladroite. N'aurait-elle pas pu empêcher que ses enfants participent à *It's a Royal Knockout* ? Peut-être que personne n'avait anticipé les conséquences de cette extravagance. Si c'est bien le cas, on peut en déduire que la reine était remarquablement mal informée. Quelqu'un aurait dû la prévenir de ce qui allait se passer pour qu'elle puisse l'empêcher ou, du moins, limiter les excès le moment venu. »

Quant à James Whitaker, qui était alors le correspondant royal du *Daily Mirror*, il alla encore plus loin en déclarant que l'émission a marqué un « tournant majeur » dans la manière dont le public perçoit la royauté. Il expliquera :

« Si l'on doit définir un moment qui aura marqué le début de la fin, je pense immédiatement à *It's a Royal Knockout*. Cette émission a, pour la première fois, conduit les gens à se demander qui étaient ces personnes affligeantes. »

Lorsque Harry décida de jouer sa petite farce en Jamaïque, il avait déjà effectué son passage à Belize, en Amérique centrale. Là, il avait rencontré le Premier ministre, vu un spectacle joué par des écoliers et avait traversé sans faux pas une foule d'adorateurs. La vue d'enfants portant des pancartes faites main proclamant : « On t'aime, Harry » fut un soulagement pour les conseillers du palais. Tout le monde semblait vouloir saluer le prince, obtenir un signe de sa part ou, mieux encore, échanger quelques mots avec lui. La réception qu'il reçut au Belize confirma bien sa place de prince dans le cœur de tous et sa célébrité dans tous les pays du monde. Il était le prince qui s'attirait des ennuis, qui aimait faire la fête et qui avait toujours une étincelle au fond des yeux. C'était pour tout cela que le public l'aimait tant.

Cependant, faire l'idiot sur une piste d'athlétisme avec quelqu'un d'aussi apprécié et respecté qu'Usain Bolt aurait pu être un désastre en termes de relations publiques. Comme le Prince Edward et les autres le découvrirent à leurs dépens, la limite entre l'humour et le ridicule est mince. Miraculeusement, Harry sut ne pas passer cette limite. Sa « course » fut très bien accueillie par le public jamaïcain, et les gros titres du lendemain, dans le monde entier, furent particulièrement élogieux. Face à cela, le Prince Edward dut rester perplexe : en un instant, son neveu avait réussi tout ce que lui-même n'avait pas su accomplir. Mais, alors que l'erreur d'Edward le hante toujours, les frasques de Harry furent, comme souvent, accueillies à bras ouverts par un public conquis.

C'est un talent délicat à maîtriser : savoir faire quelque chose de choquant devant les caméras sans que la farce se retourne contre soi. Les politiques en connaissent depuis longtemps les risques. Ce qui peut paraître une bonne idée sur le moment peut vous faire paraître stupide ou vous noyer dans le ridicule.

Seulement, Harry n'est pas un politique. Sa farce avec Usain Bolt montre bien l'ampleur du gouffre qui sépare les jeunes membres de la famille royale d'aujourd'hui et ceux des années 1980. Les gens savent que Harry a des défauts et ils l'aiment pour cela. Quand il se retrouve devant une caméra, les spectateurs veulent qu'il réussisse à s'en sortir, pas qu'il fasse un faux pas. En fait, on ne voit simplement pas Harry d'un œil aussi cynique que les autres membres de sa famille ; et sa plaisanterie avec Bolt, pendant sa première mission diplomatique en solo, le prouve bien.

Tandis que nous quittions le stade pour nous rendre au rendez-vous suivant du prince, le groupe entier de reporters parlait encore de ce qui venait de se passer. Tout le monde fut d'accord sur un point : la farce de Harry était à la fois osée et hilarante. Osée, parce que les choses auraient pu très mal tourner. Mais hilarante, parce que ça avait marché. Harry avait transformé une séance photo un peu classique en quelque chose d'unique. Les images de Harry, sprintant sur la piste, suivi par un Usain Bolt qui échoue à le rattraper, ou celles du prince en train d'imiter la célèbre pose de victoire de l'athlète allaient lui faire une excellente publicité. Il subissait une énorme pression pour représenter sa grand-mère lors de ce voyage, mais cela ne l'avait pas empêché d'être lui-même.

Sans même avoir l'air de le faire exprès, Harry avait réussi à donner de la vie à cette séance photo et personne n'aurait osé faire le rapprochement entre sa « course » et le désastre qu'avait été *It's a Knockout*. Contrairement à ses prédécesseurs, Harry parvenait simplement à faire l'idiot sans avoir l'air idiot. Les gens riaient en le voyant, mais pas comme ils avaient ri des jeunes descendants de la famille royale en 1987. Là où ses parents avaient semblé maladroits, comme s'ils en faisaient trop, Harry était simplement resté lui-même — le prince né avec le don de faire rire les gens.

Cependant, sa mission en Jamaïque n'était pas encore finie et Harry allait devoir retrouver toute sa gravité pour rencontrer la Première ministre. Son moment de complicité avec Usain Bolt était bel et bien fini quand il retrouva la pression diplomatique qui pesait sur lui. L'heure était venue d'affronter une dirigeante politique qui venait de mentionner son projet de faire de la Jamaïque une république.

Le lendemain, tandis que nous attendions tous dans le jardin qui entoure la résidence officielle du gouverneur général de Jamaïque au cœur de Kingston, la capitale, tous les dignitaires rassemblés sur les marches semblaient nerveux. C'était probablement la rencontre la plus tendue politiquement de toute la mission et même l'équipe média du prince ne parvenait pas à dissimuler son anxiété.

Harry devait rencontrer Portia Simpson Miller, sur l'escalier, devant l'entrée immaculée du vieux bâtiment colonial chaulé. Partout où l'on se rend, en Jamaïque, ces maisons anciennes nous rappellent constamment le passé colonial de l'île. Ce fut en effet en Jamaïque que les plantations britanniques firent la fortune de leurs propriétaires européens. Il y a plus de deux cents ans, ce pays était l'une des destinations principales des esclaves africains arrachés à leur terre natale pour venir travailler, enchaînés, dans des conditions souvent effroyables. Ces heures sombres de l'histoire de la Jamaïque sont toujours douloureuses pour les habitants, surtout sur la scène politique ; et, pour beaucoup, la famille royale britannique est un vestige du passé.

Alors que le cortège d'automobiles du prince s'approchait et se garait devant le bâtiment, tous les photographes se préparèrent à prendre les clichés les plus symboliques de tout le voyage de Harry. Et les dizaines de caméras présentes se mirent à tourner, prêtes à transmettre leur reportage en *live* dans le monde entier. Au final, en dépit de toute la préparation et de toute la nervosité des conseillers, la rencontre reposait entièrement sur les épaules du prince. Comment Harry allait-il réagir ? Chacun de ses gestes serait filmé et la moindre toux gênée serait analysée, décortiquée comme jamais.

Comme si la pression de cette rencontre n'était pas suffisante, un portrait de Sa Majesté la reine avait été placé sur un chevalet près de l'endroit où le prince poserait pour les photographes avec la Première ministre.

Ce qui se passa ensuite est un parfait exemple de ce que Harry apporte à la famille royale. Au lieu de partager une poignée de main maladroite pour les caméras, le prince, dans son élégant costume de lin, sourit immédiatement à Mme Simpson Miller en montant les marches. La Première ministre de Jamaïque lui rendit son sourire avant d'ouvrir les bras au jeune prince pour l'embrasser sur la joue. Ce salut, moment qui avait soulevé tant de spéculations, fut aussi chaleureux que sincère. La différence d'âge évidente entre les deux donnait presque l'impression d'une mère qui accueille son fils et non d'une femme politique qui rencontre un dignitaire étranger.

La Première ministre était manifestement ravie de rencontrer le jeune prince dont elle avait sans doute beaucoup entendu parler dans les médias. Après l'avoir salué sur les marches de la résidence du gouverneur général, elle lui prit le bras et l'entraîna à l'intérieur. Cet accueil fut chaleureux et aisé. Mme Simpson Miller semblait sincèrement ravie de rencontrer Harry et tous les diplomates présents semblaient partager ce sentiment.

Tandis que Harry s'apprêtait à rentrer dans la demeure à son bras, il dut sentir sa chaleur et, instinctivement, se tourna vers les caméras et lança :

— J'ai mon rancard pour ce soir.

Tout le monde éclata de rire et la Première ministre sourit, sans paraître le moins du monde offensée par la remarque osée du prince.

Près de moi se tenait le correspondant royal Phil Dampier. Vétéran dans sa profession, il avait couvert de nombreux voyages diplomatiques et avait conscience de la pression qui pesait sur Harry. Il confiera plus tard que le principal atout du prince demeure son charme naturel :

« Il est très doué pour plaire aux gens en restant simplement lui-même. Tout comme sa mère, il est sociable par nature et ne prend pas les gens de haut. »

Dampier, qui a couvert les actualités de la famille royale

pendant trente ans et a écrit *Prince Philip : Wise Words and Golden Gaffes*, ajoutera :

« La reine et ses proches suivirent attentivement le déroulement de cette première mission diplomatique pour voir comment le prince s'en sortirait. Après tout, il représentait Sa Majesté dans des pays où les choses peuvent changer très vite. En Jamaïque, il serra la Première ministre Portia Simpson Miller dans ses bras, alors qu'elle venait de suggérer de retirer la reine du gouvernement du Commonwealth. La reine est une personne pragmatique. Elle sait que certains pays se détourneront de la monarchie britannique à sa mort, mais elle veut que le Commonwealth perdure pour que le Prince Charles puisse en prendre la tête au moment voulu. Il est donc important que Harry, William et Kate poursuivent leur travail de diplomatie et soient en bons termes avec le plus de monde possible.

« La reine sait mieux que personne qu'une simple bévue peut faire échouer une visite diplomatique — elle l'a vu avec le Prince Philip. Jamais elle ne l'aura empêché d'être lui-même, mais j'ai assisté à de nombreuses scènes pendant lesquelles une remarque déplacée du duc a fait les gros titres (et pas les plus flatteurs). Par exemple, pendant le voyage de la reine en Australie pour son jubilé d'or en 2002, le Prince Philip a demandé à un chef aborigène :

« — Est-ce que vous vous lancez encore des lances quand vous vous battez ?

« Cette anecdote a été relayée par tous les médias du monde et est restée une ombre au tableau jusqu'à la fin du voyage — au grand dam d'une partie de la royauté. Harry, lui, ne lançait jamais ce genre de commentaires et se contentait de transmettre sa bonne humeur partout où il allait. Il dansait avec les gens, goûtait les boissons locales, embrassait les hommes politiques et visitait des hôpitaux.

« Je sais que la reine a été enchantée par son comportement exemplaire et lui a envoyé dès son retour un message pour le féliciter et le remercier. Il en était très heureux. S'il y a bien une chose que son frère et lui ne veulent pas faire, c'est trahir les espoirs de leur grand-mère. Ainsi, jusqu'à présent, chacun de leurs voyages à l'étranger s'est très bien passé. »

Le verdict de Dampier concernant la première mission de Harry en solo fut partagé par tous les correspondants royaux qui l'accompagnèrent. Ce fut une démonstration magistrale du comportement à tenir avec tous ceux que l'on rencontre, des enfants aux vétérans de guerre ou aux politiques. Le monde entier couvrit Harry de compliments à l'issue de ce voyage. Le seul accroc que l'on nota au milieu de cet enchaînement de rencontres et de visites finement orchestré ne fut pas causé par une quelconque controverse mais par l'immense popularité du prince.

Le dernier jour de son séjour en Jamaïque, Harry se rendit dans une ville côtière, près de Montego Bay. Il était prévu qu'il se prête à ce que l'on appelle une « promenade » lors des voyages diplomatiques royaux. Ces opportunités de photoreportage moins formelles permettent au membre de la royauté concerné de se frotter au peuple normal. On avait donc prévu que Harry se promènerait dans un marché pour y rencontrer vendeurs et clients. Cependant, ce que les organisateurs n'avaient pas anticipé était l'arrivée le même jour d'un gros bateau de croisière dans la baie. La ville fut soudainement envahie de touristes, en grande partie Européens et Américains, qui apprirent très vite que le célèbre prince était là.

Lorsque Harry sortit de sa voiture à l'endroit prévu pour entamer sa promenade dans le marché, l'endroit grouillait déjà de milliers de personnes, appareil photo à la main, qui se pressaient de tous les côtés pour tenter d'apercevoir le visiteur royal. Ainsi, ce qui aurait dû être un événement relativement tranquille se transforma immédiatement en chaos et les gardes du corps, pourtant aguerris, du prince commencèrent à paniquer. Leur attitude habituellement calme et maîtrisée était mise à l'épreuve par la foule qui poussait dans tous les sens au risque d'écraser des gens en route. Au bout de quelques minutes à peine, on fut obligé de mettre fin à la promenade. Il y avait beaucoup trop de monde et la foule était bien trop hystérique à l'idée de voir le prince. Finalement, les gardes appelèrent donc les voitures par radio et Harry fut poussé à l'arrière de son véhicule, en sécurité.

La presse avait peut-être sous-estimé Harry face à Usain Bolt, et les conseillers du palais s'étaient clairement inquiétés sans raison de sa rencontre avec la Première ministre de Jamaïque. Cette fois, ce furent bien les gardes du corps du prince qui s'étaient laissé surprendre.

Plus tard, ce jour-là, l'un d'entre eux repensa à l'incident de Montego Bay et me dit :

— Waouh, c'était quelque chose, hein ? On ne s'attendait pas à tant de monde ou à voir ces gens aussi hystériques à l'idée de s'approcher de Harry. On n'a pas eu le choix : il a fallu mettre fin à la promenade, tant pour la sécurité de Harry que pour celle des gens présents autour. J'avoue qu'on ne voit pas souvent ce genre de choses, pendant un voyage royal. C'était vraiment impressionnant.

Quoi qu'il en soit, la mission diplomatique fut un succès. Lorsque Harry fit ses adieux aux journalistes à la fin de son séjour au Brésil, il avait conscience qu'il avait fait ses preuves et avait su inspirer des pages et des pages d'articles élogieux tout au long de son périple. Pour les hommes en gris, l'heure de la détente et du soulagement était venue. Tout s'était bien passé et tout le monde complimentait la performance du prince. Mais cette première grande mission diplomatique à l'étranger revêtait une tout autre importance aux yeux de Harry. Sa grand-mère, qui approchait alors de ses quatre-vingt-dix ans, allait forcément devoir déléguer certains de ses devoirs, en particulier ceux qui demandent de longs et fatigants voyages. Le fardeau de parcourir le monde pour représenter la Grande-Bretagne à l'étranger allait donc être partagé entre d'autres membres de la famille. Et, comme Harry venait de le prouver, sa popularité mondiale n'avait d'égale que sa capacité naturelle à charmer tous ceux qu'il rencontrait.

Pendant le vol du retour, Harry savait également qu'il allait devoir passer les mois suivants sur sa base militaire, à se préparer à retourner en Afghanistan — cette fois en tant que pilote d'Apache. Cependant, si sa carrière militaire continuait à prendre de l'ampleur, combien de temps lui restait-il avant que ses devoirs familiaux l'obligent à tout abandonner pour assumer son rôle de prince à plein temps ? Le problème majeur, pour Harry, était qu'il risquait de devenir la victime de son propre succès. Oui, tout le monde avait conscience qu'il était devenu un pilote accompli, un atout pour l'Army Air Corps. Mais, dans l'armée, il restait remplaçable.

À la vérité, en 2012, la famille royale commença à prendre conscience des dons relationnels de Harry, et la Maison de Windsor avait désespérément besoin de cette bouffée de fraîcheur. Contrairement aux autres membres de sa famille, Harry savait donner une énergie nouvelle à la royauté. Autrefois, on aurait pu décider d'écarter du public un prince aussi rebelle et controversé. Mais la célébrité de Harry et sa popularité en décidèrent autrement. Plus personne ne se souciait de ses erreurs. Au contraire, c'étaient justement ces faux pas qui rendaient le plus jeune fils de Diana si captivant aux yeux du monde.

En 2012, le Prince William était déjà marié mais insistait toujours autant pour être pilote de sauvetage. Sa réticence à se consacrer à plein temps à son rôle d'héritier fit peser une pression nouvelle sur les épaules de Harry. Il était en bonne voie pour devenir l'attraction familiale et ses proches voyaient en lui un atout à utiliser au service de la Couronne.

Mais, au fond de lui, Harry voulait accomplir la mission qu'il s'était donnée et pour laquelle il avait tant travaillé. Il voulait retourner en Afghanistan et, à cette époque-là en tout cas, rien n'aurait pu le détourner de son projet.

CHAPITRE 20

HARRY À LAS VEGAS

« Ce qui arrive à Vegas reste à Vegas. »

En tout cas, c'est ce que l'on dit.

L'ironie de cet adage risque de paraître longtemps amère au Prince Harry. Il suffit de taper son nom et « Las Vegas » dans Google pour voir les millions de résultats qui s'affichent, répétant en chœur l'un des épisodes les plus gênants de la vie du prince — preuve, s'il en est, que le célèbre slogan imaginé en 2003 par le département tourisme de Sin City ne devrait jamais être pris au pied de la lettre.

De fait, cette décision d'aller rejoindre ses amis pour un week-end entre hommes dans la capitale mondiale du jeu en août 2012 risque de peser sur les épaules de Harry pour le reste de sa vie. Les salles de rédaction de Fleet Street ont également un adage, moins connu, que l'on emploie quand une histoire paraît trop belle pour être vrai : « Une nouvelle pareille, ça ne s'invente pas. »

Et ce fut exactement ce que l'on répéta, à Londres, quand on reçut le scoop concernant la dernière frasque du prince, qui allait enflammer les tabloïds du monde entier. Les rédacteurs en chef et les directeurs photo se frottèrent les yeux, incrédules, devant les images qu'ils venaient de recevoir. Cette fois-ci, Harry avait plongé en eaux troubles, nul ne pouvait le nier. Ce qui allait être révélé au grand public les jours qui suivirent en dévoilerait plus sur le prince que tout ce qu'on avait pu écrire sur lui auparavant.

Dans le film de 2009 *Very Bad Trip*, trois copains se réveillent à Las Vegas après une légendaire nuit de fête et d'excès. Le problème, c'est que l'un d'entre eux, futur marié qui célébrait justement son enterrement de vie de garçon, a disparu et ses amis ne se souviennent absolument pas de ce qui s'est passé la veille. Même quand ils découvrent un tigre dans la baignoire de leur chambre d'hôtel, les trois personnages, désespérés, ne retrouvent pas la mémoire.

Il est certain que lorsque Harry s'est réveillé, après la nuit qu'il venait de passer dans sa suite luxueuse de l'hôtel Encore, il a dû songer à ce film qui était jusque-là l'un de ses préférés. Malheureusement pour lui, Harry n'était pas un personnage de comédie hollywoodienne. Il vivait dans le monde réel et, en se souvenant de ce qui s'était passé la veille, il dut sentir sa gueule de bois se muer en véritable torture.

— Est-ce que je me suis vraiment déshabillé ? dut-il se demander. Et qui étaient les filles qui sont montées dans la chambre ?

Plus les souvenirs de la veille lui revinrent, plus sa migraine lui parut — j'imagine — insignifiante, comparée à l'ampleur des événements de la nuit.

Pour mieux comprendre ce qui s'est passé à Las Vegas, il faut remonter plus loin, jusqu'à une soirée au mess des officiers de Middle Wallop, quartier général de l'Army Air Corps. Harry et ses amis se détendaient après quelques jours d'entraînement intensif. Tout le monde était de bonne humeur et c'était la première fois depuis des semaines que les recrues avaient le droit de boire de l'alcool. Dans l'aviation, les pilotes en formation n'ont pas le droit de boire vingt-quatre heures avant de se mettre aux commandes de leurs appareils. Cette règle est toujours rigoureusement appliquée et les soldats surpris en train de boire avant un vol sont immédiatement renvoyés de la formation.

En dépit de sa réputation, Harry ne tient pas à ce point à l'alcool. Certes, il aime bien boire un verre quand l'occasion se présente, mais il fait souvent preuve de plus de retenue que ses amis, surtout quand il est en présence de gens qu'il ne connaît pas. Ce n'est que lorsqu'il est entouré de ses amis de confiance, qu'il connaît pour la plupart depuis son enfance, qu'il se permet de baisser la garde.

Soudain, dans le mess des officiers, un cri retentit :

— Bar nudiste !

L'un des camarades du prince commença à se déshabiller, rapidement imité par plusieurs autres. Quelques minutes plus tard, plusieurs des hommes présents se tenaient au bar en tenue d'Adam, en continuant à boire et à rire.

Les sources n'ont jamais dit si Harry avait participé au rituel ou non, mais il était là et vit que cette plaisanterie fut bien accueillie par tous. Aucune femme n'était présente et ce n'était certainement pas la dernière fois qu'un bar militaire, coupé du monde par les murs d'une base, accueillait cette tradition si connue dans l'armée.

Comme l'explique un ancien membre du régiment :

« Le mess de Middle Wallop ressemble à tous les autres. Quand les gars boivent entre eux, sans qu'il y ait d'invités, la situation peut devenir cocasse. Une fois, nous avons joué au mess-rugby après quelques verres. Nous avons pris un chou pour faire la balle et les officiers se sont séparés en deux équipes. La première équipe qui arrive à toucher le mur avec le chou aurait gagné. Pour jouer, presque tous les soldats présents ont enlevé leur uniforme — surtout parce qu'ils avaient peur de faire couler du sang dessus.

« Le bar nudiste n'est rien de plus qu'une plaisanterie qu'on se permet quand le commandant n'est pas sur la base. Je pourrais vous raconter des anecdotes de paris perdus et des soldats forcés de faire le tour de la base dans le plus simple appareil; ce ne sont que des façons bon enfant de se détendre. Quand on s'entraîne sans s'arrêter, pendant des jours, et qu'on est coincé sur une base avec un seul bar pour se distraire, il est logique que les choses dégénèrent un peu de temps en temps. »

Même l'Army Rumour Service, un forum en ligne destiné aux soldats, décrit le « bar nudiste » comme « un passe-temps populaire et amusant des mess d'officiers, en particulier quand on arrive à convaincre des femmes officiers d'y participer ».

Depuis le premier jour de Harry à Sandhurst, l'armée a sans nul doute eu une influence très positive sur lui. Sa formation a transformé le jeune homme naïf et en colère en un fier soldat qui a su servir son pays avec honneur. Mais le jour où Harry prit les clés de la chambre 2401 de l'hôtel Encore Wynn de Las Vegas, il était bien décidé à se détendre et à profiter pleinement de son week-end en compagnie de ses trois amis les plus proches. Il ne se doutait pas que, quelques heures plus tard, l'une des traditions militaires les moins reluisantes qu'il avait prise au fil des ans pointerait le bout de son nez.

Ce séjour promettait d'être haut en couleur. Harry, son ancien ami d'école Thomas « Skippy » Inskip, le joueur de rugby Adam Bidwell et l'ami d'enfance du prince Arthur Landon avaient décidé de visiter Sin City ensemble, entre hommes.

C'était l'été 2012 et Harry avait besoin de changer d'air. Depuis le début de l'année, il avait travaillé sans relâche, jonglant entre missions royales et préparation en vue de son second déploiement en Afghanistan. D'ailleurs, il n'avait plus que quelques semaines à attendre avant de repartir au front, cette fois aux commandes d'un terrible hélicoptère d'attaque Apache. Oui, il avait travaillé dur pendant des mois, s'entraînant pour survivre à un séjour dangereux et épuisant au combat.

Après avoir accompli avec succès sa première mission diplomatique en solo à l'étranger, Harry — comme toute sa famille — avait tout fait pour fêter dignement les soixante ans de règne de Sa Majesté. En juin, il avait participé à la célébration nationale du jubilé et avait assisté au concert gigantesque donné devant Buckingham Palace. Le même mois, il avait également joué un rôle essentiel dans la préparation et l'accueil des jeux Olympiques de Londres. Bref, pendant ce premier semestre 2012, Harry n'avait pas eu le temps de respirer.

Les quatre amis s'envolèrent donc pour Necker Island, l'île la plus huppée des Caraïbes, possession du magnat britannique Richard Branson. Là, ils purent se relaxer, conscients qu'ils ne repartiraient de l'île que pour se rendre dans la ville la plus noctambule du monde. Quel contraste cela dut être, de quitter la beauté et le paisible isolement des Caraïbes pour atterrir au cœur des lumières et de l'animation de Las Vegas.

Harry lui-même avait décidé d'emmener ses amis là-bas. Un an plus tôt, le prince avait visité la ville pendant son entraînement de perfectionnement à la base aérienne de Gila Bend, dans l'Imperial Valley, Arizona. À la fin de son stage de huit semaines, et après avoir loué une Harley-Davidson pour la journée, Harry était allé goûter à la vie nocturne de Las Vegas. La présence du prince dans cette ville dédiée au jeu et à la fête avait été très remarquée. Quand Harry avait visité le club Tryst, dans le casino Wynn, on le vit en train de boire un verre de vodka Grey Goose avant de danser avec une mystérieuse blonde.

Un convive prétendant avoir assisté à la scène raconta aux reporters :

« Harry avait l'air très proche d'une fille d'une vingtaine d'années. Il dansait avec elle et ils se serraient dans les bras. Ils se faisaient des câlins. À un moment, le prince a même posé ses mains sur sa taille en dansant. Ils sont partis ensemble vers 3 heures du matin et avaient l'air très intimes. »

Il était donc évident que le jeune prince apprécia cette première visite de Las Vegas. Ce fut pendant cette première visite que le prince fut présenté à Steve Wynn, propriétaire millionnaire de l'hôtel Encore. Celui-ci s'empressa d'offrir à Harry une invitation ouverte, au cas où il revienne à Vegas.

Le prince peut difficilement refuser ce genre d'invitations. Pour un jeune homme habitué aux vieux couloirs poussiéreux de palais antiques et aux appartements royaux au mobilier usé, l'idée de passer quelques jours dans le cadre somptueux de la meilleure suite de l'hôtel Encore était plus que tentante.

La fameuse chambre 2401 n'est pas tant une suite d'hôtel qu'un loft de célibataire équipé si luxueux que même un prince n'en reviendrait pas. Perchée au-dessus des lumières colorées de Las Vegas, avec une vue unique sur la ville du haut de son soixante-troisième étage, la suite en duplex, de 541 mètres carrés est la plus grande des seize chambres en duplex de l'hôtel.

Elle offre trois chambres principales, a son propre ascenseur, son service d'étage, une salle de massage, une salle de sport et, bien sûr, une table de billard. Les plafonds sont recouverts de nacre. Des chandeliers de verre soufflé artisanal décorent la suite. Et les résidents peuvent plonger dans leur propre jacuzzi pour regarder la télé sur un écran de 182 centimètres. Enfin, pour les touristes prêts à dépenser les 5 300 dollars par nuit pour s'y installer, inutile d'avoir peur des nuisances sonores : tous les murs sont capitonnés avec du mohair brun rembourré pour absorber tous les sons.

Après être arrivés par une entrée privée en fin d'après-midi, Harry et ses amis sont allés manger au SW Steakhouse pour préparer leur estomac à la longue nuit de libations qu'ils avaient prévue. Ils se rendirent ensuite au bar Parasol, plongé dans ses lumières éclatantes. Le bar se situe à moins de 20 mètres du restaurant et jouxte le casino. Des sources prétendent qu'il était alors minuit moins le quart et que Harry était déjà « très ivre », ce qui pourrait laisser croire qu'il a été entraîné dans un *honey trap*, un piège tendu par une séductrice.

L'apprentie hygiéniste dentaire Kim Garcia, vingt-deux ans, originaire de Californie, raconte :

« Harry a croisé le regard d'une brune, dans un groupe, et a immédiatement invité les quelques filles à se joindre à eux. Nous l'avons reconnu tout de suite, tout comme les autres filles assises à quelques tables de nous et qui devenaient bruyantes à force de boire. »

Mlle Garcia, qui était en compagnie de Gloria Bryant, jeune hôtesse d'accueil de salon de coiffure de vingt-quatre ans, également originaire de Californie, ajoute :

« Nous avons entendu une des filles dire :

« — C'est le Prince Harry ! Voyons si on arrive à les convaincre de nous emmener dans leur suite. »

Plus il buvait, moins Harry semblait se soucier qu'on le reconnaisse, ce qui ne lui ressemble pas. Certes, il a toujours aimé faire la fête à Londres, mais n'a jamais supporté d'être reconnu partout où il allait.

Ce harcèlement quotidien, le prince n'a eu d'autre choix qu'apprendre à vivre avec et, quand quelqu'un se montre un peu trop insistant lors d'une soirée, les gardes du corps royaux sont toujours là pour chasser poliment l'intrus. Si cela échoue, le prince peut toujours sortir l'artillerie lourde : demander discrètement au gérant de faire sortir purement et simplement la personne. Mais, cette nuit-là, à Vegas, les choses se passèrent différemment.

D'après les récits des autres convives qui reconnurent Harry, le prince semblait beaucoup plus accommodant que d'habitude face à l'intérêt qu'il suscitait. Peut-être pensait-il simplement à ses amis. Il avait souvent joué le rôle du *wing man* pour ses compagnons, permettant à des jeunes femmes de s'asseoir avec eux pour laisser ses amis les séduire.

Je pense plutôt que son comportement en apparence insouciant, ce soir-là, venait d'un profond besoin de décompresser. Il était venu à Las Vegas pour passer un bon moment, point final. Il voulait s'offrir une nuit durant laquelle il pourrait être simplement Harry, oublier son statut de prince, et boire avec ses amis sans se poser de questions.

C'est un désir compréhensible, quand on sait que Harry était sur le point de retourner en Afghanistan. Les soldats qui s'apprêtent à partir en zone de guerre ont souvent tendance à adopter une certaine désinvolture. Nombre d'entre eux admettent qu'ils boivent plus avant un déploiement, qu'ils fument plus et qu'ils font plus la fête. C'est une réaction naturelle qui nous aide à accepter de se retrouver en danger.

À 4 heures du matin, quand il décida finalement de retourner dans la suite, le groupe d'amis eut l'impression que la nuit n'était pas encore terminée. Les quatre garçons étaient de très bonne humeur et bien décidés à profiter le plus possible du loft qu'on leur avait réservé. Le groupe comptait maintenant vingt-cinq personnes, dont quinze jolies jeunes femmes avec qui ils avaient bu quelques verres au bar. Personne ne sut ce qui poussa ainsi Harry à baisser la garde et à inviter des inconnus dans sa suite, mais il est certain que c'était sa décision. Au milieu des différentes histoires qui allaient circuler à propos de cette soirée, certains critiquèrent ses gardes du corps, qui « auraient dû » s'interposer et, si l'on veut, protéger Harry de lui-même.

Beaucoup de gens se trompent sur la relation qui existe entre le prince et sa garde rapprochée. Elle est constituée d'officiers de police à plein temps qui font partie de l'unité d'élite SO14 de Scotland Yard, l'unité de protection diplomatique. Leur travail est simplement d'assurer la sécurité de leur « employeur ». Ils n'ont pas à empêcher les gens de prendre des photos, de parler au prince et ne sont en aucun cas des baby-sitters surpayés.

J'ai souvent vu les gardes du corps de Harry profondément frustrés par le comportement du jeune prince. Frustrés, parce que lorsque Harry est sous l'influence de l'alcool, entouré par des étrangers, tard dans la nuit, il rend leur travail plus difficile. Ils sont obligés de rester attentifs au moindre détail, pour repérer la moindre menace physique avant qu'il soit trop tard. D'une certaine manière, c'est le même genre de frustration que ce que peut éprouver le conducteur désigné qui reste sobre pendant une soirée très arrosée. On regarde nos amis boire encore et encore, on les entend parler plus fort, on voit les regards désapprobateurs des autres personnes, et on se sent particulièrement embarrassé par le moindre écart de comportement.

Mais le rôle de garde du corps est, sur un point au moins, très différent de celui de conducteur désigné. L'officier de protection ne prendrait pas le risque de s'attirer la colère du prince en critiquant sa conduite. Certains des gardes de Harry sont à ses côtés depuis son enfance et ils endossent parfois un rôle de mentor, comme une sorte de figure paternelle ; mais ils savent très bien où placer la limite entre accomplir leur devoir de protection et être surpris en train de dire au prince quoi faire. Harry est seul responsable de ses choix et de ses actions.

Ce soir-là, donc, aucun des quatre amis (et Harry moins que tout autre) n'avait envie de mettre fin à la fête. D'ailleurs, quand le groupe entra dans la suite, la bonne humeur grimpa d'un cran.

— C'est extraordinaire ! s'écrièrent les filles, qui devaient avoir du mal à croire qu'on les avait invitées à monter.

Comme si la chance de passer une soirée entière avec un vrai prince n'était pas suffisante, elles eurent le bonheur, pendant quelques heures, de passer de l'autre côté du miroir pour voir comment vivait l'élite.

314 | Duncan Larcombe

On commença à remplir les verres tandis que les jeunes femmes admiraient la suite, visitaient chaque pièce et se campaient devant les hautes fenêtres pour voir la ville illuminée s'étaler à leurs pieds. Au bout d'un moment, le groupe se rassembla autour de la table de billard, sirotant des vodkas et fumant des cigarettes. Les gardes du corps, contrairement à ce que l'on a pu croire, n'étaient pas dans la pièce. Une fois que Harry était en sécurité dans sa suite, ils avaient gardé leurs distances et s'étaient installés sur un canapé, loin de la pièce où se poursuivait la fête.

D'après un témoignage, quelqu'un finit par proposer :

— Et si on pimentait un peu la partie de billard ?

La suggestion faisait bien sûr référence au « strip-billard », un jeu où chacun tente tour à tour de rentrer une boule. Si l'on rate, on doit enlever un vêtement. Harry, au lieu de rappeler ses compagnons à l'ordre, fut en fait l'un des plus enthousiastes. On raconte qu'il a crié :

— Oui, faisons ça, bordel !

Une source racontera plus tard au *Sun* :

« C'est ce qui a vraiment lancé la soirée. »

Quelques secondes plus tard, Harry abandonnait toute pudeur. Il tira au sort une jolie blonde, qui lui faisait les yeux doux, comme adversaire, tenta de rentrer une boule, manqua son coup et, comme il ne portait que son maillot de bain, se retrouva immédiatement en tenue d'Adam.

La source ajoutera :

« Tout le monde l'a regardé se déshabiller. C'était très excitant pour les filles — d'autant plus qu'il s'entretenait bien. »

En dépit des conseils « appuyés » de Harry sur la tenue de la queue de billard, la blonde rata suffisamment de coups pour perdre sa robe et ses sous-vêtements.

La source précise :

« Elle avait des vues sur Harry et était prête à tout. »

Une fois la partie de billard terminée, tout le monde se

rhabilla et Harry proposa une bière à la jeune femme. Tous deux s'assirent sur un canapé pour discuter en tête à tête. Plus tard, ils « disparurent », d'après la source, et la fête prit fin vers 5 h 30. À cette heure-ci, la plupart des convives étaient déjà partis se coucher.

La même source confie encore :

« Harry était tombé sous le charme de cette fille. Elle était tout excitée d'être en compagnie d'un prince et de le voir flirter avec elle. Je ne sais pas où ils sont partis, mais ils ont disparu au même moment, à la fin de la soirée. »

Les choses auraient pu s'arrêter là. Une longue nuit d'excès et une occasion en or de détente pour le prince de vingt-sept ans. Clairement, Harry n'avait pas peur que l'histoire soit répétée aux médias et il profita tranquillement de la fin de son week-end. Le lendemain, on l'aperçut entouré par un groupe de jeunes femmes à l'Encore Beach Club. Les photos qui furent prises montrent le prince torse nu, en train de se détendre dans la piscine, l'air parfaitement décontracté.

Malheureusement, ce qui aurait dû être l'un des meilleurs week-ends de sa vie devint rapidement le pire cauchemar des conseillers du palais. Le prince était à peine rentré chez lui quand les célèbres photos de la partie de billard nudiste, sans doute prises avec un portable, se mirent à circuler. Lorsqu'elles arrivèrent sur les bureaux de la rédaction de *TMZ*, site américain dédié au showbiz, il était déjà trop tard pour empêcher le monde entier de découvrir ce qui s'était passé dans la chambre 2401, cette nuit-là.

Les photos compromettantes avaient du grain, mais on voyait clairement ce qui se passait. On reconnaissait Harry, complètement nu, penché derrière son adversaire de jeu et tenant une queue de billard dans la main. Une autre photo montre le jeune officier de l'armée ne portant qu'un string en guise de collier et sa Rolex, cachant son intimité avec ses mains pendant qu'une fille nue, sans doute celle avec laquelle il avait joué au billard, se cache derrière lui.

Le scoop était lâché et, le lendemain, la nouvelle fit la une de tous les tabloïds du Royaume-Uni. À ce moment-là, les images circulaient déjà sur Internet mais les rédacteurs en chef britanniques hésitaient encore. Seulement, qu'aurait-on dit, s'ils avaient accepté la demande du palais et n'avaient pas publié les images alors que le monde entier en parlait déjà ?

C'était un véritable dilemme. La plupart des lecteurs de tabloïds, en Grande-Bretagne, sont pro-royauté et, surtout, pro-Harry. Si ces journaux décidaient de publier les photos compromettantes, ils risquaient de se heurter à la colère de leurs lecteurs qui les auraient accusés de mettre le prince au pilori. De plus, le lieu où les photos avaient été prises posait également problème : c'était une suite d'hôtel privée, un endroit où Harry aurait pu s'attendre à un certain degré d'intimité. Seulement, comment les journaux auraient-ils pu s'autocensurer, prendre la décision de ne pas laisser leurs lecteurs voir des images qui, après tout, circulaient déjà partout sur Internet ?

Ces dilemmes sont des épreuves de force pour les directeurs éditoriaux, qui doivent mettre leur poste en danger. Un des moyens employés par le *Sun* pour parler de l'affaire à ses lecteurs fut de reproduire une des photos en première page, grâce aux talents de modèle d'un membre de l'équipe qui avait la malchance de porter le même nom que le prince et de vaguement lui ressembler.

« Le palais ne veut pas que vous voyiez ces images, mais nous les avons reproduites pour éviter plus d'embarras à Harry », lisait-on sur la couverture. C'était un coup risqué pour le journal le plus vendu du pays, et cela suffit à montrer à quel point l'interdiction du palais était stupide. Pourquoi empêcher les médias britanniques de publier les images alors qu'elles avaient déjà fait le tour du monde ?

Le lendemain, le *Sun* céda à la tentation et étala les vraies photos sur plusieurs pages. Certes, le palais et Harry, bien sûr, furent profondément déçus par cette décision, mais ils ne formulèrent pas de plainte officielle. Ils durent prendre conscience qu'il était inutile de se plaindre alors que les images étaient déjà en libre-service et montraient le prince dans une série de poses pas vraiment « royales ».

Le service média du palais décida donc de répondre à toute question concernant la conduite de Harry par un classique : « Aucun commentaire. » Cependant, en privé, ils défendaient le prince, insistant sur le fait qu'il avait le droit de se relaxer — d'autant plus qu'il était sur le point de repartir en Afghanistan. D'ailleurs, ce point de vue fut partagé par une grande majorité du peuple britannique.

— C'est du Harry tout craché, disait-on quand on voyait les photos.

Une fois de plus, la popularité à toute épreuve du prince prit le dessus. Harry pouvait réellement tout faire sans s'attirer les foudres du public. Même outre-Atlantique on ne parut pas choqué du comportement du prince sur le territoire américain. Après tout, le jeune homme était connu pour son côté fêtard et aucune des jeunes femmes qui avaient volontairement suivi Harry dans sa suite ce soir-là ne se plaignit.

Parmi tous les impairs royaux commis par Harry, ces images dénudées étaient sans doute les moins polémiques. L'uniforme nazi avait été un grave faux pas et lui avait attiré de nombreuses critiques. L'épisode du « Paki » avait remis en question sa maturité mais, comme l'histoire n'avait été rendue publique que trois ans après les faits, elle ne causa pas plus d'émoi que cela. La nuit folle de Vegas, quant à elle, prouvait qu'au moins un membre de la famille royale savait encore s'amuser.

À cette époque, alors que Harry faisait une fois de plus les gros titres pour des raisons peu flatteuses, son frère et sa jeune épouse s'étaient effacés du devant de la scène, décidés à vivre le plus possible loin des projecteurs. Si Harry n'avait pas involontairement détourné l'attention, William et Kate auraient sans doute subi plus de pression pour s'afficher en public. Après s'être mariés devant deux milliards de téléspectateurs, ils avaient mené une existence relativement calme, n'acceptant qu'un minimum d'engagements officiels. En coulisse, l'obstination de William à ne pas abandonner son travail de pilote de sauvetage commençait à créer des inquiétudes concernant le surplus de travail que cela imposait à la reine et aux autres membres de la famille royale.

Il est donc compréhensible que Harry, en brisant le silence au sujet de son séjour à Las Vegas, décide de parler de l'impact que l'événement avait eu sur le reste de sa famille. Plusieurs mois après les faits, il déclara :

— Je pense qu'en faisait cela je me suis causé du tort, et j'en ai aussi causé à ma famille.

Mais il ajouta, dévoilant un peu ses pensées sur le sujet :

— C'était sans doute un exemple de ce que je deviens quand je me consacre trop à l'armée et pas assez à mon rôle de prince, tout simplement.

Cette remarque prouvait bien à quel point Harry tentait de compartimenter sa vie pour parvenir à la fois à être prince et à rester humain. Quand il portait son uniforme, il redevenait officier, soldat responsable d'une unité et soumis aux ordres de ses supérieurs. Quand il était entouré par ses camarades de l'armée, il n'était que le capitaine Wales — un homme comme un autre, membre apprécié de son régiment. Quand il était en mission royale, il reprenait son personnage du Prince Harry, petit-fils de la reine et fils de l'héritier du trône. J'ai toujours été impressionné de le voir jongler avec une telle dualité.

À Eton, par exemple, il se comportait rarement en prince. Il faisait souvent l'idiot et préférait la compagnie des cancres de la classe. Quand il était en tête à tête avec sa mère, il était simplement Harry, le fils qui racontait des blagues et s'amusait avec une maman qu'il adorait. Ce ne fut que lorsqu'il commença à honorer des engagements officiels seul, sans la tutelle de ses parents, qu'il devint réellement prince. Le reste du temps, il essaiera toujours de mener une vie aussi normale que possible, particularité qu'il partage d'une certaine manière avec William. Dès que les deux princes sont ensemble, ils oublient leur statut pour devenir simplement deux frères qui se soutiennent. Depuis le mariage de William, le lien entre eux est resté fort parce qu'ils savent chacun offrir à l'autre un peu de soulagement dans leur quotidien sous pression. Seulement, ce désir de compartimenter chaqu aspect de sa vie restera problématique pour Harry. Quand il boit, quand il noie sa conscience princière dans l'alcool, il prend toujours le risque de s'attirer de sévères critiques.

Qu'il le veuille ou non, Harry reste avant tout un prince. Son rôle dans l'armée a toujours été secondaire — même quand l'un de ses camarades crie : « Bar nudiste ! »

CHAPITRE 21

LE RETOUR
DU PRINCE GUERRIER

Alors que la nuit tombait lentement sur la base militaire anglo-américaine, au milieu du désert afghan de la province de Helmand, tout semblait normal. Le ciel dégagé qui surplombait le Camp Bastion était constellé d'étoiles, et les milliers de soldats qui vivaient dans les baraquements se préparaient à se coucher.

C'était un vendredi soir, mais l'animation de la base austère n'avait rien à voir avec celle des villes de garnison. À l'extérieur de la NAAFI, dans la partie britannique de la base, quelques soldats en treillis mangeaient des pizzas en fumant des cigarettes. Partout ailleurs, les rangées de tentes qui abritaient les troupes déployées étaient remplies de soldats qui se détendaient, essayant de tuer le temps, comme tous les soirs.

L'un des derniers arrivants, le capitaine Wales, était déjà endormi. Il s'était couché tôt pour se préparer à la journée de douze heures qui l'attendait le lendemain. Il venait d'arriver dans le camp, véritable ville improvisée, et allait y passer vingt semaines comme tireur à bord d'un hélicoptère d'attaque.

Soudain, une violente explosion brisa la tranquillité du soir.

Les résidents sortirent en courant pour voir ce qui se passait. Le ciel était orange vif, et des flammes impressionnantes montaient vers les étoiles. Le foyer de l'incendie semblait venir de la partie américaine du camp, mais tout le monde se doutait que ce n'était pas un accident.

Dans la confusion qui suivit, le camp résonna bientôt de coups de feu. Les baraquements étaient attaqués. Et ce en dépit de la haute protection dont bénéficiaient les 20 kilomètres carrés du Camp Bastion. Loin de toute habitation, on peut repérer le moindre mouvement aux alentours. Les soldats britanniques et américains se relaient en permanence sur les défenses fortifiées qui scannent le périmètre nuit et jour. De plus, des unités lourdement armées patrouillent régulièrement dans les environs de la base pour assurer la sécurité des 30 000 soldats logés dans les baraquements.

De toute évidence, l'attaque de cette nuit-là avait été soigneusement préparée. Dans les semaines précédentes, un groupe d'insurgés s'était fait passer pour des fermiers en travaillant sur les champs de pavot qui bordaient la partie nord du camp. Ce déguisement leur avait permis d'étudier de près les défenses et d'en repérer les faiblesses. Un soir, vêtus d'uniformes américains volés, ils étaient rentrés dans le périmètre sans éveiller les soupçons.

Cette mission-suicide fut l'une des plus importantes failles de sécurité du Camp Bastion depuis son installation en 2006. Quatorze des insurgés furent abattus et un quinzième capturé, tandis que deux soldats américains furent tués et huit autres blessés. En prenant leur cible par surprise, les attaquants avaient eu également le temps de tirer au lance-grenades sur des avions garés à proximité, détruisant six jets Harrier d'une valeur de 30 millions de dollars chacun.

On dit que le Prince Harry resta endormi pendant toute la durée de la bataille dans ses quartiers, à moins de 2 kilomètres de là, de l'autre côté de la base. Naturellement, quand la nouvelle arriva au Royaume-Uni, certains se demandèrent si cette attaque avait pu être motivée par l'arrivée du prince en Afghanistan.

Contrairement à son premier déploiement en 2007, le retour de Harry au front avait cette fois été rendu public par le palais et le ministère de la Défense. Puisque le prince devait rester aux commandes de son hélicoptère Apache, on jugea inutile de demander de nouveau aux médias de cacher l'information pour des raisons de sécurité. L'état-major ne pensait pas réellement que la présence de Harry mettrait les troupes plus en danger. Depuis le cockpit de son magnifique « tank volant » de 46 millions de livres, le prince ne risquait pas grand-chose de la part des insurgés ; rien de comparable aux dangers encourus lors de son déploiement précédent dans l'infanterie. Mais lorsqu'il reçut les nouvelles du raid de septembre sur le Camp Bastion, l'état-major dut convaincre le public que cela n'avait rien à voir avec Harry.

Bien entendu, de leur côté, les talibans prétendirent que leur attaque ciblait le « Prince infidèle ». Un porte-parole du nom de Zabiullah Mujahid avait confié à la presse :

— Nous avons ordonné à nos commandants de Helmand de faire tout leur possible pour l'éliminer.

Cependant, la plupart des experts militaires considérèrent que ces affirmations n'étaient qu'une forme d'opportunisme. De façon plus crédible, l'attaque fut sans doute lancée en réaction à la diffusion d'un film américain tournant en dérision la foi musulmane. Le film *Innocence of Muslims* avait en effet soulevé une vague de protestations violentes devant certaines ambassades occidentales, et avait provoqué en Égypte des attaques causant sept morts.

Même si le bon sens finit par l'emporter et si très peu de gens s'obstinèrent à lier ce raid à la présence de Harry, l'état-major fut troublé par le démarrage chaotique de ce second déploiement.

Depuis son rapatriement d'urgence en 2008, Harry n'avait rêvé que d'une chose : retourner au combat. Il n'était pas d'un naturel studieux, et pourtant il avait surpris tout le monde en obtenant son grade de pilote d'Apache, une unité d'élite au sein de l'armée. Il s'était entraîné pendant plus de trois ans pour obtenir le droit de servir une fois de plus son pays, et son retour en Afghanistan était la cerise sur le gâteau.

Quand Harry eut l'idée de changer de régiment et de suivre une formation de pilote, il savait que c'était sa seule chance de pouvoir retourner un jour au front. Mais il doutait de réussir à se qualifier pour piloter l'une des terribles machines à tuer de l'Army Air Corps. Les Apache sont équipés de missiles Hellfire et de canons mortels. Le simple bruit reconnaissable de leurs moteurs approchant dans les cieux suffit à pousser les insurgés au fond de leurs cachettes.

Il était prévu que Harry reste basé au Camp Bastion pendant tout son déploiement. De là, il allait pouvoir mener de nombreuses missions au-dessus des plaines sableuses de la province de Helmand. En dépit de leur réputation de joyaux technologiques militaires, les Apache envoyés en Afghanistan avaient pour principal rôle de sauver des vies. Ils étaient envoyés dans les airs pour offrir aux troupes au sol une couverture vitale lorsque l'ennemi attaquait. Rien ne rassurait plus les soldats britanniques que le bruit d'un Apache au-dessus de leurs têtes. Si jamais les troupes étaient attaquées, l'hélicoptère pouvait aisément repérer les positions ennemies et les détruire en quelques secondes.

Le second rôle essentiel des Apache était d'escorter d'autres appareils destinés à sauver des soldats blessés au sol. Ces missions, surnommées CASEVAC (pour *casualty evacuation*, « évacuation de blessés »), étaient menées par les Chinook de la RAF qui, lorsqu'ils étaient au sol pour récupérer les victimes, étaient vulnérables aux tirs de grenades. Ainsi, pendant son déploiement de trois mois, Harry demeurerait disponible à chaque instant pour se mettre aux commandes de son appareil et accompagner des équipes d'évacuation pour les protéger des frappes ennemies.

Peu de pilotes connaissaient mieux que Harry la réalité du combat au sol en Afghanistan. Son précédent déploiement avait peut-être été court, mais il lui avait permis de comprendre à quel point le soutien aérien offert par les Apache pouvait être important. Le plus souvent, les pilotes de l'Army Air Corps servent dans ce régiment dès le début de leur carrière et n'ont jamais combattu avec l'infanterie.

Ainsi, alors qu'il défaisait son paquetage et s'installait dans l'environnement relativement protégé du Camp Bastion, Harry dut songer à son premier déploiement. Durant les trois mois qu'il allait passer sur la base, il allait très certainement avoir l'occasion de goûter de nouveau à cette montée d'adrénaline qui lui avait tant manqué et de retrouver cette excitation qui précède le combat. Cependant, il le savait bien, cette mission serait très différente de la précédente.

Quand il ne serait pas de sortie, Harry serait confiné à Bastion, avec peu de choses à faire pour passer le temps, ce qui lui donnait l'occasion de penser à tout ce qu'il avait laissé chez lui. Sa nouvelle petite amie, Cressida Bonas, serait certes joignable par e-mail tous les jours, mais ce ne serait pas comme avant. Les longues heures d'oisiveté qu'il passerait sur la base s'annonçaient ennuyeuses… Si Harry était bel et bien en zone de guerre, la vie du camp restait relativement calme. Chaque jour, le prince irait prendre ses repas au mess, une série de grandes tentes où étaient servis des plats chauds, un endroit réconfortant comme dans une cantine scolaire. Lorsque Harry aurait envie d'un peu de changement, il pourrait aller au Pizza Hut du camp ou acheter des provisions au NAAFI.

Cet environnement étrangement paisible n'avait rien à voir avec le quotidien des soldats envoyés hors du périmètre et des clôtures barbelées. En fait, pour un homme ayant vécu l'expérience de Harry, ces trois mois allaient plus ressembler à un séjour au Club Med qu'à un déploiement militaire. Une autre déception attendait le prince : au Camp Bastion, il ne pourrait espérer le même degré d'anonymat que celui qu'il avait tant apprécié au front.

À chaque fois qu'il irait se faire couper les cheveux ou se détendre dans le café qu'un couple de Norvégiens tenait dans l'enceinte, tous ceux qu'il croiserait le dévisageraient. Toute la base savait que le Prince Harry était là et tenter de l'apercevoir devint très vite un nouveau passe-temps pour ces soldats qui s'ennuyaient dans l'enceinte du camp.

Si Harry avait vraiment besoin de répit, il préférait donc passer du temps en compagnie des membres de son unité. Chaque pilote Apache était accompagné d'une équipe d'ingénieurs et de mécaniciens chargés de s'occuper de l'entretien de l'hélicoptère. Près des pistes de décollage des Apache, l'Army Air Corps avait donc installé quelques bâtiments où ses unités pouvaient se détendre et faire passer le temps. On y trouvait des canapés poussiéreux, des consoles de jeux, des téléviseurs et même des semblants de cafés Internet où les soldats passaient souvent des heures.

Cette routine si banale n'avait pas grand-chose en commun avec ce que Harry avait connu lors de son premier séjour. Au lieu de partager le repas de ses camarades gurkhas pour y puiser un peu de réconfort, le prince faisait la queue à la cafétéria pour manger des burgers, des steaks et du bacon rolls. Était-ce vraiment pour cela qu'il s'était entraîné si dur pendant trois ans ? dut-il se demander au bout de quelques jours.

Une source, qui connaissait bien Harry à cette époque, nous éclaire sur la réalité de sa vie au camp :

« Être installé au Camp Bastion n'était certainement pas ce que le Prince Harry aurait voulu. De bien des manières, la base fonctionne comme une petite ville : on croise des gens partout. Si la plupart des soldats postés là s'habituèrent rapidement à la présence de Harry, cette nouveauté dans le quotidien un peu ennuyeux des troupes rendit certaines personnes presque hystériques. Un jour, deux femmes de la RAF lui demandèrent de poser pour une photo avec elles et il refusa. Je pense que ça le contraria beaucoup, mais il parvint à garder son calme et se contenta de s'éloigner. Cette expérience fut très différente de son premier déploiement, pendant lequel il avait vraiment pu aller au combat comme un soldat normal. Les gens de son unité reçurent à l'avance l'ordre de ne pas le traiter différemment, et ils s'exécutèrent.

« Harry évitait également d'aller à Leatherneck [la partie du Camp Bastion occupée par les troupes américaines] parce qu'il avait peur que les soldats américains soient moins réservés que les Britanniques, si jamais ils le reconnaissaient. La dernière chose qu'il voulait était bien d'être traité comme une sorte de soldat-star. Il passait donc le plus clair de son temps avec les membres de son unité, le 662 Squadron, ne sortant qu'aux heures de repas. On imagine aisément à quel point ça a pu devenir pénible. Le temps passait plus vite quand il était de garde ; mais, pendant les moments de repos, on n'a vraiment pas grand-chose à faire, sur la base.

« Beaucoup de gens passent des heures au NAAFI, qui est une sorte de pub sans alcool, mais Harry y entrait rarement. J'imagine qu'il n'aimait pas qu'on le dévisage ou qu'il avait peur que des soldats essaient de prendre sa photo pour la vendre aux médias. Après tout le temps qu'il avait passé à s'entraîner pour devenir pilote, son déploiement dut vraiment lui laisser un goût amer. »

Ce récit explique clairement les raisons qui avaient poussé Harry à dire lors d'une interview diffusée à son retour qu'il avait « détesté » rester coincé au Camp Bastion — à la grande surprise du public :

« Si j'avais eu le choix, j'aurais préféré retourner sur le terrain avec mon régiment. Je sais que je peux paraître capricieux, à dire cela devant cet appareil qui coûte 45 millions de livres, mais je pense que mes amis et ma famille savent très bien ce que je veux dire. C'est vraiment étrange de vivre à Bastion. Personnellement, je déteste rester coincé là. Je préférerais être avec mes hommes dans une BP [base de patrouille]. À mes yeux, le rôle que je remplissais la première fois était plus utile. Bien sûr, beaucoup de soldats aiment le confort et le luxe de Bastion ; mais ce qui se passe ici et à l'extérieur, cela n'a vraiment rien à voir.

« Franchement, rester ici, c'est insupportable. Et puis, à chaque fois que je vais à la caféteria au milieu de centaines de personnes, je suis frustré. Dès que je rentre, tout le monde me dévisage. Je déteste ça. Beaucoup de gens ici ne m'ont jamais rencontré et ils me voient comme le Prince Harry, pas comme le capitaine Wales. C'est vraiment frustrant. Sans doute est-ce aussi pour cela que j'aurais préféré pouvoir retourner en BP, loin de tout ça. »

Ces commentaires n'étaient pas très réfléchis de la part de Harry, qui ne pensa pas au million de livres payé par le contribuable pour financer son entraînement de pilote après son premier déploiement. Cependant, ils montraient clairement à quel point le jeune homme souffrait d'être mis à l'écart du reste de ses camarades. Cette frustration est une constante, dans la vie de Harry, et son amour de l'armée est d'ailleurs né de l'état de relatif anonymat qu'il pouvait y trouver. Au Camp Bastion, il prit conscience, à regret, qu'il ne serait plus jamais traité comme un simple soldat. Peut être est-ce l'une des raisons qui le pousseront finalement à mettre fin à sa carrière dans l'armée.

Bien que le déploiement du prince ne fut pas caché au grand public, des consignes furent néanmoins données à la presse. On nous demanda de ne pas documenter en temps réel chaque fait et geste du prince pendant ces trois mois afin de lui permettre de se concentrer sur son travail. De manière générale, les médias respectèrent cette requête et, en échange, Harry accepta de donner quelques interviews pour les reporters. Ces interviews furent conservées par les rédactions en attendant le retour du prince et ne furent publiées qu'après la fin de son déploiement.

Fidèle à sa parole, Harry se livra donc trois fois aux caméras pendant son séjour au Camp Bastion. Des équipes de reporters désignées furent envoyées sur place à bord d'appareils de la RAF et promirent de partager leurs notes, photos et vidéos avec le reste des médias du pays. Une fois de plus, cet arrangement n'avait rien d'idéal, mais il parut fonctionner. Sans doute s'était-il senti particulièrement à l'aise dans l'environnement familier de la base. Quoi qu'il en soit, il se confia longuement, avec franchise, et pour une fois aucune question ne parut « hors limites ».

Lorsqu'ils étaient en service, Harry et ses hommes étaient en situation de réactivité accrue qui devait leur permettre, le cas échéant, de prendre leur envol en moins de sept minutes. Confiné à son unité, Harry avait donc de nombreuses heures d'attente à supporter, un peu comme un pompier d'astreinte qui attend que l'alarme se déclenche. Pour tromper l'ennui, il décrivit aux journalistes cette routine, qui serait venue à bout de la patience de n'importe quel soldat.

« En gros, on reste assis dans la tente et on joue à des jeux vidéo, on regarde des films ou on dispute des parties d'Uckers [un jeu de société très apprécié dans l'armée britannique] en attendant que le téléphone sonne. Je fais partie de ces gens qui, pendant leur formation par exemple, se sont découvert un don naturel pour le pilotage. Je sais que j'aurais probablement dû lire plus pour ne pas être démuni lors des tests écrits. J'ai toujours été comme ça, depuis mon enfance : les examens sont un cauchemar, pour moi. Par contre, jouer au ballon, avoir une manette de Playstation dans les mains ou piloter sont des choses aussi naturelles pour moi que marcher. »

Il expliqua ensuite à quel type de missions il avait pu participer pendant son déploiement :

« Cela pouvait aller d'une CASEVAC à des missions de

protection ou de couverture pour des troupes vulnérables au sol. À chaque fois qu'on court vers son appareil, on sent une montée d'adrénaline et on doit faire attention à chaque détail pour ne pas oublier quelque chose d'essentiel dans notre excitation. On subit beaucoup plus de pression quand on est envoyés soutenir des troupes américaines ou quand un soldat blessé attend d'être évacué.

« À mes yeux, c'est bien mieux que de conduire un tank au sol, mais quand on tire, on sent tout autant la cordite — je n'ai jamais compris pourquoi. Le sol de l'appareil vibre ; d'ailleurs, quand c'est un missile que vous tirez, tout l'appareil se met à vibrer.

« Beaucoup de gens prendraient ces hélicoptères comme de simples plates-formes de tir aériennes (c'était leur premier rôle), mais ils sont utilisés pour des missions plus variées. La plupart du temps, c'est surtout un moyen de dissuasion. Quand les insurgés reconnaissent le bruit et la forme de l'appareil, ils se cachent :

« — OK, ils sont juste là. Faisons profil bas. »

« On vole moins souvent qu'avant, mais quand on quitte la base, quand on passe les barbelés, on fait tout notre possible pour que les troupes au sol ne soient pas prises pour cible. Et, si elles subissent des tirs, on repère le plus vite possible l'endroit où se cache l'ennemi et on fait ce qu'on a à faire. »

Assis devant les caméras, Harry fit ainsi allusion à une chose qui le distinguera toujours des autres membres de sa famille. Le rôle premier de l'équipage d'un Apache est d'empêcher les attaques d'insurgés, et c'est cela qui fit de Harry le premier membre de la royauté depuis des siècles à admettre avoir tué. C'était d'ailleurs la question que tous les reporters envoyés sur place brûlaient de lui poser. Est-ce que Harry avait tué des ennemis depuis les airs ? Sa réponse fut aussi sincère que lourde de sens :

« Beaucoup de gens ici ont tué. On prend une vie pour en sauver une autre. C'est notre rôle, tout simplement.

Quand quelqu'un essaie de faire du mal à nos camarades, on l'élimine. Mon escadron a accompli un grand nombre de missions et tout le monde a tiré plusieurs fois. »

Il confirma aussi avoir essuyé des tirs ennemis :

« Oui, c'est sûr, on se fait tirer dessus. Si les soldats qui font le même travail que nous sont visés au sol, pourquoi est-ce qu'on ne serait pas visés dans les airs ? »

Les confidences de Harry au sujet des talibans qu'il avait tués firent rapidement le tour du monde. Lors d'une autre interview enregistrée après son retour au Royaume-Uni, on lui demanda de nouveau ce qu'il ressentait, à présent qu'il était le seul membre de sa famille depuis des années à avoir tué. Il répondit :

« Ce n'est pas pour ça que j'ai décidé de devenir pilote. Je voulais simplement pouvoir retourner là-bas et continuer ma mission. »

Il expliqua l'évolution du rôle tenu par les Apache et par leurs équipages depuis l'arrivée des premiers appareils à Helmand.

« Au début, c'était simple : si on était sur le siège avant, on tirait tout le temps. Maintenant, certes, on tire quand on n'a pas le choix — prendre une vie pour en sauver une autre —, mais on représente surtout une force de dissuasion. Nous représentons un atout important sur le terrain et nous sommes principalement chargés d'escortes délicates. Si des soldats sont blessés, on s'envole tout de suite vers eux et notre seule présence décourage les insurgés d'attaquer. Ils lèvent les yeux et soupirent :

« — C'est injuste, mais ce n'est pas une raison pour nous approcher.

« Cependant, une fois de temps en temps, on se fait attaquer, même dans les airs. Dans ce cas-là, les choses se compliquent pour tout l'équipage. Il ne s'agit pas que de tirer ; il faut faire peur aux ennemis au sol, et cela n'implique pas toujours d'appuyer sur la détente. »

C'était un raisonnement de soldat, et le public le comprenait. On est envoyé au combat et, quand la situation s'envenime, on doit tirer. C'est un fait. Seulement, cela restait un sujet sensible dont Harry, en tant que prince et proche parent de la reine, n'aurait peut-être pas dû parler si ouvertement. En disant cela, il devint une cible encore plus tentante aux yeux des terroristes. Depuis son retour d'Afghanistan, il avait d'ailleurs bénéficié d'une garde encore plus rapprochée. Dans la logique des islamistes extrémistes, il restera toujours une cible légitime à cause de son passé de soldat. Les détails des mesures de sécurité mises en œuvre sont maintenus secrets, pour des raisons évidentes, mais on sait que l'équipe de gardes du corps de Harry est épaulée par les services locaux, où que se rende le prince.

Son retour, à la fin de ce second déploiement, fut un moment mitigé pour Harry. Il ne ressentit évidemment pas la même colère et la même déception qu'après son rapatriement d'urgence, en 2008, mais il dut faire face à de profondes incertitudes concernant son avenir. Retourner au front ne lui avait pas apporté cette fois la même satisfaction que lorsqu'il avait combattu au sol. Certes, il avait connu des moments intenses, alors qu'il volait au-dessus des zones de conflit et se distinguait par son efficacité. Mais était-ce réellement de cela qu'il avait envie ? Son amour de l'armée venait de la liberté qu'elle lui offrait : la liberté d'être un homme comme un autre, un officier normal qui fait le travail pour lequel il est payé.

Le rôle de copilote d'Apache stationné au Camp Bastion ne lui avait rien apporté de tout cela et, au fond de lui, Harry savait qu'il ne pourrait jamais reprendre son ancienne place dans la Household Cavalry après tant d'expériences nouvelles. Le conflit afghan changeait et les forces alliées étaient à présent en train de se retirer pour laisser l'armée nationale du pays reprendre les rênes. L'état-major organisait déjà le rapatriement des troupes britanniques, désireux de mettre fin à leur implication dans cette guerre.

Et, sans l'Afghanistan, quel avenir attendrait un pilote d'Apache ? L'idée de passer son temps à faire des vols d'entraînement sur les plaines de Salisbury et de n'avoir aucun « vrai » rôle dans l'armée pendant des mois terrifiait le prince. D'un autre côté, retourner à son ancien régiment des Blues and Royals le condamnerait à une carrière confinée derrière un bureau — chose que Harry avait toujours refusée fermement, dès le premier jour.

Dans une interview accordée à ITN, lorsque Harry fit escale à Chypre sur le chemin du retour après son second déploiement, le prince mentionna ses incertitudes concernant son avenir. Quand on lui demanda s'il était prêt à se consacrer à un travail de bureau « normal », Harry n'hésita pas :

« Je n'ai jamais voulu rester coincé derrière un ordinateur. Que voulez-vous dire par normal ? Je ne sais pas ce qu'est la norme, je ne l'ai jamais vraiment éprouvée. J'ai trois facettes, trois personnages : le soldat en uniforme, le Prince Harry, et qui je suis vraiment dans l'intimité, quand personne ne regarde. »

On lui demanda alors quelle direction allait prendre sa carrière militaire.

« Je ne sais pas, dit Harry. L'armée doit déjà avoir une idée, j'imagine, et je suivrai les ordres. Si j'en ai l'opportunité, j'aimerais bien prendre plus de responsabilités royales. Mon entraînement prédéploiement a été très intense mais je pense que, maintenant, mon emploi du temps sera plus souple. Tant que je continue à piloter et que je peux poursuivre ma carrière, je suis prêt à prendre plus de temps pour l'humanitaire et toutes ces choses. »

Ces quelques paroles passèrent inaperçues, au milieu de toutes les interviews qu'il accorda à cette période, mais elles montrent bien que le prince commençait peut-être déjà à se désintéresser un peu de l'armée. Depuis qu'il était entré à Sandhurst pour devenir officier, Harry avait embrassé sa carrière militaire à l'exclusion de tout le reste. Oui, depuis 2005, il avait à peine touché terre, enchaînant sa formation d'officier puis sa préparation pour la guerre. Après être entré au sein de l'Army Air Corps, il avait travaillé plus dur encore, se concentrant sur son entraînement de pilote. Avec ses « ailes » de l'Army Air Corps bien assurées, il avait ensuite entamé sa préparation en vue de son second déploiement.

Dans l'avion qui le ramena de Chypre, Harry était donc (peut-être pour la première fois en sept ans) perdu face à un avenir qui ne se dessinait pas clairement devant lui. Finalement, cet instant aura marqué le début de la fin de sa carrière militaire.

CHAPITRE 22

LE DÉBUT
DU RESTE DE SA VIE

Le drone commandé à distance s'envola au-dessus de la brousse enflammée par les rayons du soleil bas. C'était le début de sa dernière mission : traquer l'ennemi. Accroupi, le Prince Harry avait les yeux rivés sur le petit écran qui retransmettait en direct les images de la caméra du drone. Quelques gouttes de sueur perlaient sur son front. Tout le monde devenait nerveux. Leurs adversaires armés avaient atteint et tué leur cible. À présent, ils tentaient désespérément de fuir la zone sans se faire capturer. Si jamais ils y parvenaient, ce serait une défaite de plus dans la guerre que Harry menait à présent.

En tant que soldat avec dix ans d'expérience, ayant accompli deux déploiements en Afghanistan, le prince de trente ans était parfaitement qualifié pour sa nouvelle affectation. Nous étions à l'été 2015, quelques semaines à peine après sa démission officielle de l'armée, suite à ses dix années de service. Mais, à présent, il était engagé dans un nouveau conflit, et avait un nouvel ennemi à affronter : les braconniers qui tuaient illégalement des rhinocéros en voie d'extinction pour leurs cornes. Et, au lieu d'être dans les plaines ensablées de la province de Helmand, Harry menait ce combat dans l'immense Kruger National Park, en Afrique du Sud.

Le prince guerrier avait été recruté pour sauver ces animaux, menacés parce que leurs cornes valent leur pesant d'or. Harry avait donc troqué son uniforme militaire pour le pantalon kaki et la veste polaire verte des rangers de Kruger.

Là, au milieu de cette brousse qui formait la plus grande attraction touristique d'Afrique du Sud, le prince retrouvait une sensation de liberté. Il était là pour accomplir une mission précise : protéger l'une des espèces les plus menacées du monde. Il était ranger, pas prince, et c'était exactement le genre d'échappatoire qu'il avait cherché toute sa vie. Mais est-ce que cette mission de trois mois dans la brousse africaine suffirait à apaiser un homme qui, d'après les conseillers du palais, cherchait toujours un nouveau but à sa vie ?

Nous savons que Harry avait voulu entrer dans l'armée pour bénéficier de la relative « normalité » qu'il pouvait y trouver. C'est bien pour cela que le public fut surpris de l'entendre annoncer, à l'âge encore jeune de trente ans, qu'il « prenait sa retraite ». On prétendit également que cette décision avait été prise contre la volonté de ses conseillers les plus proches et, plus important encore, de son père, le Prince Charles. L'armée avait su donner à Harry un sens et un but qui semblaient cruciaux. Mais son second retour d'Afghanistan avait été révélateur, pour lui.

Les jours où il pourrait encore accomplir quelque chose d'utile, mener ses hommes au combat, étaient comptés. Il savait que, très vite, son travail le cantonnerait à des tâches bien différentes : diriger ses hommes depuis un bureau, gérer, planifier et transmettre son savoir-faire aux plus jeunes. Même une promotion au rang de major l'aurait obligé à retourner à l'école d'officiers.

Le Harry qui s'était lancé dans sa carrière avec tant de volonté dix ans plus tôt voulait faire des choses concrètes sur le terrain. Après son retour d'Afghanistan, il était resté dans son régiment de l'Army Air Corps, le 662 Squadron 3, et avait vécu sur la base de son unité à Wattisham, dans le Suffolk. Mais, alors que sa vie quotidienne se déroulait au rythme des entraînements, Harry était de plus en plus hanté par le dilemme de son avenir.

Toujours travaillé par cette incertitude, en mai 2013, il tint néanmoins une promesse faite à des soldats américains blessés. Il s'envola pour le Colorado afin d'apporter son soutien aux Warrior Games. Seulement personne, pas même Harry, n'aurait pu deviner l'impact que cet engagement allait avoir sur sa vie.

Gérés par le Comité olympique américain, les Warrior Games ont été organisés pour permettre aux soldats blessés en service de participer à une compétition sportive annuelle. Comme des jeux Paralympiques en miniature, ils aident ces hommes et ces femmes à surmonter le traumatisme né de leurs blessures handicapantes. Avant d'aller y assister, Harry savait que les États-Unis considéraient — à juste titre — leurs vétérans comme des héros nationaux. C'était un héritage de la guerre du Vietnam après laquelle tant d'anciens soldats se retrouvèrent à la rue, incapables de guérir de leurs blessures physiques et mentales. En 2013, les Warrior Games en étaient à leur cinquième édition et la venue d'une personne aussi célèbre que Harry braqua les projecteurs sur la compétition.

Comme toujours, Harry se fit un plaisir de participer et on le prit en photo lors d'une partie de volley-ball assis, en compagnie de soldats blessés. Son implication offrit à l'événement une importante couverture médiatique aux États-Unis et en Grande-Bretagne, comme n'importe laquelle de ses visites officielles. Mais, pour Harry, les choses étaient différentes, cette fois. Certes, les hommes et les femmes qui eurent la chance de rencontrer le prince furent sans doute heureux de recevoir son soutien. Mais plus crucial encore fut le déclic qui se fit dans son propre esprit.

Durant cette courte visite de trois jours, le jeune homme eut une épiphanie. Il songea :

— Pourquoi ne pas organiser quelque chose comme ça, chez nous ?

Ce fut un peu comme sa découverte des enfants oubliés du Lesotho pendant son adolescence : un choc. Cette fois, à son retour du Colorado, il ressentit de nouveau ce besoin d'aider et chercha un moyen de s'engager au service de cette nouvelle cause.

Harry est une personne très spontanée qui préfère suivre son instinct qu'établir des plans mûrement réfléchis. C'est parfois une faiblesse, mais quand il s'agit de faire le bien, cette spontanéité est sans conteste une force. Avant même d'avoir atterri au Royaume-Uni, les idées se bousculaient déjà dans sa tête. Très vite, il commença à harceler ses conseillers :

— Qu'est-ce qui nous empêche d'organiser des Warrior Games en Grande-Bretagne ? Et si on défiait les participants américains pour voir si nos gars seraient capables de l'emporter ? Ça pourrait marcher.

Et aussitôt, lors d'un discours aux Warrior Games, le prince déclara :

— J'espère sincèrement que nous pourrons très bientôt créer des Warrior Games en Grande-Bretagne à notre tour et poursuivre votre travail au service de cette cause si importante. Je ne vois pas pourquoi on ne pourrait pas remplir un stade de 80 000 personnes, non pas pour regarder les jeux Olympiques ou Paralympiques, mais pour voir des soldats blessés se mesurer les uns aux autres — pas sur un champ de bataille, mais sur un terrain de jeux.

Il sut ensuite provoquer le rire du public américain en ajoutant :

— J'espère aussi que vous vous y intéresserez vraiment, car votre nation risque de se contenter de la deuxième ou troisième place, face au Royaume-Uni.

Durant les semaines qui suivirent, le prince refusa d'abandonner son idée. Il rassembla toute son équipe de collaborateurs au palais de Kensington et entreprit de convaincre le ministère de la Défense de soutenir son projet. Enfin, le grand vide auquel il se trouvait confronté depuis son retour d'Afghanistan laissait place à un avenir excitant et plein de sens. La passion et la détermination de Harry peuvent soulever des montagnes et, au mois de juillet l'année suivante, le prince prononçait un discours enflammé lors de la cérémonie d'ouverture des premiers jeux Invictus, dans le parc olympique de Londres. Invictus (« jamais vaincus », en latin) est un nom bien choisi pour résumer l'essence de cet événement aux yeux de Harry qui apparut aux côtés du Premier ministre David Cameron, du Prince Charles, de William et de Kate.

Ces jeux eurent également un autre bénéfice pour le prince. L'énergie que Harry mit dans l'organisation de cette première édition lui permit de tirer un trait sur sa carrière de pilote d'Apache avec une certaine sérénité.

En janvier 2013, alors que les préparations en vue de l'événement battaient leur plein, le porte-parole de Harry au palais de Kensington mit fin aux spéculations concernant l'avenir de Harry en confirmant que le prince avait accepté de devenir officier d'état-major au quartier général du district de Londres. D'après la déclaration, le capitaine Wales allait dorénavant se concentrer sur la coordination de « projets significatifs et d'événements commémoratifs » impliquant l'armée. Après les trois années et demie que Harry avait passées aux commandes d'hélicoptères Apache, son porte-parole annonçait que le prince acceptait un travail de bureau, après avoir clamé haut et fort ne pas en vouloir.

Cette déclaration laissait entendre que la carrière militaire de Harry était finie. À partir de ce moment-là, bien qu'il resterait employé par l'armée, il allait se concentrer sur ses devoirs de « soldat royal » avant toute chose. Plus de parcours d'obstacles à Salisbury, plus de pilotage le long des côtes d'Est-Anglie dans le cockpit de son Apache. Mais s'il dut se résigner à prendre un travail de bureau, c'était du moins un travail qu'il pourrait maîtriser. La seule question qui demeurait était : combien de temps cela allait durer ?

La réponse vint à l'instant même où le commandement commença à parler du nouvel échelon que le capitaine Wales allait pouvoir gravir. Les officiers de haut vol qui souhaitent poursuivre leur carrière au-delà du grade de capitaine ne peuvent être promus majors que s'ils passent haut la main leur formation au Staff College, l'école des officiers supérieurs. Contrairement à Sandhurst, cette seconde formation est presque uniquement académique. Les élèves doivent assister à de nombreux cours de politique, de stratégie militaire et d'histoire. Ils passent très peu de temps sur le terrain et, même quand ils sont autorisés à quitter leurs salles de classe, c'est pour suivre un entraînement plus stratégique que physique, destiné à leur apprendre à commander.

Harry l'avait depuis longtemps admis lui-même : il n'aimait pas les études. Ainsi, l'étape suivante de son avancement dans l'armée risquait d'être un défi de taille pour lui. Et, même s'il avait été capable de se surpasser et de réussir sa formation au Staff College, cela aurait tout de même fermé beaucoup de portes à ses yeux. Un major commande ses troupes depuis l'arrière du terrain — comme le dit un proverbe militaire : « Plus on a un rang élevé, plus on est loin de la ligne de front. »

Le colonel Richard Kemp, ancien commandant des forces britanniques en Afghanistan, explique que le dilemme de Harry face à la possibilité de rentrer au Staff College n'avait rien d'exceptionnel.

« Tous les officiers doivent prendre cette décision à un moment ou à un autre : quitter l'armée ou continuer à essayer de grimper les échelons. Quand ils arrivent à neuf ou dix ans de carrière, ils ont tous un choix difficile à faire.

Et, une fois qu'on atteint cette ancienneté, on sait qu'on va passer de plus en plus de temps derrière un bureau pour planifier et préparer les actions militaires, au lieu d'aller sur le terrain pour agir comme Harry voulait le faire en rejoignant l'armée.

« Ce genre de changement ne convient pas à tout le monde et de nombreux officiers pensent que trente ans est un bon âge pour démissionner et se lancer dans une nouvelle carrière. La question qu'ils doivent inévitablement se poser, c'est: "Est-ce que je veux vraiment me consacrer à ça pendant les trois ans à venir ou est-ce le moment de changer de direction dans ma vie?"

« Au Staff College, on suit quelques entraînements classiques, mais on passe surtout beaucoup de temps dans des salles de classe pour étudier les conflits, examiner les réponses stratégiques et la gestion des diverses opérations militaires. C'est une formation très académique et très exigeante qui ne convient pas à tout le monde. »

Les proches de Harry pensèrent peut-être qu'il aurait mieux fait de rester dans l'armée plutôt que d'abandonner sa carrière. Mais, au fond de lui, le prince savait qu'il était temps de passer à autre chose. Le rôle qu'on lui accordait, dernièrement, était centré sur les cérémonies et sur les aspects plus « royaux » de son travail. Comme le moment de la prise de décision approchait, Harry tâcha de regarder la réalité en face et comprit que les objectifs qui lui tenaient le plus à cœur seraient plus facilement atteints s'il ne faisait plus partie de l'armée.

Les premiers jeux Invictus eurent un succès incroyable, en particulier grâce à la vitesse avec laquelle ils avaient été organisés. Cependant, Harry avait conscience de son incohérence apparente: quitter l'armée, tout en cherchant à mettre en lumière le sort des héros blessés.

Quand il prit la décision de mettre fin à sa carrière, il songea sans doute à tout ce qu'il avait vécu et appris en tant que soldat. L'une de ses expériences les plus marquantes fut son retour après son premier déploiement, quand il s'était trouvé directement confronté au coût de la guerre. Le Royal Marine Ben McBean avait été inconscient durant tout le vol qui l'avait rapatrié à la base de la RAF de Brize Norton en avril 2008. Ses blessures avaient été si graves qu'il n'avait pas pu voir le prince voyager dans le même avion que lui. Mais, quand Harry s'était adressé aux médias après la fin prématurée de son déploiement, il se sentit mal à l'aise d'être accueilli en héros alors qu'aucun journaliste n'avait prêté attention aux deux soldats gravement blessés qui étaient à bord avec lui. Il promit à ce moment de faire tout son possible pour que les sacrifices de personnes comme McBean ne soient jamais oubliés. Et, à présent que les forces britanniques se retiraient d'Afghanistan, il savait qu'il défendrait mieux cette cause sans faire lui-même partie de l'armée.

Quand le palais annonça finalement la décision de Harry en mars 2015, le prince publia lui-même une déclaration résumant son expérience militaire :

« Après dix ans de service, quitter l'armée a été une décision difficile à prendre. Je me considère incroyablement chanceux d'avoir pu mener des missions très délicates et d'avoir pu rencontrer des personnes extraordinaires. Depuis mon apprentissage des bases à Sandhurst sous l'autorité de mes instructeurs, jusqu'aux rencontres formidables que j'ai faites pendant mes deux services en Afghanistan, les expériences que l'armée m'a offertes en dix ans resteront gravées en moi jusqu'à la fin de mes jours. Et, pour cela, je lui serai toujours immensément reconnaissant.

« Mais toutes les bonnes choses ont une fin et j'ai atteint un tournant dans ma carrière militaire. Heureusement pour moi, j'aurai la chance de pouvoir enfiler de nouveau mon uniforme pour retrouver de temps à autre ces hommes et ces femmes qui servent notre pays. Je réfléchis actuellement à l'avenir : de nombreuses possibilités s'offrent à moi. [...]

Alors même que je referme un chapitre de ma vie, j'en ouvre un nouveau. Et j'ai hâte. »

Bien sûr, certains doutèrent de la sagesse de sa décision, persuadés que Harry finirait par regretter sa place dans l'armée ; mais ceux-là ne comprirent pas son raisonnement. Après dix ans de carrière, Harry avait accompli ce qu'il avait toujours voulu faire. Il avait fait ses preuves en tant qu'officier et avait gagné le respect de ses hommes, il avait mené des troupes au combat et avait servi son pays avec honneur. Le défi qu'il avait relevé, devenir pilote d'hélicoptère d'attaque, avait été un énorme bonus. Mais il savait à présent qu'il n'aurait plus jamais la chance de repartir au front. Du point de vue de la Grande-Bretagne, la guerre d'Afghanistan était terminée.

Avant son second déploiement, Harry avait passé au moins quatre ans à travailler sans relâche, s'entraînant pour devenir pilote d'Apache puis se préparant à repartir en Afghanistan. Cela l'avait inévitablement éloigné des différents organismes de charité qu'il soutenait. Lorsqu'il rentra, il était décidé à accorder plus de temps à toutes ces bonnes causes qui lui tenaient tellement à cœur.

Le colonel Kemp, certes conscient que la démission de Harry était un coup dur pour l'armée, précise que ce choix était en fait motivé par un profond altruisme.

Plus tard, il me racontera :

« La contribution de Harry à l'armée depuis qu'il l'a quittée a été plus grande que ce qu'il aurait pu faire en poursuivant sa carrière. Depuis son départ, Harry a soutenu sans relâche les soldats blessés. Les guerres d'Afghanistan et d'Irak sont peut-être finies, mais pour ceux qui ont été blessés et pour les familles qui ont perdu des êtres chers, le combat continue chaque jour.

« En servant son pays en Afghanistan, il a gagné l'admiration des forces armées. Il est considéré comme un bon officier qui est allé au combat, conscient que son statut royal l'en aurait pourtant aisément dispensé. Durant toute sa carrière militaire, il a mené une seconde guerre en parallèle pour pouvoir défendre son pays, et même les soldats qui apprécient le moins la famille royale l'admirent pour cela. Mettre fin à sa carrière quand il a choisi de le faire était une sage décision : en tant que civil, il a été un meilleur atout pour l'armée qu'il n'aurait pu l'être en tant que major, assis dans un bureau. »

Cette analyse du colonel Kemp permet de mieux comprendre ce que le prince ressentait. Paradoxalement, ce fut en quittant l'armée comme il l'a fait qu'il put se servir de ces expériences pour apporter quelque chose de positif aux soldats. Il avait partagé leur vécu du front, avait passé des années avec eux comme un égal, et pouvait à présent attirer l'attention du public sur le soutien dont les soldats et leurs familles avaient besoin, même après la fin du conflit. Le colonel Kemp avait raison en suggérant que quitter l'armée allait apporter à Harry la liberté dont il avait besoin pour aider ses anciens employeurs et collègues — et la création des jeux Invictus n'est qu'un exemple parmi tant d'autres de ce que le prince allait accomplir.

Bien entendu, la cause militaire n'était pas la seule que Harry allait maintenant pouvoir soutenir. Sa décision d'assumer pleinement son statut royal allait lui permettre de se consacrer à d'autres luttes qui lui étaient chères. Après sa « retraite », les conseillers du palais publièrent la liste des causes pour lesquelles le prince allait se mobiliser, mais insistèrent sur le fait qu'il ne se lançait pas dans son travail de prince à temps plein.

Tenant à perpétuer l'héritage de sa mère, Harry allait continuer à soutenir sa fondation Sentebale tout en s'impliquant dans les actions du Halo Trust, l'organisation humanitaire de déminage qui avait reçu le parrainage de la Princesse Diana. De plus, en fin d'été 2014, Harry avait décidé de passer un peu de temps en Afrique du Sud pour aider les rangers du parc national Kruger dans leur combat contre les braconniers. Tous ces organismes furent certainement ravis d'avoir su attirer l'attention du membre de la famille royale le plus populaire de Grande-Bretagne et, par conséquent, de s'attirer la curiosité des médias.

Mais les hommes en gris, eux, eurent peur de l'impact de ce changement de direction sur l'image du prince. Cette liberté retrouvée allait-elle provoquer de nouvelles vagues de critiques acerbes, comme celles qui avaient si souvent entaché la réputation de Harry avant son entrée à Sandhurst ? Une chose était différente, cependant : le prince était plus âgé et plus mature. Nombre de ses amis proches — et de ses ex-petites amies — se rangeaient.

Ces craintes étaient infondées. Pendant les mois et les années qui ont suivi son départ de l'armée, Harry a su éviter les scandales et les dérapages. Cependant, une question restait sans réponse et resurgissait à chaque fois que le prince accordait une interview. Quand allait-il s'installer et trouver quelqu'un avec qui partager sa vie ?

Sa liaison avec Cressy s'était essoufflée longtemps avant son départ de l'armée. Pour la première fois depuis la fin de ses études, il était à la fois « au chômage » et célibataire. En 2015, il fut élu le célibataire le plus en vue du monde. Il apparaissait étrange que cet homme, entouré par tant d'admiratrices, ait tellement de mal à trouver une compagne. La question fut abordée par Harry dans une célèbre interview accordée à Sky TV durant une visite en Nouvelle-Zélande, en mai 2015.

On lui demanda d'abord s'il avait été difficile pour lui de quitter l'armée. Il expliqua :

« J'étais arrivé à un croisement. Je me suis retrouvé dans la même situation qu'un grand nombre de gens de mon âge et de mon grade. La plupart des hommes qui sont entrés dans l'armée en même temps que moi sont partis aussi, pour différentes raisons. Dans ce genre de situation, si on poursuit dans la même voie, on se retrouve avec plus de responsabilités. Et je suppose que vouloir prendre un peu plus en charge mon rôle [de prince] m'aurait empêché de m'occuper convenablement des carrières d'autres soldats ou de prendre mon entraînement de pilotage avec sérieux.

« Il s'agit donc de trouver un équilibre et c'est ce que j'ai essayé de faire pendant six mois ou un an avant ma démission. Cela devenait trop difficile, à force. Quand on gravit les échelons, à l'armée, on finit par se retrouver derrière un bureau, c'est inévitable. Beaucoup de gars de mon âge préfèrent donc partir, parce qu'ils se sont engagés pour passer du temps dehors, pour courir partout avec les autres pendant les exercices. Au bout d'un moment, on doit accepter de passer à l'étape suivant, de s'enfermer dans un bureau et de passer par le Staff College pour devenir major, et ainsi de suite.

« Cela implique de plus grandes responsabilités et demande beaucoup de temps, ce qui est impossible pour moi si je fais plus de choses [liées à la Couronne]. Je ne veux pas prendre des journées pour accomplir mes devoirs de prince en laissant d'autres personnes s'occuper de mes soldats à ma place. Je ne veux pas qu'on vienne combler mes lacunes — je ne le supporterais pas. »

Cette déclaration confirma les raisons qui l'avaient poussé à démissionner, mais il ne rentra pas dans les détails quand on lui demanda s'il comptait ajouter quelque chose de nouveau à ses devoirs royaux.

« J'ai une petite liste de souhaits, mais je préfère ne pas spéculer. Cependant, si les gens me font confiance et pensent que je suis capable de prendre de bonnes décisions, j'imagine que je peux les remercier en leur en disant un peu plus. Cette partie de mon quotidien [les devoirs royaux] est fantastique mais William et moi avons toujours ressenti le besoin de gagner notre vie. Nous avons besoin de travailler avec des gens normaux pour rester sains d'esprit et ne pas perdre le contact avec la réalité.

« Je suis sûr que si nous voulons que nos actions aient un sens, si nous voulons être pris au sérieux, nous devons travailler avec d'autres personnes. Mais, comme je l'ai dit, si les gens se fient simplement à moi pour prendre les bonnes décisions et pensent que je peux les rendre fiers, tant mieux. Je peux dire que je suis arrivé à un point de ma vie où je me sens très heureux. J'ai servi dans l'armée pendant dix ans et une partie de moi aurait envie de continuer, bien sûr ; mais les responsabilités que j'aurais eues à endosser auraient demandé une attention constante que je ne peux pas fournir. Je dois donc trouver autre chose, une chose qui occupera une place différente dans ma vie. »

Lors de cette interview, il était évident que Harry tentait de rassurer certains membres de sa famille en leur faisant comprendre que quitter l'armée était un choix mûrement réfléchi. En effet, le Prince Charles et la reine avaient parlé avec lui de son avenir et tous deux craignaient que sa démission ait été une erreur.

Une source du palais racontera :

« Au début, le Prince de Galles — entre autres — eut peur de voir son plus jeune fils quitter une carrière qu'il aimait et dans laquelle il excellait. Il considérait que l'armée offrait à Harry un but et un sentiment d'utilité. Mais, au final, la famille royale se mit d'accord : cette décision ne revenait qu'à Harry. Lors de son interview pendant son voyage en Nouvelle-Zélande, Harry tenta de rassurer son père et sa grand-mère en leur promettant à demi-mot qu'il ne les laisserait pas tomber et que quitter l'armée était la meilleure chose à faire pour lui. »

Cette source précisa que les inquiétudes de la famille royale étaient probablement inspirées par l'expérience du Prince Andrew, qui avait servi avec honneur lors de la guerre des Falkland aux commandes de son hélicoptère.

« Le Prince Andrew était un membre très populaire de la famille royale, mais quand il quitta la Navy, il eut beaucoup de mal à trouver un rôle qui lui convenait. Il devint représentant commercial mais cela entraîna une série de controverses au sujet des amis qu'il se fit et sa réputation auprès du public fut définitivement entachée. »

Cette interview de Harry fut enregistrée au moment de la naissance de sa nièce, la Princesse Charlotte, et les questions furent évidemment orientées sur sa vie sentimentale, en particulier sur son désir de s'installer dans une vie de couple pour avoir des enfants à son tour.

Harry eut l'air un peu gêné et répondit :

« À certains moments de la vie, on sent que le moment est venu, ou pas, mais je ne pense pas qu'on puisse influencer ces choses-là : ça arrivera quand ça arrivera. Bien sûr que j'aimerais avoir des enfants, mais c'est un long processus et ça demande un temps que je n'ai pas — surtout quand je suis en voyage diplomatique, comme maintenant. Je pense bien m'en tirer par moi-même, pour le moment. Évidemment, j'aurais été heureux d'avoir quelqu'un à mes côtés pour soulager un peu toute la pression que je subis, mais, vous savez, il faut laisser faire le temps. Les choses arrivent toujours au meilleur moment. »

CHAPITRE 23

MEGHAN

« Les femmes sont comme des sachets de thé : elles ne comprennent à quel point elles sont fortes que lorsqu'on les jette dans un bain d'eau bouillante. »

Ainsi s'était exprimée l'ancienne Première Dame Eleanor Roosevelt. Quand ces mots furent imprimés dans un album de fin d'année du lycée de l'Immaculate Heart, personne n'aurait pu anticiper l'importance qu'ils allaient prendre. Au-dessus, sur la même page, était collée la photo de l'une des élèves les plus populaires et les plus véhémentes de cette école privée catholique du centre de Los Angeles.

Vingt ans après cette citation prophétique, choisie par celle que ses amis surnommaient « Sparkle », les journaux du monde entier diffusaient des images de la jolie brune. Cette fois, la jeune femme était en soutien-gorge de dentelle dans les bras d'un collègue masculin, plaquée contre un placard. Le dieu des tabloïds avait encore frappé, et bientôt, l'information allait faire le tour du monde. Le Prince Harry sortait avec la star de la sulfureuse série américaine *Suits : Avocats sur mesure*, et la planète entière voulait en apprendre plus sur elle. Cette fois, plus aucune échappatoire : l'actrice et défenseuse du droit des femmes Meghan Markle était bel et bien plongée dans l'eau bouillante, sous le regard des médias.

Il faut admettre que l'arrivée de cette divorcée de trente-cinq ans était tout sauf discrète. Le journal britannique *Sunday Express* remarqua un jour que le Prince Harry et la jeune femme portaient les mêmes bracelets d'amitié. Une source avait mentionné leur relation, et la présence des bracelets convainquit le journal de publier la nouvelle.

Comme le palais gardait le silence sur l'affaire et se refusait à tout commentaire, les journaux s'en donnèrent à cœur joie et publièrent toute une série d'images extraites des scènes de sexe que l'actrice avait tournées avec son partenaire de *Suits*, Patrick J. Adams. Le tsunami médiatique qui suivit fut sans précédent, même pour la famille royale. Mais cela n'avait rien de surprenant.

Le Prince Harry était célibataire depuis près de deux ans, et se concentrait sur son travail de prince. Sa recherche de l'âme sœur était un sujet inépuisable pour les médias. « Quand Harry rencontrera-t-il l'amour ? », « Le prince solitaire », « La quête de Harry pour trouver l'élue », autant de unes dédiées à ce mystère qui obsédait tout le pays. D'autres commentateurs remarquaient que les anciens amis de Harry s'étaient mariés l'un après l'autre, abandonnant leurs excès de jeunesse pour une vie plus rangée. Comme il n'avait plus d'amis célibataires avec qui faire la fête, il *devait* — et on insistait sur ce point — sauter le pas à son tour. Un an avant l'annonce explosive de sa nouvelle histoire d'amour, plusieurs journaux prétendirent que Chelsy Davy et le prince envisageaient de se donner une seconde chance, mais rien ne se concrétisa.

Qu'il le veuille ou non, la popularité de Harry nourrissait l'intérêt du public pour sa vie sentimentale, même à une époque où elle paraissait inexistante.

Le mariage de William et Kate, puis la naissance de leurs deux enfants, le Prince George et la Princesse Charlotte,

avaient également attisé cette curiosité. Ces deux naissances avaient relégué Harry au rang d'héritier du trône en
quatrième puis cinquième position. Il n'était plus « l'héritier
de rechange », titre plutôt péjoratif qu'il avait toujours détesté.

— C'est officiel, tu es destiné à tenir la chandelle, lui dit
un jour William alors que Kate et les deux frères revenaient
au palais de Kensington, après une apparition publique.

Cette remarque, venant de n'importe qui d'autre, aurait
probablement exaspéré Harry. Mais il savait bien que
William plaisantait et, alors que les officiers de protection
royaux les raccompagnaient chez eux ce soir-là, à la fin du
printemps 2016, il sut en rire comme il riait de tout.

De fait, le constat de William était particulièrement
adapté. De temps à autre Harry apparaissait aux côtés de
son frère et de sa belle-sœur lors d'événements officiels ou
posait avec eux pour les photographes. Son célibat était
étalé au grand jour à chaque fois qu'il quittait son cottage,
dans le parc du palais de Kensington. Comme leurs enfants
avaient besoin de place, William et Kate s'étaient installés
dans un appartement plus spacieux du palais, laissant Harry
mener seul sa vie de célibataire.

Ce soir-là, donc, quand les Range Rover de l'escorte
royale les déposèrent au palais, Harry rentra une fois de
plus dans une maison vide. Même s'il était toujours aussi
souriant devant les foules d'adorateurs, la vie de famille de
son frère ne faisait que souligner sa propre solitude.

Repensant à ces quelques mois pré-Meghan, l'un de ses
amis proches confia :

« William se moquait souvent avec bienveillance du
célibat de son frère, qui tenait la chandelle lors de chaque
apparition publique en compagnie de Kate ; et c'était de
plus en plus difficile à vivre pour Harry. C'est une personne
très sociable, qui ne supporte pas de passer du temps seule.
Mais avec la naissance de leurs deux enfants, William et
Kate eurent besoin d'accorder beaucoup de temps à leur vie

de famille. Par moments, Harry devait se résigner à passer de longues heures seul, enfermé dans son cottage. Ce n'est pas comme s'il pouvait simplement sortir boire une bière en fin de journée comme les gens normaux. D'une certaine manière, il devenait prisonnier dans sa propre maison et passait des soirées entières à regarder la télé tout seul. »

Tout ce temps libre le poussait à ressasser sa rupture avec Cressida Bonas. Il était convaincu qu'elle l'avait quitté parce qu'elle ne supportait pas la pression que subissaient les petites amies royales. Cressida était libérée, rayonnante et populaire. Lorsqu'elle sortait avec le prince, elle avait toujours su lui remonter le moral quand il ne se sentait pas bien. Mais elle en avait eu assez d'attirer l'attention de dizaines d'inconnus à chaque fois qu'elle marchait dans la rue et, quand le couple se sépara, Harry demeura convaincu que c'était bien l'intérêt envahissant du public qui était en cause. Seulement, nous l'avons vu, ce n'était qu'un facteur parmi d'autres ; mais Harry n'acceptait pas de parler des autres. Il ne se doutait pas que son agacement vis-à-vis des médias renforcerait paradoxalement leur curiosité pour celle qu'il finirait par choisir.

— Nous aimerions te présenter une amie, Harry, lui dit un jour la créatrice de mode new-yorkaise Misha Nonoo, épouse de l'ancien camarade d'Eton du prince, Alexander Gilkes. On pense que vous pourriez bien vous entendre, et elle a prévu de passer un moment à Londres dans deux semaines.

Que ce soit par frustration ou par simple curiosité, Harry accepta ce *blind date*, à la grande surprise de ses amis. Alexander était un ami proche de la famille Middleton et avait assisté au mariage de Kate et William avec Misha, en 2011. Elle-même connaissait très bien Meghan, qui faisait partie de son cercle new-yorkais. Bien que Harry et Alexander n'aient jamais été très proches, le prince se fia au jugement de son ancien camarade et dut se dire : « Qu'ai-je à perdre ? »

Nous l'avons dit, se faire de nouveaux amis est presque impossible pour un prince. Les gens qu'il rencontrait au quotidien étaient soit des personnes avides de célébrités, soit des gens qui cherchaient à entrer dans son cercle intime pour des raisons plus sinistres. À chaque fois que Harry rencontrait quelqu'un de nouveau, il devait se demander si cette personne était vraiment digne de confiance, ou si elle était là uniquement pour glaner des potins sur la famille royale à répéter à qui voulait l'entendre.

Cette paranoïa justifiée a accompagné Harry tout au long de sa vie d'adulte, et explique en partie pourquoi il a toujours conservé un cercle d'amis très restreint. Mais cela l'a aussi fait manquer de nombreuses rencontres. Devant une femme qui l'attirait, son charme naturel devenait étonnamment inopérant. Il devenait maladroit, rougissait, évitait les confrontations et coupait court aux discussions dès qu'il se sentait vulnérable.

C'était donc un miracle de le voir accepter le rendez-vous organisé par Misha et Alexander, en juillet 2016. Les détails de ce premier rendez-vous demeurent très secrets et tout ce que nous savons, c'est que le prince et la charmante actrice tombèrent amoureux au premier regard.

Lors d'une interview donnée le jour de l'annonce de leurs fiançailles, en novembre 2017, Meghan et Harry revinrent sur cette première rencontre. Se confiant au micro de la BBC, Harry déclara :

— Nous avons été présentés par des amis communs. Nous nous sommes alors vus une fois, puis deux. Deux rendez-vous à la suite, à Londres.

Quand on demanda à Meghan si les amis qui les avaient présentés espéraient les voir en couple, elle répondit :

— Oui, ils avaient clairement envie de nous caser ensemble, c'était un vrai rendez-vous arrangé. D'ailleurs, c'est très intéressant d'en reparler comme ça maintenant, parce que, en grandissant aux États-Unis, je n'ai pas vraiment appris à traiter la famille royale comme vous le faites ici. Maintenant, bien sûr, je comprends tout ce que ça implique et je vois l'intérêt que la royauté soulève dans le pays. Mais à l'époque, je ne savais pas grand-chose sur Harry, et la seule question que j'ai posée à mon amie avant d'accepter le rendez-vous, c'était : « Il est sympa ? » Dans le cas contraire, je ne voyais absolument pas l'intérêt de le rencontrer. Nous avons donc fait connaissance autour d'un verre et, très vite, nous nous sommes dit : « On devrait se revoir. Pourquoi pas demain ? »

Certains ont prétendu que Harry était tombé sous le charme de Meghan en regardant la première saison de *Suits* et qu'il l'avait longtemps poursuivie avant de la convaincre de le rencontrer. De toute évidence, ce récit est finalement très éloigné de la réalité.

Immédiatement après ce premier rendez-vous, Harry se lança dans une nouvelle mission. Fasciné par cette femme sublime, il décida d'en apprendre le plus possible à son sujet. La même source au palais me raconte :

« Après avoir rencontré Meghan, Harry avait l'air d'un ado amoureux pour la première fois. Après tout ce temps passé tout seul, il avait enfin trouvé une source d'intérêt. Alors que l'avion de Meghan quittait à peine le tarmac de l'aéroport de Heathrow pour rejoindre Toronto, Harry était déjà en train de visionner à la suite tous les épisodes de *Suits* sur Netflix. En quelques jours, il avait déjà atteint la saison 5. Il avait terriblement hâte de revoir Meghan, mais il était sur le point de partir un mois en Afrique du Sud pour soutenir un projet de conservation, et s'occuper de sa fondation contre le sida au Lesotho. »

En août 2016, Meghan accepta de faire le trajet du Canada jusqu'au Botswana pour une courte pause entre deux tournages. La nouvelle rendit le prince fou de joie. Pendant cinq jours inoubliables, le couple amoureux s'allongea sous les étoiles, dans l'intimité et le calme de la savane d'Okavango. On pourrait trouver le choix de ce lieu étrange, étant donné qu'il y avait passé beaucoup de temps avec son premier amour, Chelsy Davy. Mais, aux yeux de Harry, la réserve était l'endroit idéal pour une escapade à deux.

Il était venu dans ce pays frontalier de l'Afrique du Sud pour la première fois à douze ans, quelques semaines à peine après l'enterrement de sa mère. Sa nourrice l'y avait emmené dans une tentative désespérée de détourner quelques jours son attention du terrible événement. La sensation de liberté que le jeune garçon découvrit, là-bas, le marqua à tout jamais. Depuis, le Botswana est resté pour Harry l'endroit idéal où se réfugier quand il a besoin de se couper du monde. Ces premières vacances avec Meghan furent peut-être courtes, mais quand le couple repartit, leur amour était plus fort que jamais. Le rendez-vous arrangé s'était transformé en conte de fées et, pour la première fois depuis des années, Harry commença à penser qu'il avait enfin trouvé l'élue de son cœur.

Ce premier voyage au Botswana allait définitivement revêtir une grande importance pour les amoureux, ainsi qu'ils l'expliquèrent lors de cette première interview.

Harry raconte :

— Je crois que j'ai réussi à la convaincre de me rejoindre au Botswana trois ou quatre semaines après notre rencontre et nous avons campé ensemble à la belle étoile. Elle a passé cinq jours avec moi. C'était formidable. Pour la première fois, nous étions vraiment seuls, ce qui nous a permis de mieux apprendre à nous connaître.

Meghan, qui a quatre ans de plus que Harry, était célibataire depuis la fin de son mariage avec le producteur Trevor Engelson, deux ans plus tôt. Le couple avait pourtant connu un début de mariage féerique en 2011, avec une cérémonie au soleil couchant sur les plages jamaïcaines. Pour la famille et les amis invités à les voir prononcer leurs vœux, cette union promettait de durer toute la vie. Les deux amoureux étaient ensemble depuis 2004 et avaient beaucoup de choses en commun. Engelson entamait une carrière très prometteuse dans l'industrie du cinéma, et Meghan était ravie d'avoir décroché son premier rôle dans la série *Suits*. Ils formaient un couple magnifique sur leurs photos de mariage, sur fond de mer des Caraïbes.

Mais l'idylle ne dura pas. Leurs carrières les tenaient éloignés l'un de l'autre pendant de longues semaines. Les épisodes de *Suits* sont tournés à Toronto, au Canada, tandis que le travail d'Engelson l'obligeait à vivre à Los Angeles. Lors d'interviews données à l'époque, Meghan insistait sur le fait que son mari et elle se rendaient « constamment » visite, mais on la voyait souvent s'amuser lors des fêtes post-tournage, ou boire des verres avec ses collègues après leurs journées de travail. Dans l'un de ses nombreux posts sur les réseaux sociaux, Meghan révélait un jour qu'elle avait « passé la nuit à boire du scotch » et à jouer avec des jeux de société avec ses collègues.

Leur mariage s'épuisa donc peu à peu, et même un séjour romantique en Asie ne parvint pas à ranimer la flamme. Quand elle remplit les documents du divorce, dix-huit mois à peine après la cérémonie, Meghan ne demanda pas un centime à son riche ex-mari.

Une fois le divorce prononcé, la jeune femme souhaitait — comme tout le monde — tourner la page et reprendre le cours de sa vie, en se concentrant sur sa carrière d'actrice. Comment aurait-elle pu imaginer que son statut de divorcée allait être l'un des obstacles majeurs à sa prochaine relation ? En effet, intégrer des divorcés dans la famille royale reste un problème très épineux. Quand on apprit que le roi Edward VIII, l'arrière-grand-oncle du Prince Harry, avait fréquenté l'Américaine Wallis Simpson, deux fois divorcée,

le scandale avait provoqué une véritable crise constitution-
nelle au Royaume-Uni.

Le Premier ministre de l'époque, Stanley Baldwin, avait
été contraint d'intervenir lorsque le roi annonça son intention d'épouser Mme Simpson. L'affaire fut portée devant
le Parlement et ne put se résoudre que par l'abdication,
Edward VIII renonçant au trône d'Angleterre par amour
pour sa compagne. Son frère, le Prince Albert, père de la
reine Elizabeth II, se trouva donc couronné contre toute
attente, sous le titre de George VI.

Même si ces événements datant de 1936 sont anciens, et
s'inscrivent dans une époque où les attentes pesant sur la
famille royale étaient un peu différentes, il était inévitable
que la relation entre le Prince Harry et une divorcée soulève
l'odieuse question des convenances.

Née à Los Angeles en 1981, Meghan est la fille unique
d'un directeur de la photographie à Hollywood, Thomas
Markle, et de son épouse afro-américaine, Doria. Dès son
enfance, Meghan a été préoccupée par ses origines. Lors
de plusieurs interviews enregistrées avant sa relation avec
Harry, elle avait évoqué un Noël au cours duquel son père lui
avait acheté « un Ken blanc pour faire le papa, et une Barbie
noire pour la maman ». Ses parents divorcèrent l'année de
ses six ans mais elle resta très proche de son père, passant
beaucoup de temps avec lui dans les coulisses du plateau de
Mariés, deux enfants, sur lequel il travaillait.

À onze ans à peine, elle sut montrer sa force de caractère
après avoir été choquée par une publicité pour du liquide
vaisselle, à la télévision, qui proclamait : « Dans toute l'Amérique, les femmes se battent contre les casseroles graisseuses. »
Révoltée par le sexisme de ce slogan, elle écrivit une lettre
au fabricant et à la Première Dame de l'époque, Hillary
Clinton. Au bout de quelques mois, le slogan fut modifié
et le mot « femmes » fut remplacé par « gens ».

Meghan travaillait très bien à l'école, et parvint à être

admise à l'université de Northwestern, dans l'Illinois, où elle commença des études de théâtre avant d'ajouter les relations internationales à son cursus. De nature ambitieuse, elle suivit un stage à l'ambassade des États-Unis et finit par travailler à Buenos Aires, en Argentine.

Ce ne fut que lorsqu'un ami la présenta à un agent au cours d'une fête que Meghan accepta de tenter sa chance devant une caméra. Dans une autre interview, elle revint sur tous les défis qu'elle dut relever pour se faire une place dans le monde du cinéma. Elle confia à *Elle* :

« Je n'étais pas assez noire pour les rôles de Noires et pas assez blanche pour les rôles de Blanches, ce qui me laissait quelque part entre les deux : une sorte de caméléon ethnique incapable de décrocher des auditions. »

En dépit de ces difficultés, elle obtint son premier rôle dans la série *Hôpital Central*, puis apparut dans *Les Experts : Manhattan*, *90210*, et la série de science-fiction *Fringe*. Sa présence de plus en plus régulière sur le petit écran et son talent d'actrice lui permirent finalement de décrocher son rôle le plus important dans *Suits : Avocats sur mesure*.

Ce succès soudain jeta Meghan sous le feu des projecteurs. Ainsi, son divorce et l'aventure qu'elle eut ensuite avec le célèbre chef cuisiner Cory Vitiello, en 2014, furent très médiatisés. Mais l'intérêt que ces nouvelles suscitèrent n'était rien comparé à ce qui l'attendait. D'après ce que l'on sait, Meghan est une femme ambitieuse, agréable et déterminée, habituée au regard des médias et n'hésitant pas à faire sa propre promotion sur Internet.

L'été 2016 fut un véritable tourbillon d'émotions pour Harry et Meghan. Plus ils passaient de temps ensemble, plus ils comprenaient qu'ils étaient faits l'un pour l'autre. S'ils avaient mené une vie normale, ils seraient sans doute sortis ensemble en public, auraient rencontré leurs familles et amis respectifs, en se réjouissant avec eux du hasard merveilleux qui les avait guidés l'un vers l'autre.

Dans leur cas, ce fut bien sûr très différent. Pendant ce premier été, Harry et Meghan firent tout leur possible pour passer le plus de temps ensemble sans que le public et les médias découvrent la vérité. Harry avait très peur de voir les liens qu'il nouait avec la jeune femme pétillante, intelligente et affectueuse se briser face à l'inévitable intérêt de la presse. Sa plus grande terreur était que Meghan se détourne de lui à cause de l'hystérie médiatique, l'obligeant à faire une fois de plus le deuil d'une relation naissante.

Moins de quatre mois après le premier rendez-vous, le secret fut découvert. En octobre, l'appel que redoutait tant Harry fut passé à son secrétaire personnel. Le *Sunday Express* avait prévu de publier un article dévoilant au monde la relation entre le prince et Meghan Markle. Depuis, des sources ont précisé que, bien qu'il ait su depuis le début que ce moment était inévitable, le prince fut d'abord furieux. Il supplia son équipe de presse de tout faire pour retarder la publication autant que possible. Hélas, ses conseillers ne pouvaient rien faire. Ils ne pouvaient pas nier la vérité, et tenter de différer la publication aurait provoqué un tollé : le public aurait accusé le palais de vouloir lui cacher des choses. Comme le jour où j'appelai Clarence House au sujet de l'uniforme nazi, Harry se retrouvait dans une impasse. Il ne lui restait plus qu'à se préparer à subir l'orage et à croiser les doigts pour que les choses se passent bien.

Il appela nerveusement Meghan pour lui annoncer à l'avance que leur secret allait être dévoilé. On leur avait conseillé de ne pas faire de déclaration publique — manière subtile de demander à la jeune actrice de ne rien dévoiler à son million d'abonnés sur Instagram. Ils n'avaient qu'une chose à faire : se serrer les coudes et voir ce qui allait se passer. Étonnamment, ce fut Meghan qui rassura Harry. Elle lui assura que tout irait bien et qu'ils savaient tous les deux depuis le début que les choses allaient finir comme cela.

Une source révèle :

« Meghan a bien senti que Harry était très inquiet, pas pour lui-même, mais pour elle : il avait peur de sa réaction. Même si elle avait l'habitude de se retrouver sous les projecteurs, Harry n'était pas certain qu'elle réalise l'ampleur de ce qui l'attendait. Meghan insista sur le fait qu'elle était une *grande fille* et qu'elle était prête à affronter l'étalage de leur relation sur les unes de tous les journaux. Elle dit plusieurs fois à Harry de ne pas s'en faire. »

Le fait que le palais ne tente pas de protester après la parution du premier article déclencha une véritable avalanche de publications — même Harry ne s'attendait pas à ça. En quelques jours à peine, les journaux et les magazines des deux côtés de l'Atlantique diffusaient des pages et des pages d'informations concernant Meghan, sa famille, son divorce et ses « qualités » pour devenir la petite amie d'un prince. Moins de quinze jours plus tard, alors que je m'entretenais avec un correspondant royal chevronné, celui-ci me dit, sourire aux lèvres :

— On en a plus appris sur Meghan en deux semaines que sur Cressy en quatre ans.

Ce reporter, dont les paroles auraient certainement horrifié le prince, avait raison. Moins d'un mois après le premier article évoquant la relation entre Harry et Meghan, Google proposait plus de six millions de résultats lorsqu'on tapait les noms des amoureux. Au Royaume-Uni, les photos des frasques de Meghan à l'écran étaient reproduites sur les unes et les commentateurs analysaient chaque détail connu de cette nouvelle liaison. Certains publiaient sans état d'âme des titres tels que : « Il faut être folle pour épouser un prince », d'autres se demandaient ce que cherchait réellement Meghan, présentée comme une divorcée américaine avide de publicité.

De l'autre côté de l'Atlantique, la même hystérie collective se développait, et tout le monde voulait en savoir plus sur la nouvelle petite amie de Harry. En quelques jours, la famille de Meghan, ses voisins, ses amis, ses ex et ses anciens camarades de classe furent traqués, et nombre d'entre eux révélèrent qu'on leur offrit de l'argent en échange de ragots. Certes, il n'était pas très digne de s'intéresser de cette manière à quelqu'un qui avait le passé de Meghan, mais on pouvait comprendre la curiosité des médias.

La famille royale a une vieille règle de conduite face aux médias : « On ne se plaint pas, on ne s'explique pas. » Violer cette règle tacite est généralement considéré comme une grave erreur : on prend le risque de provoquer un tollé et de le voir se retourner contre soi. Mais Harry a toujours interprété les règles à sa manière. Sa popularité est si solidement enracinée qu'il est l'un des rares membres de sa famille à pouvoir attaquer les médias en gardant le soutien du public, même s'il sait que c'est une tactique risquée. Après avoir subi la tornade médiatique suite à la révélation publique de sa relation avec Meghan, Harry décida de poser fermement les limites.

Le matin du 8 novembre 2016, le prince convainquit donc ses conseillers de publier en son nom une déclaration sans précédent. Non seulement il attaquait très directement la presse, protestant contre l'étalage de sa vie privée et la façon dont on traitait Meghan, mais il confirmait aussi par là même sa relation, ce qu'il n'avait jamais fait auparavant.

À l'époque, cette déclaration fut considérée comme une erreur de jugement. On pensait qu'une fois encore son impulsivité et sa sensibilité à fleur de peau risquaient de lui faire plus de mal que de bien. De plus, n'était-ce pas une preuve que ses conseillers étaient absolument incapables de lui faire entendre raison ? Le message de 279 mots était très clair, et ses implications aussi. Depuis leur premier rendez-vous, Harry et Meghan semblaient filer le parfait amour — une relation sans nuages, comme le prince en rêvait depuis longtemps —, et l'intervention des médias menaçait de tout gâcher.

Le reporter en chef du *Daily Telegraph*, Gordon Rayner, ancien correspondant royal lui-même, écrivit :

« Jamais encore [Harry] n'avait été contrarié au point de faire une déclaration officielle pour dénoncer ce qui avait été écrit au sujet de sa petite amie, à la fois par les médias et par le public sur les réseaux sociaux.

« Le prince est pourtant conscient que défendre ainsi sa petite amie — en demandant qu'on les laisse respirer, "avant de causer plus de mal" — revient à confirmer aux yeux de tous que cette relation est particulièrement sérieuse. »

Cette analyse était très juste. D'une certaine manière, Harry venait d'avouer au monde qu'il pensait avoir enfin trouvé l'élue de son cœur ; ce que les récents événements ont, depuis, confirmé. De toute évidence, en novembre 2016, Harry pressentait déjà que Meghan était son âme sœur, la femme capable de combler le vide qui demeurait dans sa vie. Quand on relit aujourd'hui cette déclaration, on y voit le premier signe du sérieux de leur histoire d'amour.

Mais le problème demeurait. A priori, Meghan n'avait aucune des qualités attendues pour une future épouse royale. Comment ignorer le fait qu'elle était divorcée, et comptait plus d'un million d'abonnés sur Instagram ? Certains experts proches de la Couronne restaient dubitatifs, craignant que la jeune actrice ait été motivée par sa soif de célébrité plus que par une affection sincère. L'un des plus anciens correspondants royaux affirma même que cette romance n'était qu'un coup de publicité et que le cœur du prince risquait d'être de nouveau brisé.

Ces premiers soupçons, prononcés sans la moindre base solide, étaient compréhensibles, étant donné que Meghan avait toujours utilisé les réseaux sociaux pour sa promotion. Vu de l'extérieur, on pouvait donc penser qu'elle venait de toucher le jackpot médiatique : en une nuit à peine, son profil Internet devint l'un des plus consultés au monde.

Ainsi, son « flirt » avec le prince avait de grandes chances de booster sa carrière d'une manière inimaginable.

Au moment même où leur relation se trouvait officialisée, un examen attentif de ses moindres faits et gestes se mettait en place. Chaque post, chaque tweet, chaque prise de parole allait être décortiqué dans l'espoir de trouver des indices sur ses motivations.

Une fois la relation rendue publique et après la diffusion de la solide mise en garde de Harry pour préserver son intimité, le couple entama un nouveau chapitre de son histoire. On peut dire que les six mois qui suivirent furent une sorte d'épreuve du feu, pour Harry et Meghan. Une bonne partie du public s'attendait à voir leur histoire s'effondrer sous le poids de la pression médiatique — si cette relation avait eu des faiblesses cachées, elle n'aurait sans doute pas survécu à ces longs mois de harcèlement. Après tout, c'était une histoire d'amour à distance, ce qui est déjà difficile à vivre.

Mais Harry était bien décidé à faire marcher cette relation. Et il savait déjà quels efforts étaient nécessaires pour entretenir la flamme à des milliers de kilomètres de distance. Durant les années qu'il avait passées avec Chelsy Davy, il avait appris que l'éloignement pouvait être désastreux pour un couple. Mais il avait aussi retenu une leçon de ce premier amour. Habitués à se retrouver pour des lunes de miel loin du monde, Chelsy et Harry n'avaient jamais réussi à rester assez proches pour apprendre à savourer ensemble la vie quotidienne. Et plus le prince avait essayé d'impressionner sa petite amie avec des séjours hors de prix dans des lieux romantiques, plus le couple s'était éloigné.

Or, Harry et Meghan voulaient tous les deux la même chose : une personne spéciale avec qui mener une vie normale. Quand elle tournait à Toronto, Meghan passait ses journées à travailler avant d'enchaîner avec des nuits solitaires dans son appartement. Pour Harry, ses devoirs royaux n'étaient interrompus que par des soirées un peu tristes, passées seul au palais de Kensington et pendant lesquelles il avait largement le temps de penser à sa compagne.

Rien de surprenant, donc, à voir Harry et Meghan rester proches en dépit de la distance — ou même grâce à la distance, qui faisait mûrir leur tendresse mutuelle. Ils passaient des heures au téléphone à discuter, à prévoir le programme de leurs retrouvailles. L'impact que cette relation naissante eut sur Harry était particulièrement visible. Il était amoureux d'une femme qui voulait simplement être avec lui, ne l'aimait que pour ce qu'il était. Les anciens camarades de classe de Meghan l'ont toujours décrite comme une personne très affectueuse. Et plus elle apprenait à connaître Harry, plus elle se rendait compte du nombre de choses qu'ils avaient en commun. Quant à Harry, pour la première fois de sa vie, il n'eut pas à se sentir coupable d'entraîner sa petite amie dans un tourbillon médiatique : elle était déjà célèbre avant leur rencontre et avait l'habitude de mener sa vie sous le regard avide des photographes.

Une source proche du palais insista sur le fait que cette romance avec Meghan eut un effet très bénéfique sur Harry. Il avait trouvé quelqu'un avec qui il pouvait réellement parler de son passé ou se montrer tel qu'il était. La source affirma même que ce fut l'affection de Meghan qui lui permit enfin de se débarrasser des démons de son passé.

Elle précise :

« Rencontrer Meghan et apprendre à la connaître a visiblement rallumé l'étincelle chez Harry. En apparence, il avait l'air d'un enfant amoureux, mais au fond de lui, sa relation avec Meghan l'a aidé à affronter les choses qui le hantaient depuis des années. Tous ceux qui ont connu Harry depuis son adolescence savent qu'il peut sombrer dans la colère et plonger dans une spirale autodestructrice quand il ne va pas bien. Ça n'a jamais causé de tort à son image publique, mais ça l'a parfois empêché d'assumer qui il était. En fin de compte, Meghan a été la personne qui le comprenait le mieux et qui l'acceptait en dépit de ses défauts. Étonnamment, Harry a toujours été très timide et vulnérable — sa personnalité réelle est à mille lieues de l'image de jeune homme confiant qu'il donne à voir en public. Au fil des mois, à force de parler avec Meghan, il a retrouvé son assurance, et tous ses proches l'ont vite remarqué. »

En avril 2017, le prince a surpris le monde en donnant une interview très inattendue. William, Kate et lui ont décidé d'aider à libérer la parole dans le domaine de la santé mentale. Lors du marathon de Londres de cette année-là, tous trois ont arboré des bandeaux bleus pour soutenir une organisation peu connue : Heads Together. Une équipe de coureurs a en effet participé au marathon pour attirer l'attention du public sur les problèmes de dépression et de deuil, pouvant avoir un effet dévastateur sur la vie des gens.

Mais Harry est allé un peu plus loin dans son soutien, propulsant la thématique du bien-être mental à la une des journaux. Sans prévenir, il a accepté de participer à une émission intitulée *Mad World* (le Monde fou), réalisée par la journaliste du *Daily Telegraph* et militante Bryony Gordon. Le concept de l'émission était de pousser des célébrités à parler avec franchise de ce sujet tabou, et de leurs propres problèmes d'équilibre psychique. Quand Harry a accepté d'être le premier invité de Bryony, personne n'avait pu imaginer à quel point il était prêt à se livrer.

Cette interview fit les gros titres dans le monde entier. Harry y révéla qu'il avait obtenu une aide psychologique après deux années de « chaos total », à la fin de la vingtaine, et que cela lui avait permis d'accepter enfin la mort de sa mère. Il décrivit la manière dont il avait « étouffé toutes ses émotions » pendant près de vingt ans après le drame, sans écouter son frère qui lui conseillait de se faire suivre par un professionnel. Harry avoua qu'il avait commencé à affronter sa douleur à vingt-huit ans après avoir « ressenti l'envie de frapper les gens » lors d'une apparition publique. Décrivant

« les conséquences profondes » que la mort de sa mère eut sur sa vie personnelle et professionnelle, il expliqua que son quotidien privé de la moindre intimité l'avait conduit plusieurs fois au bord de la dépression nerveuse.

Cette conversation révéla au monde entier le combat intime mené depuis longtemps par Harry. On apprit qu'il avait passé son adolescence et sa vingtaine à s'interdire de penser à sa mère.

— Je peux aujourd'hui dire que la perte de ma mère, alors que je n'avais que douze ans, et le fait d'avoir ignoré mes émotions pendant presque vingt ans ont eu des conséquences très néfastes sur ma vie personnelle ainsi que mon travail. J'ai probablement frôlé la dépression nerveuse plusieurs fois, à cause de ma tristesse, mais aussi à cause de toutes sortes de mensonges, d'erreurs et d'événements passés.

Quand on lui demanda s'il avait consulté un « psy » pour épancher sa douleur, il répondit :

— Je l'ai fait plusieurs fois, souvent même, et ça a été très bon pour moi.

Le prince admit qu'il avait parfois eu des problèmes d'agressivité et que la pratique de la boxe avait su canaliser sa frustration.

— Pendant ces années, dit-il, j'ai fait de la boxe parce que tout le monde dit que c'est un bon moyen de se débarrasser de son agressivité. Je crois que cela m'a vraiment sauvé : j'étais sans cesse sur le point de frapper les gens qui m'entouraient, et il valait mieux que je frappe un adversaire protégé au gymnase.

Son frère et ses proches l'ont finalement poussé à chercher de l'aide en lui répétant :

— Écoute, tu as vraiment besoin de trouver une solution. Croire que tu n'as pas été affecté par les épreuves n'a aucun sens. Ce n'est pas normal.

En apprenant à exprimer ses sentiments, il a appris à mettre « son sang, sa sueur et ses larmes » au service des autres.

— Cette expérience m'a fait comprendre qu'une fois qu'on a commencé à s'ouvrir, on fait partie d'une sorte de grand club.

Jamais encore un membre de la famille royale n'avait parlé ainsi de ses émotions les plus intimes, et cela a fait comprendre à beaucoup de monde pourquoi Harry s'était parfois retrouvé sous le feu des projecteurs pour de mauvaises raisons. Par exemple, cela expliquait en partie comment il avait pu imprudemment revêtir un uniforme nazi lors d'une soirée costumée. C'était un acte rebelle, destiné à choquer les invités et à faire rire. Mais ce fut aussi une erreur naïve qui avait provoqué un tollé dans le monde entier.

Le fait qu'il ait, un soir, frappé un photographe dans la rue avait été vu comme un comportement « brutal », mais après cette interview, on comprit ce qu'avait réellement été ce geste : une réaction compréhensible, bien qu'irréfléchie, de la part d'un jeune homme face à ceux qu'il identifiait comme les responsables de la mort de sa mère.

Et son strip-tease à Las Vegas, devant une pièce remplie d'inconnus, pouvait à présent être considéré comme la réponse du prince à son quotidien contraint par les exigences de son rang ; enfin, il enlevait le costume de la bienséance. Sans aide professionnelle, il agissait sous le coup d'une douleur et d'une tension perpétuelle nées de « l'accident de sa naissance », pour reprendre ses paroles.

Nous ne saurons peut-être jamais quel rôle a joué Meghan dans cette démarche inattendue. Mais une chose est sûre : ce n'est pas une coïncidence si cette interview fut donnée quelques semaines avant l'annonce officielle des fiançailles du prince avec celle qui avait su illuminer sa vie.

Chapitre 24

DUO GAGNANT

En descendant du petit avion qui venait d'atterrir à l'aéroport de Maun, Harry dut ressentir un mélange de nervosité et d'excitation. Il avait déjà visité le lieu de nombreuses fois, mais ce voyage, en août 2017, allait changer sa vie pour toujours.

Officiellement, on raconte que le prince a fait sa demande au moment où Meghan et lui faisaient rôtir du poulet dans son cottage du palais de Kensington. En effet, le couple annonça publiquement ses fiançailles à cette période, en novembre 2017. Mais leur décision de passer le reste de leur vie ensemble fut en réalité prise trois mois plus tôt, lors d'une escapade romantique dans la « deuxième maison » de Harry, au Botswana. Là-bas, dans la savane africaine, à des kilomètres du reste du monde, Harry et Meghan décidèrent de passer au chapitre suivant de leur histoire.

Des sources ont révélé que ce fut là, au milieu du parc de safari le plus authentique du monde, que Meghan accepta de quitter son travail pour s'installer définitivement à Londres. Pour beaucoup de couples, ce genre de moment est celui où l'on annonce en général ses fiançailles à sa famille et à ses amis. Mais en tant que membre de la famille royale, Harry ne pouvait pas s'attendre à ce que les choses soient aussi simples. Depuis le Royal Marriages Act de 1772, le souverain a un droit de veto concernant les unions des membres principaux de sa famille. Sans le consentement formel de la reine, Harry ne pouvait pas prendre le risque de demander la main de sa compagne.

En dépit de cet obstacle, quand Meghan et Harry retournèrent au Botswana à peine un an après leur rencontre, tous deux savaient déjà ce que l'avenir allait leur apporter. En tant qu'actrice récurrente d'une série américaine populaire, Meghan pouvait difficilement mener de front sa carrière et sa vie de couple avec Harry. Heureusement pour le prince, elle avait déjà décidé de quitter la production après la fin du tournage en cours de la septième saison. Son rôle d'assistante juridique arrivait à son terme. Elle devait décider quel serait son avenir après avoir bouclé cette dernière saison. Bien sûr, elle aurait pu retourner à Los Angeles et poursuivre sa carrière d'actrice. Mais depuis sa rencontre avec Harry, elle avait compris que son destin prenait un tour nouveau.

Ce fut donc pendant ces vacances d'été au Botswana qu'ils abordèrent la question de leur futur en commun. Harry savait que Meghan envisageait de s'installer à Londres pour donner toutes les chances à leur relation. Lors de ce voyage, il décida de s'ouvrir à sa compagne, de lui annoncer qu'il se sentait prêt à passer à l'étape suivante.

Nous ne saurons jamais exactement ce qui fut dit, dans l'intimité du campement isolé où ils vécurent pendant ces quelques jours. Cependant, ce qui se passa quelques semaines après leur retour montra clairement qu'ils s'étaient engagés l'un envers l'autre bien avant le fameux « poulet rôti » et l'annonce officielle.

Dès leur retour du Botswana, Harry et Meghan participèrent à une série d'événements qui préparèrent le terrain pour leur annonce. Meghan accorda une interview à *Vanity Fair*, le célèbre magazine de société américain. À cette occasion, elle parla pour la première fois au public de sa relation avec le prince et confessa son amour pour lui.

Ce fut une étape majeure qui confirma que leur histoire était toujours solide, même après des mois de pression médiatique. Si Harry avait eu peur que sa compagne ne supporte pas l'exposition inhérente à une telle relation, ses craintes se révélèrent infondées. Meghan était célèbre, tout comme lui, ce qui leur permit d'affronter ensemble la curiosité de la presse. Durant les mois précédents, la jeune femme avait cessé d'alimenter le fil d'actualité de ses réseaux sociaux; un autre signe que sa relation avec le prince était plus importante à ses yeux que son désir d'entretenir son image publique. En cessant de tenir ses fans au courant de son quotidien, elle démentait les critiques les plus sévères l'accusant de profiter de la célébrité de Harry à des fins personnelles — et cela fit taire jusqu'aux plus pointilleux des conseillers et des journalistes.

Ainsi, lorsqu'elle avoua au monde ses sentiments pour Harry, elle fit un pas de plus vers la famille royale. Leur relation était née d'un amour mutuel, c'était aussi simple que cela.

L'étape suivante, pour eux, fut d'apparaître en public en tant que couple. En septembre, Harry se rendit à Toronto, où vivait Meghan, pour faire la promotion des jeux Invictus qui s'y déroulaient. Cet événement donna aux amoureux l'occasion idéale d'officialiser en personne leur relation.

On discuta longuement des pour et des contre de cette apparition publique, au sein de l'équipe de conseillers du prince. Puisque les jeux étaient organisés à Toronto, l'absence de Meghan aurait été considérée comme un très mauvais signe. Les gens se seraient demandé si l'idylle royale s'épuisait, ou si le couple n'était pas aussi harmonieux qu'il en avait l'air. Comme rien n'aurait pu être plus éloigné de la vérité, Harry était décidé à laisser Meghan assister à l'événement. Il invita même sa compagne à participer avec lui aux réceptions officielles.

Meghan et Harry s'affichèrent donc face aux caméras, se tenant la main et s'embrassant pour le plus grand plaisir des photographes. Une stratégie efficace qui eut exactement l'effet escompté. En se montrant ainsi en public, Harry était assuré de voir circuler dans le monde entier des images de qualité de son couple, coupant ainsi l'herbe sous le pied des paparazzis qui espéraient sans doute vendre des photos volées à des tarifs prohibitifs. Il n'avait aucune envie de voir ces gens tirer profit de son histoire d'amour. Ainsi, les clichés des paparazzis n'apportèrent aucune plus-value aux médias, compte tenu de la qualité des images officielles qui envahirent le monde.

Lorsque Meghan et lui apparurent ensemble à la cérémonie de clôture, le marché fut donc inondé de charmantes images du couple. La publication coup sur coup de l'interview de *Vanity Fair* et de ces photos provoqua un raz-de-marée de spéculations concernant d'éventuelles fiançailles. Et pour une fois, cela ne gênait pas Harry. À ce moment, le prince savait déjà que Meghan et lui vivraient ensemble à Londres et il ne se souciait pas des rumeurs.

La plupart du temps, quand les spéculations concernant une naissance, un décès ou un mariage vont trop loin, le palais se contente de conseiller discrètement aux médias de prendre leurs distances. Officiellement, bien sûr, aucun commentaire n'est diffusé.

Cette fois, c'était différent. Harry et Meghan s'étaient engagés dans un chemin méticuleusement planifié pour préparer l'installation de la jeune femme à Londres et, enfin, l'annonce officielle de leurs fiançailles.

Les retombées des spéculations concernant l'avenir du couple furent particulièrement visibles dans mon bureau, comme dans celui de tous les correspondants royaux: mon téléphone ne cessait de sonner et je recevais des appels de journalistes du monde entier qui voulaient savoir si les rumeurs étaient vraies. Comme le palais s'emmurait dans son silence, nous avions l'impression d'avoir le champ libre. Le 12 octobre, une chaîne de télévision russe me proposa une interview devant les grilles du palais de Kensington. Il était tard dans l'après-midi et les caméras tournaient déjà quand je remarquai la silhouette si caractéristique de motards de la police. Le caméraman se tourna juste à temps pour filmer un véhicule entouré de policiers passer à toute vitesse l'entrée privée du palais.

De toute évidence, William ou Harry devaient se trouver dans le véhicule, mais je fus surpris de voir la police escorter une voiture aux vitres teintées. Dans la plupart des cas, la famille royale voyage dans des véhicules aux vitres claires, qui laissent facilement apercevoir les passagers. Il me parut étrange que celui-ci ait choisi de rester caché.

Je n'attendis pas longtemps avant de découvrir que la voiture que nous avions filmée par hasard était celle de Richard Kay, reporter légendaire du *Daily Mail*, qui avait passé tant d'années à couvrir l'actualité de la Princesse Diana. Ses sources lui avaient dit où trouver Harry et Meghan, cet après-midi-là. Le couple revenait du palais de Buckingham, à moins d'un kilomètre de là, après avoir pris le « thé » avec la reine. C'était la première fois que Harry présentait Meghan à sa grand-mère et, d'après ce que l'on apprit ensuite, la rencontre s'était très bien passée.

Lors de l'interview donnée pour annoncer leurs fiançailles, Harry plaisanta en disant que les chers corgis de la reine s'étaient immédiatement pris d'affection pour Meghan et s'étaient roulés en boule à ses pieds. Une fois de plus, nul ne sut ce qui s'était dit, mais il est évident que le prince avait confié à la reine son intention de vivre avec sa compagne.

Les gens demandent souvent à Harry à quoi ressemble sa relation avec sa grand-mère. Bien que sa position de monarque les contraigne à un certain protocole, Harry est en fait très proche de la reine. Techniquement parlant, cette journée était la présentation officielle de Meghan à Sa Majesté. Mais, en réalité, c'était surtout l'occasion pour un petit-fils de chercher l'approbation de sa grand-mère.

Après cette rencontre, Harry et Meghan purent enfin s'installer ensemble. L'annonce du mariage n'était plus une hypothèse, mais une certitude — seul le délai demeurait flou. Heureusement, le public n'eut pas besoin de trépigner longtemps avant d'en avoir le cœur net. Le lundi 27 novembre 2017, à 9 heures du matin, le Prince de Galles confirma la nouvelle tant attendue. Harry et Meghan allaient se marier le 19 mai 2018. Moins de dix-huit mois après le *blind date*, le jeune prince avait trouvé sa future épouse.

Lorsque j'arrivai à Kensington pour une série d'interviews avec des télévisions étrangères, le ballet des médias battait déjà son plein. Le long de l'allée menant au palais, on pouvait voir une file interminable de camions satellites flanquée par une foule de reporters agrippés à leurs micros sous les projecteurs, prêts à partager leur scoop avec le monde entier. Comme c'est souvent le cas dans de telles occasions, des équipes avaient été dépêchées de tous les coins du monde pour couvrir l'événement dans toutes les langues imaginables.

Quelques heures avant le lever du jour, sur la côte Est des États-Unis, on apprit qu'une Américaine allait épouser le prince et entrer dans la famille royale britannique. Naturellement, toutes les équipes télévisées américaines sur place frémissaient d'impatience. On pouvait aussi voir des journalistes venus de France, du Japon, d'Allemagne, d'Australie, d'Inde — de partout.

On l'a dit, le Prince Harry demeure l'un des membres les plus populaires de la famille royale. Rien d'étonnant, donc, à ce que l'annonce de ses fiançailles ait éclipsé toutes les autres actualités. À 1 heure de l'après-midi, ce jour-là, Meghan et lui apparurent devant les caméras dans les

Jardins d'Eau du palais de Kensington. Tous les objectifs se braquèrent sur les doigts de la future mariée pour avoir un premier aperçu de la bague de fiançailles.

Plus tard, on allait apprendre que le prince avait choisi la bague lui-même et s'était servi des diamants de la collection de sa mère pour les faire sertir autour d'une grosse pierre venue du Botswana. Tandis que l'armée de commentateurs se déchaînait devant les caméras, l'une des questions les plus posées fut : Meghan allait-elle poursuivre sa carrière d'actrice ? C'était bien entendu très improbable, voire impossible. À la voir apparaître ainsi, tout sourires et tenant fermement la main de Harry devant les journalistes, il paraissait évident qu'elle entamait une carrière d'actrice d'un autre genre.

À partir de ce moment, chaque mot, chaque geste, chaque tenue et chaque détail de son comportement allait être examiné au microscope. Et, à la différence de ses tournages sur le plateau de *Suits*, elle n'aurait plus droit à une seconde prise. L'erreur n'était plus permise.

La réalité était bien là, sous nos yeux. La femme qui, moins d'un an plus tôt, ne paraissait absolument pas destinée à entrer dans la famille royale allait devenir princesse. Quelle carrière aurait pu mieux la préparer à son quotidien d'épouse royale ? De toute évidence, elle était capable de se fondre dans cet étrange environnement sans difficulté et paraissait tout à fait à sa place au bras de Harry. Quand Diana Spencer était apparue devant les caméras pour la première fois après ses fiançailles avec le Prince Charles, elle avait paru intimidée, presque débordée par le flot qui l'emportait. Au contraire, Meghan ne fit aucun faux pas lors de cette première « représentation » en tant que future épouse.

Trois jours plus tard, Harry et elle participèrent à leur première promenade officielle en couple, lors d'une visite de Nottingham, à l'occasion de la Journée mondiale contre le sida. Une fois de plus, Meghan offrit une incroyable performance, quand on pense à la pression qu'elle devait subir. Harry et elle furent accueillis par une foule de curieux pressés de voir de leurs propres yeux celle qui avait fait les gros titres dans le monde entier. Comme un poisson dans l'eau, Meghan serrait des mains, saluant le public de loin, et discutait avec des groupies en adoration. Harry, quant à lui, eut l'air plus détendu que jamais et dut être profondément heureux de pouvoir enfin participer à une sortie officielle avec quelqu'un d'autre que son frère et sa belle-sœur. Le grand spectacle Harry-Meghan avait commencé.

Le soir de l'annonce des fiançailles, Harry suivit l'exemple donné quelques années plus tôt par William et Kate. Il accorda une interview à la BBC, destinée à être partagée avec le monde entier. Assis sur un canapé dans son cottage de Kensington, les mains jointes, le couple put enfin dévoiler à la presse la vérité sur la demande en mariage du prince.

— C'est arrivé il y a quelques semaines, ici, dans notre maison, confia Harry. C'était une soirée comme toutes les autres.

— Oui, juste une soirée au calme, confirma Meghan. Ce que nous faisions ? Nous faisions rôtir un poulet et la demande de Harry a été une merveilleuse surprise. C'était tendre et romantique. Il a mis un genou à terre et j'ai tout de suite dit oui. D'ailleurs, je l'ai à peine laissé finir. J'ai dit : « Je peux répondre oui tout de suite ? »

— C'est vrai, tu ne m'as pas laissé finir ! poursuivit Harry. Tu as dit ça et tu m'as embrassé. J'avais la bague à la main et je t'ai demandé : « Je peux te la donner, maintenant ? » C'était vraiment un beau moment. Nous étions seuls, tous les deux, et je pense avoir réussi à la surprendre quand elle ne s'y attendait pas.

Meghan continua :

— Je ne pense pas que je décrirais notre relation comme un tourbillon qui s'est emballé. Bien sûr, nous avons décidé de la rendre publique par étapes et nous avons profité de cinq ou six mois d'intimité totale, ce qui était extraordinaire.

Je pense que cela nous a permis de nous connaître. Nous passions rarement plus de deux semaines sans nous voir, malgré la distance. Bref, nous avons réussi à entretenir la flamme.

Le couple paraissait à l'aise, profondément amoureux et sincèrement excité à l'idée de se marier et de construire un avenir ensemble. Le public fut ravi de constater leur bonheur. Plus personne ne se souciait du divorce de Meghan. L'époque où cela aurait pu poser problème était bel et bien révolue. Le fait que Meghan ait été éduquée dans une école catholique aurait également pu être un obstacle, sous les anciennes lois britanniques. Mais la question fut vite réglée quand le palais annonça que Meghan avait accepté d'être baptisée par l'Église protestante d'Angleterre.

De toute manière, ce jour-là, personne n'avait envie de ternir leur bonheur en remettant en question la légitimité de la fiancée. Le public britannique aime tellement Harry qu'aucune de ces vieilles traditions guindées ne vint jeter une ombre sur cette journée si spéciale. Il paraissait évident que le jeune homme avait enfin trouvé ce qui avait tant manqué à sa vie depuis son adolescence : une personne qui l'aimait pour qui il était, et qu'il était prêt à épouser par amour.

D'ailleurs, c'est sans doute ce qui permit à leur relation de s'épanouir. L'affection que Harry lui portait depuis leur rendez-vous arrangé s'était muée en amour profond, et cela lui permit d'apprendre à connaître sa compagne sans se demander en permanence s'il ne commettait pas une erreur.

Qu'ils l'aient admis ou non, leur histoire d'amour avait bel et bien été un tourbillon, dans tous les sens du terme. À les voir parler de leurs fiançailles sans trahir aucune gêne, une bonne partie du public eut la certitude que les choses se passeraient très bien. Certes, ils ont tous les deux un passé, mais aucun ne semble s'en soucier, alors qui aurait le droit de s'en plaindre à leur place ?

L'assurance de Meghan face aux médias et son admiration

évidente pour Harry en font finalement la fiancée idéale. Et le fait qu'elle soit bien plus qu'une belle femme de bonne famille lui permettra sans doute de s'attirer l'affection des foules. Personne ne peut l'accuser d'être oisive après avoir vu le trajet professionnel qu'elle a suivi. Personne ne peut la soupçonner de s'attacher à Harry par soif de célébrité, puisqu'elle était déjà célèbre avant et connaissait le prix d'un tel succès.

La vie de Harry n'a pas toujours été facile et, depuis la fin de sa vingtaine, son combat majeur a été de trouver quelqu'un avec qui s'installer pour de bon. Il n'a jamais eu l'opportunité de faire des rencontres dans un environnement normal, comme William et Kate. Ses relations passées ont été passionnées et fiévreuses, mais n'ont jamais franchi « l'épreuve de la presse ». En effet, quand on sort avec un prince, et plus encore quand on s'apprête à l'épouser, on doit être prête à voir sa vie se transformer à jamais. La seule manière de survivre à cela est d'avoir une relation basée sur un profond amour mutuel qui permette de supporter les conséquences de ses choix amoureux.

Le jeune prince, qui a passé presque toute sa vie d'adulte à se battre contre son immuable célébrité, est devenu le joyau de la Couronne britannique. Mieux que personne, Harry a su allier la « raideur » des institutions royales avec la jeunesse. Il n'éclipse pas pour autant la reine ou son frère William. Au contraire, il les complète, leur permet de profiter de sa popularité de « prince fêtard ». Les proches de Harry savent à quel point il désire des enfants et il est presque certain que des bruits de petits pas résonneront bientôt dans sa maison. Après la naissance d'un bébé, le spectacle Harry-Meghan deviendra probablement l'un des atouts majeurs de la famille royale.

Le seul danger serait l'impact que pourrait avoir l'adoration du public pour ce nouveau couple sur la vie de William et Kate. Depuis leur mariage en 2011, les Cambridge ont adopté une certaine prudence, menant une série de batailles légales en coulisse pour protéger l'intimité de leurs enfants. De temps à autre, il a même semblé que les efforts de William pour paraître royal, pour tenir son rôle d'héritier du trône, l'ont conduit à prendre ses distances vis-à-vis de ses futurs « sujets ». Jusqu'à présent, Harry a su adoucir ce détachement apparent lors de toutes les apparitions publiques auxquelles il a participé avec lui. Mais une fois mariés, Harry et Meghan vont sans doute emprunter leur propre voie, soutenant des causes différentes et prenant une certaine indépendance.

Le nouveau défi des hommes en gris du palais de Kensington va donc être de s'assurer que Meghan et Harry n'éclipsent pas William, qui doit paraître parfait en tout point dans son rôle de futur roi. Bien sûr, au début, les jeunes mariés accompagneront sans doute souvent William et Kate lors d'engagements officiels. Kate et Meghan seront sans doute encouragées par leurs conseillers à apparaître ensemble, tandis que les deux frères continueront à assurer certains devoirs en tandem.

Il est difficile d'imaginer aujourd'hui la popularité de Harry chuter comme celle de son oncle, le Prince Andrew. Ses combats de jeune homme, son service en Afghanistan et le succès de ses organisations caritatives lui ont apporté l'amour du public. Mais cela ne veut pas dire qu'il doit prendre son succès pour argent comptant. Harry va devoir poursuivre ses engagements royaux avec la même énergie et, par moments, il est possible qu'il trouve cela un peu frustrant.

William a déjà du mal à assumer son travail tout en trouvant du temps pour être avec ses enfants. Parfois, on l'a même accusé de ne pas honorer assez d'engagements; une accusation qui risque à l'avenir de peser également sur Harry. Dans les années qui suivront son mariage, le public aura sans doute très envie de voir le jeune prince en compagnie de Meghan. On leur demandera de voyager à l'étranger au nom de la reine, et ils auront sans doute des difficultés à trouver un équilibre entre leur vie privée et leurs devoirs royaux.

Au fil des ans, il est certain que la Princesse Diana se serait inquiétée de voir le chemin emprunté par son plus jeune fils. Par moments, en particulier durant sa longue année sabbatique, l'avenir du prince ne paraissait pas particulièrement lumineux. Ses difficultés compréhensibles à accepter la mort de sa mère ont rendu le début de sa vie d'adulte assez complexe. Mais l'armée a eu un rôle important dans sa maturité, lui apportant la discipline nécessaire à un meneur d'hommes. Certes, il y eut des incidents peu glorieux dans son parcours, mais ils ont été rares et n'ont jamais vraiment entaché sa popularité.

Sa quête de l'âme sœur a peut-être été son plus grand défi, surtout quand il a vu l'une après l'autre ses relations sérieuses s'étioler et ses liaisons passagères faire les choux gras de la presse.

Mais il semblerait qu'il ait trouvé en Meghan la réponse à toutes ses questions. Il est à présent capable de parler librement de ses années les plus sombres, est toujours autant aimé par le public, et on sent déjà qu'avec sa future épouse son avenir s'illumine comme jamais.

REMERCIEMENTS

J'aimerais remercier les personnes suivantes pour l'aide qu'elles m'ont apportée durant l'écriture de ce livre : le biographe royal Phil Dampier ; les correspondantes royales Emily Nash et Emily Andrews ; l'ancien reporter du *Sun* Jamie Pyatt ; le photographe royal du *Sun* Arthur Edwards ; les photographes du *Sun* Paul Edwards, Dan Charity et Scott Hornby ; ainsi que Chris Pharo, pour tout son soutien.

Composé et édité par HarperCollins France.

Achevé d'imprimer en avril 2018.

La Flèche
Dépôt légal : mai 2018.

Pour limiter l'empreinte environnementale de ses livres, HarperCollins France s'engage à n'utiliser que du papier fabriqué à partir de bois provenant de forêts gérées durablement et de manière responsable.

Imprimé en France